Ranetbauer – Müller – Walser

HAUSWIRTSCHAFT

Mein erstes Buch
über
Ernährung
und
Haushalt

▼

Impulse für ein ernährungsbewusstes und vernünftiges Leben.
Partnerschaftliche, ökonomische und umweltorientierte Haushaltsführung.
Kulturelle Bedeutung des Haushalts.
Ergonomie im Haushalt.
Küchentechnik und bestens erprobte Speisenrezepte.

VORARLBERGER VERLAGSANSTALT
Aktiengesellschaft

Mit Bescheid des Bundesministeriums für Unterricht und kulturelle Angelegenheiten, GZ 24.980/300-V/2/95 vom 26. August 1997, für den Unterrichtsgebrauch an Hauptschulen in der dritten und vierten Klasse im Gegenstand „Ernährung und Haushalt" als geeignet erklärt.

Schulbuch Nr. 1776
Ranetbauer, Müller, Walser, Mein erstes Buch über Ernährung und Haushalt
Vorarlberger Verlagsanstalt Aktiengesellschaft, Dornbirn
1. überarbeitete Auflage

Liebe Schülerin, lieber Schüler!
Du bekommst dieses Schulbuch von der Republik Österreich für deine Ausbildung. Bücher helfen nicht nur beim Lernen, sondern sind auch Freunde fürs Leben. Dieses Schulbuch wurde auf der Grundlage eines Rahmenlehrplanes erstellt; die Auswahl und die Gewichtung der Inhalte erfolgt durch die LehrerInnen.

Kopierverbot
Wir weisen darauf hin, dass das Kopieren zum Schulgebrauch aus diesem Buch verboten ist. § 42 Abs. 3 der Urheberrechtsnovelle 1996:
"Die Befugnis zur Vervielfältigung zum eigenen Schulgebrauch gilt nicht für Werke, die ihrer Beschaffenheit und Bezeichnung nach zum Schul- oder Unterrichtsgebrauch bestimmt sind."

Copyright © 1997 by Vorarlberger Verlagsanstalt Aktiengesellschaft, Dornbirn
Das Werk ist urheberrechtlich geschützt. Dem Verlag sind alle Rechte vorbehalten. Übersetzung, Nachdruck oder sonstige Vervielfältigungen – auch auszugsweise, Speicherung und Auswertung in Datenverarbeitungsanlagen nur mit ausdrücklicher Genehmigung des Verlages.

Gestaltung . . . . davilla werbeagentur
Illustrationen . . . . Erik Reinhard
Gesamtherstellung . . . . . . Vorarlberger Verlagsanstalt
Aktiengesellschaft
ISBN 3-85430-261-4

Vorwort

Liebe Schülerin! Lieber Schüler!

Du bringst für das Unterrichtsfach „Ernährung und Haushalt" schon viel Erfahrung mit. Diese Erfahrung ermöglicht dir, wichtige persönliche Meinungen zu den einzelnen Unterrichtsinhalten einzubringen. Sie bietet dir aber auch die Chance, aktiv mit deinen Mitschülerinnen und Mitschülern über Themenbereiche zu diskutieren. Nütze diese Chance! Du gewinnst dabei wertvolle Lebenserfahrungen.

Die richtige Ernährung schafft dir eine Grundlage für ein gesundes, aktives Leben. Der Haushalt ist nicht nur Versorgungseinrichtung, sondern auch ein Ort der Erholung. Rechtzeitig zu lernen, wie er richtig organisiert und für ein optimales Zusammenleben gestaltet wird, bringt viele Vorteile.

Gerade im praktischen Unterricht wird deine Mitarbeit und deine Mühe sofort belohnt, wenn du deine selbst zubereiteten Speisen verkosten und genießen darfst.

Das hier vermittelte Wissen gibt dir wertvolle Impulse für das Zusammenleben in- und außerhalb der Familie. Vielleicht gelingt es dir dadurch, aktiver deine Lebensbereiche zu gestalten. Aber auch die Wichtigkeit der Toleranz im eigenen Lebensbereich und gegenüber anderen Kulturen wird dir hier näher gebracht.

Das sind nur einige Themenbereiche, die dieses Buch behandelt. Eine umfassendere Vorstellung gibt dir das Inhaltsverzeichnis, welches am Beginn eines jeden Kapitels angeführt ist.

Ich hoffe, dass dir diese Unterrichtsinhalte viel Freude im Schulalltag bereiten und Nutzen für dein weiteres Leben bringen.

Deine Schulbuchautorin

Maria Ranetbauer
Maria Ranetbauer

Mein erstes Buch
über
Ernährung
und
Haushalt

Inhalt

Ernährung - Gesundheit - Haushalt 7

Wirtschaftsbereich Haushalt 85

Haushalt und Mitwelt 117

Haushalt und soziale Lebenswelt 139

Kulturelle Aspekte des Haushalts 167

Technologie des Haushalts 195

Rezepte 237

Nährwert- und Energietabelle 358

Rezeptregister 361

Sachregister und Literatur 364

Ernährung

Gesundheit

Haushalt

Inhalt

Ernährung und Leistungsfähigkeit 9
Mein Essverhalten 11
Inhaltsstoffe unserer Nahrung 12
Aufgaben der Nahrungsinhaltsstoffe 13
Nährstoffbedarf des Menschen 14
Energiebedarf des Menschen - Energieberechnung 15
Kohlenhydrate 19
   - Getreide 23
   - Brot 26
   - Kartoffel 27
   - Zucker, Honig 29
Fett 31
   - Speisefette 34
Eiweiß 36
   - Milch 38
   - Käse 40
   - Ei 41
   - Fleisch 43
   - Fisch 46
   - Hülsenfrüchte 48
Wasser 49
   - Alkoholfreie Getränke 51
Vitamine 52
Mineralstoffe 54
   - Gemüse 56
   - Obst 58
   - Pilze 59
Verwendung von Würzmitteln 60
Lebensmittelgesetz 62
Lebensmitteleinkauf 64
Gemeinschaftsverpflegung 67
Ernährung im Kindesalter, Ernährung im Schul- und Jugendalter 68
Sonderkostformen, Vollwertkost, Diätkost 71
Übergewicht 74
Ess-Störungen, Verstopfung 77
Hoher Cholesterinspiegel 79
Zuckerkrankheit (Diabetes mellitus) 80
Welternährungsprobleme 81
Berufsfeld – Ernährung 83

Ernährung - Gesundheit - Haushalt

▶ *Ernährung und Leistungsfähigkeit*

LERNZIEL	1	Den Zusammenhang zwischen Ernährung und Leistungsfähigkeit verstehen.
LERNZIEL	2	Das eigene Ernährungsverhalten bewusster wahrnehmen.

Jeder Autofahrer weiß, welchen Treibstoff er für sein Auto wählen muss, damit kein Motorschaden entsteht.

Genauso sind dem Körper jene Nahrungsbestandteile zuzuführen, die er dringend braucht, um gesund und leistungsfähig zu sein. Leider wird sehr oft unüberlegt gegessen, und die Folgen der fehlerhaften Ernährung sind erst nach Jahren zu spüren. Der Körper ist nicht mehr leistungsfähig und wird krank.

Jeder Mensch soll sich Gedanken machen, was sein Körper braucht, um fit und sportlich zu bleiben oder auch, um gute Schulleistungen erbringen zu können.

In den folgenden Abschnitten erfährst du
- welche Inhaltsstoffe unsere Nahrung liefert,
- welche Lebensmittel Vorteile für die Gesundheit bringen.

Ein wichtiger Grundsatz ist:

Iss reichlich und täglich:

frisches Obst,
frisches Gemüse,
Milch und Milchprodukte, die wenig Fett und Zucker enthalten,
Vollkornprodukte, z. B. Müsli, Vollkornbrot, Naturreis, Hirse,
trinke frisches Wasser oder ungezuckerte Kräutertees.

Im **Ernährungskreis** sind die Lebensmittel sieben Gruppen zugeordnet. Die Größe der einzelnen Segmente zeigt, welchen Anteil die einzelne Lebensmittelgruppe in der täglichen Kost haben soll.

Ernährungskreis

1. Getreide, Getreideprodukte, Kartoffeln
2. Gemüse, Hülsenfrüchte
3. Obst
4. Getränke
5. Milch und Milchprodukte
6. Fisch, Fleisch, Eier
7. Fette und Öle

AUFGABEN

1. Ordne den einzelnen Lebensmittelgruppen einen Prozentanteil zu.
2. Suche möglichst viele Lebensmittelbeispiele für die einzelnen Lebensmittelgruppen.
3. Entsprechen deine Ernährungsgewohnheiten diesem Kreis oder herrschen andere Lebensmittelgruppen vor?

Ernährung - Gesundheit - Haushalt

▶ *Mein Essverhalten*

Freue dich auf jede Mahlzeit und iss mit Ruhe. So schaffst du richtige Voraussetzungen für dein Wohlbefinden.

Überdenke dein Essverhalten durch Ankreuzen der Gewohnheiten:

Ich ...
- ○ ... freue mich auf jede Mahlzeit
- ○ ... nehme mir Zeit zum Essen
- ○ ... richte den Tisch nett her
- ○ ... wasche mir vor dem Essen die Hände
- ○ ... esse konzentriert und in Ruhe
- ○ ... kaue ordentlich (mindestens 15x)
- ○ ... lege zwischendurch das Besteck weg
- ○ ... denke positiv beim Essen
- ○ ... höre auf, wenn ich satt bin
- ○ ... freue mich über Salat und Gemüse
- ○ ... kann auf die Nachspeise verzichten
- ○ ... bin dankbar für das Essen
- ○ ... spreche Lob aus für das Essen.
- ○ ... trinke tagsüber gern Wasser.
- ○ ... esse tagsüber gerne Obst und Gemüse.

AUSWERTUNG:
- **15 bis 11 Punkte:**
  Dein Essverhalten
  ist vorbildlich.
  Mach so weiter!
- **10 bis 6 Punkte:**
  Bemühe dich,
  einige Änderungen
  vorzunehmen.
- **5 bis 0 Punkte:**
  Ändere dein
  Essverhalten!
  Mache Vorsätze!

Aber auch die folgenden Punkte können dein Essverhalten sehr wesentlich beeinflussen.

Isst du besonders viel, wenn du müde oder traurig bist, dich ärgerst oder langweilst, schwierige Hausaufgaben machst, zu Besuch bei Oma oder Tante bist, ein Fest (z. B. Geburtstag, Weihnachten ...) feierst, eine Aufgabe besonders gut erledigt hast – als Belohnung?

Das übermäßige Essen in diesen Situationen über längere Zeit kann zu Übergewicht führen. Lerne daher rechtzeitig deine Essgewohnheiten zu beobachten und zu kontrollieren. Durch die Vermeidung von Übergewicht bleibst du schlank, sportlich, fit und bist auch weniger anfällig für Krankheiten.

Inhaltsstoffe unserer Nahrung

LERNZIEL	1	Die Einteilung der Lebensmittel nach zwei verschiedenen Gesichtspunkten erläutern.
LERNZIEL	2	Die Bedeutung der Nahrungsinhaltsstoffe erfassen.

Die verwertbaren Bestandteile der Nahrungsmittel sind:

- **Eiweißstoffe**
- **Kohlenhydrate**
- **Fette**
- **Mineralstoffe**
- **Vitamine**
- **Wasser**

AUFGABE

Hier sind tierische, pflanzliche Nahrungsmittel und Genussmittel abgebildet. Ordne sie diesen Begriffen zu!

Ernährung - Gesundheit - Haushalt

▶ Aufgaben der Nahrungsinhaltsstoffe

Baustoffe	Brennstoffe	Wirkstoffe	Ballaststoffe	Begleitstoffe
Sie dienen dem Körper zum Aufbau und Erhaltung der Zellen.	Sie liefern dem Körper Energie (Bewegung und Wärme).	Sie regeln Körpervorgänge und schützen vor Krankheiten.	Sie regen die Darmtätigkeit an; sind aber für den Körper nicht verwertbar.	Sie regen den Appetit an.
• Eiweiß • Wasser • Mineralstoffe	• Fette • Kohlenhydrate	• Vitamine • Mineralstoffe	• Zellulose • Pektine	• Farbstoffe • Duftstoffe

AUFGABEN

1. Warum sollen Kinder, Jugendliche und Schwangere mehr Eiweiß zu sich nehmen?
2. Warum bekommst du Hunger, wenn es in der Küche gut duftet?

Nährstoffbedarf des Menschen

LERNZIEL	1	Den eigenen Energie- und Nährstoffbedarf berechnen.
LERNZIEL	2	Die Folgen von unausgewogener Energiezufuhr kennen.

Die Nährstoffe sollen täglich in der richtigen Menge und Zusammensetzung aufgenommen werden. Dadurch sicherst du die Gesundheit und Leistungsfähigkeit und schützt dich vor Krankheiten.

Berechnung nach dem Gesamtenergiebedarf:		Berechnung pro Kilo Körpergewicht:	
Eiweiß	*12 %*	0,8 g	Eiweiß
Fett	*30 %*	0,8 g	Fett
Kohlenhydrate	*58 %*	6,0 g	Kohlenhydrate
zusätzlich: genug Mineral- und Ballaststoffe, reichlich Vitamine und Wasser			

12% Eiweiß
58% Kohlenhydrate
30% Fett

AUFGABEN

1. Wiederhole die Zusammensetzung des menschlichen Körpers.
2. Suche aus der Nährwerttabelle je 4 besonders eiweißreiche, fettreiche und kohlenhydratreiche Nahrungsmittel heraus.
3. Berechne deinen eigenen Eiweiß-, Fett- und Kohlenhydratbedarf aufgrund deines Körpergewichts.

Ernährung - Gesundheit - Haushalt

▶ *Energiebedarf des Menschen*

Alle Nahrungsmittel liefern dem Körper Energie. Wenn dauernd zuviel gegessen wird, speichert der Körper die nicht verbrauchte Energie in Form von Depotfett – **WIR NEHMEN ZU!**

Die Energie wird in Kilojoule (kJ) gemessen. Noch immer geläufig ist auch die Berechnung nach Kilokalorien (kcal; 1 kcal = 4,186 kJ). Der Energiegehalt der Lebensmittel kann der Nähr- und Energiewerttabelle entnommen werden.

Der Energiebedarf des Menschen wird bestimmt durch den Grundumsatz und den Leistungsumsatz:

Grundumsatz:	Leistungsumsatz:
Die Energie für den Grundumsatz benötigen wir beim Schlafen zur Erhaltung der Lebensvorgänge (z.B. das Herz schlägt) und zur Aufrechterhaltung der Körpertemperatur.	Die Energie für den Leistungsumsatz benötigen wir für alle körperlichen Bewegungen und für geistige Anstrengungen.
Energiebedarf:	
Er beträgt 4 kJ je kg Körpergewicht und Stunde.	Er beträgt bei leichter Arbeit 4 kJ je kg Körpergewicht und Stunde.
Beispiel:	
Körpergewicht 50 kg, 16 Std. Leistung, 8 Std. Schlaf	
4(kJ) x 50(kg) x 24(Std.) = 4.800 kJ	4(kJ) x 50(kg) x 16(Std.) = 3.200 kJ
4.800 kJ + 3.200 kJ = 8.000 kJ Gesamtenergiebedarf	

MERKE

- Gewichtskontrollen zeigen dir, ob deine Energiezufuhr dem Energiebedarf entspricht.
- Zu hohe Energiezufuhr führt zu Übergewicht.
- Zu geringe Energiezufuhr führt zu Untergewicht.

Energiewaage

Wenn du diese Lebensmittel isst … … musst du diese Tätigkeiten ausführen, um sie wieder abzubauen …

1 Tafel Vollmich-Schokolade	1 Stunde Treppensteigen
1 Bratwurst	2 Stunden Tennisspielen
1 Stück Cremetorte	1,5 Stunden Fenster putzen
1 Portion Erdnüsse	1 Stunde Brustschwimmen
1 Portion Pommes frites	5 Stunden Gehen (4 km/h)
1 Glas Bier	1/2 Stunde Tanzen
1 Glas Weinbrand	2,5 Stunden Kartenspielen
1 Apfel	3/4 Stunde Radfahren (10 km/h)
1 Orange	3/4 Stunde Abwaschen
1 Stück Würfelzucker	3/4 Stunde Schreiben

AUFGABEN

1. Berechne deinen täglichen Energiebedarf.
2. Erkläre die Energiewaage und überdenke dabei deine Ernährungs- und Bewegungsgewohnheiten.
3. Besprich mit deinen Mitschülern/Mitschülerinnen folgende Abbildung und zeige die Folgen auf, die sich daraus ergeben.

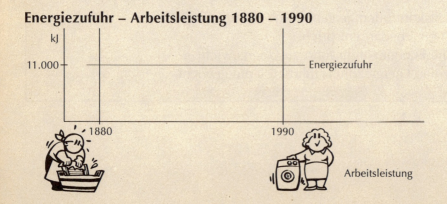

Energiezufuhr – Arbeitsleistung 1880 – 1990

Ernährung - Gesundheit - Haushalt

▶ *Energieberechnung*

Durch die Berechnung des Energiegehalts einer Speise oder Mahlzeit kannst du feststellen, wieviel Kilojoule deinem Körper zugeführt werden. Die angeführten Beispiele zeigen dir, wie verschieden schon ein Frühstück sein kann.

Vollwertiges Frühstück für eine Person:

Lebensmittel	g/ml	kJ/100 g	kJ/LM	kJ/Speise
Müsli:				
Weizen	30	1.388	416	
Jogurt	120	298	358	
Honig - 1 Kaffeelöffel	10	1.262	126	
Birne - 1 St.	100	229	229	
Haselnüsse	20	2.521	504	**1.633**
Kräutertee - ¼ Liter	250	0	0	**0**
Vollkornbrot mit Käse:				
Vollkornbrotscheibe	30	828	248	
Magerkäse - 1 Scheibe	20	331	66	
Gurken - 4 Scheiben	40	48	19	**333**
Summe				**1.966**

Herkömmliches Frühstück für eine Person:

Lebensmittel	g/ml	kJ/100 g	kJ/LM	kJ/Speise
Kakao:				
Milch - ¼ Liter	250	271	678	
Kakao - ½ Teelöffel	5	1.191	60	
Zucker - 2 Esslöffel	40	1.670	668	**1.406**
Marmeladesemmel:				
Semmel - 2 St.	100	1.039	1.039	
Butter	30	3.071	921	
Marmelade	50	1.119	560	**2.520**
Summe				**3.926**

Dieses Beispiel zeigt dir, wie durch ein gesundheitsbewusstes Frühstück nur halb soviel Energie zugeführt wird, trotzdem hält die Sättigung länger an. Nach dem herkömmlichen Frühstück wirst du früher Hunger bekommen, weil du keine Ballaststoffe zu dir genommen hast.

Ernährung - Gesundheit - Haushalt

▶ *Kohlenhydrate*

LERNZIEL	1	*Die Nährstoffbildung in der Pflanze verstehen und erklären.*
LERNZIEL	2	*Die Arten und die Bedeutung der Kohlenhydrate kennen.*

1. Kohlenhydratbildung in der Pflanze

Sie erfolgt durch die Photosynthese (phos = Licht; synthesis = Aufbau):

Die Pflanze nimmt aus der Luft Kohlendioxyd (CO_2), aus der Erde Wasser (H_2O) und baut mit Hilfe von Blattgrün (Chlorophyll) und Lichtenergie Einfachzucker (= Kohlenhydrat; $C_6H_{12}O_6$) auf. Dabei gibt die Pflanze Sauerstoff an die Luft ab.

$$6\ CO_2 + 6\ H_2O \rightarrow \text{Chlorophyll/Sonnenenergie} \rightarrow C_6H_{12}O_6 + 6\ O_2$$

2. Arten

Einfachzucker ▢	Doppelzucker ▢▢	Vielfachzucker ▢▢▢▢
Traubenzucker: in Obst, Honig	**Rohr-, Rübenzucker:** in Staubzucker, Kristallzucker, Zuckerwaren	**Stärke:** in Getreide, Kartoffeln
Fruchtzucker: in Obst, Honig	**Milchzucker:** in Milch	**Dextrin:** in Zwieback
Schleimzucker: in der Milch	**Malzzucker:** in Malzzuckerln, für die Bierherstellung	**Cellulose:** in Obst, Gemüse, Getreide, Kartoffeln

Die folgende Übersicht zeigt dir, wieviel Prozent Kohlenhydrate in verschiedenen Lebensmitteln enthalten sind.

Nahrungsmittel	10	20	30	40	50	60	70	80	90	100
Zucker	▬	▬	▬	▬	▬	▬	▬	▬	▬	▬
Honig	▬	▬	▬	▬	▬	▬	▬	▬		
Mehl	▬	▬	▬	▬	▬	▬	▬			
Nudeln	▬	▬	▬	▬	▬	▬	▬			
Marmelade	▬	▬	▬	▬	▬	▬				
Vollkornbrot	▬	▬	▬	▬	▬					
Kartoffeln	▬	▬								
Weintrauben	▬									

AUFGABEN

1. Welche Kohlenhydratart ist in den, in der Tabelle angeführten Nahrungsmitteln vorherrschend?
2. Nenne 4 Zuckerarten, die aus Rohr- und Rübenzucker bestehen.

Ernährung - Gesundheit - Haushalt

3. Aufgaben der Kohlenhydrate

Bevor der Körper die Kohlenhydrate verwerten kann, müssen Doppel- und Vielfachzucker durch Enzyme (= Stoffe, die den Abbau der Nährstoffe anregen) zu Einfachzucker abgebaut werden. Dies geschieht bei der Verdauung.

Die Einfachzucker werden nun in den Körperzellen unter Verbrauch von Sauerstoff verbrannt. Dabei entstehen Kohlendioxyd und Wasser als Abfallprodukt und Energie wird frei. Diese Energie braucht der Körper zur Aufrechterhaltung der Körpertemperatur und für die Bewegung.

Einfachzucker	+	Sauerstoff	→	Wasser und Kohlendioxyd	+	Energie
1 g KH			**liefert**			**17 kJ**

Kohlenhydrate dienen:

- **zur Energiegewinnung**
- **zur Speicherung als Energiereserve:** Kohlenhydrate werden in Form von Glykogen in Leber und Muskeln gespeichert.
- **zur Umwandlung in Fett:** Werden zu viele Kohlenhydrate gegessen, können sie in Fett umgewandelt werden. Als Folge entsteht Übergewicht.

Bedenke folgende Wirkung:

4 St. Zucker zuviel pro Tag führen rein rechnerisch zu einer Gewichtszunahme von 10 g pro Tag, 100 g in 10 Tagen, 1.000 g in 100 Tagen, 3,5 kg in 1 Jahr.

4. Kohlenhydratbedarfsdeckung

Der Bedarf von 6 g pro Kilogramm Körpergewicht sollte in richtiger Weise gedeckt werden.

Bevorzuge	Vermeide
Kohlenhydrate mit Ballaststoffen, Vitaminen und Mineralstoffen = **komplexe Kohlenhydrate;**	*Kohlenhydrate ohne Ballaststoffe, Vitamine und Mineralstoffe* = **leere Kohlenhydrate;**
z. B. enthalten in Gemüse, Obst, Kartoffeln, Vollkornbrot, Vollkornspaghetti.	*z. B. enthalten in Zucker, Kuchen, Weißmehl, Semmeln.*

Ballaststoffreiche Kost muss gut gekaut werden und bringt dem Körper viele Vorteile:

- vermindert Karies,
- sättigt gut und verhindert unmäßige Nahrungsaufnahme,
- bewirkt, dass der Blutzuckerspiegel nicht zu hoch ansteigt,
- senkt den Blutfettspiegel,
- fördert die Darmtätigkeit und beugt Verstopfung vor.

AUFGABEN

1. Wenn du abnehmen möchtest, sollst du nicht nur weniger Fett, sondern auch weniger leere Kohlenhydrate essen. Begründe diese Forderung.
2. Warum solltest du bei jeder Mahlzeit komplexe Kohlenhydrate aufnehmen?

Ernährung - Gesundheit - Haushalt

Getreide

| LERNZIEL | 1 | Die Arten und den Aufbau des Getreidekorns kennen. |
| LERNZIEL | 2 | Die Vorteile von Vollkornprodukten erfassen. |

1. Arten

1 - Dinkel
2 - Weizen
3 - Roggen
4 - Gerste
5 - Hafer
6 - Mais
7 - Hirse
8 - Reis
9 - Buchweizen

Grünkern: Es ist unreif geernteter Dinkel, der gedarrt, d. h. über Holzfeuer getrocknet wurde.

2. Aufbau eines Getreidekorns

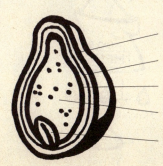

- Fruchtschale: Ballaststoffe, Mineralstoffe
- Samenschale: Ballaststoffe, Mineralstoffe
- Aleuronschicht: Vitamine, Eiweiß, Mineralstoffe
- Mehlkörper: Stärke, Klebereiweiß
- Keimling: Fett, Vitamine, Mineralstoffe, Eiweiß

3. Verarbeitung

Mehlarten	
Vollkornmehl: *Das ganze Korn wird vermahlen, mit Randschichten und Keimling.*	**Auszugsmehl:** *Randschichten und Keimling werden entfernt. Nur der Mehlkörper wird vermahlen (Abgang: Kleie, Keimling).*
Bewertung	
viele Mineralstoffe, viele Vitamine, besonders B_1, viele Ballaststoffe, mehr Eiweiß, etwas Fett, große Sättigungswirkung.	*wenig Mineralstoffe, wenig Vitamine, wenig Ballaststoffe, wenig Eiweiß, kein Fett, geringe Sättigungswirkung.*
Weitere Produkte	
ganzes Korn, Schrot, Vollkorngrieß, Vollkornflocken.	*Rollgerste, Grütze, Grieß, Flocken.*

BEACHTE

Auf jeder Mehlpackung (außer bei Vollkornmehl) ist eine Typenzahl zu finden. Sie gibt an, wieviel Milligramm (mg) Mineralstoffe in 100 g Mehl enthalten sind. Z.B. Type 480 heißt: 480 mg Mineralstoffe sind in 100 g Mehl enthalten. Je höher, desto mineralstoffreicher ist das Mehl.

AUFGABEN

1. Die Typenzahl wird durch Verbrennen des Mehles festgestellt. Erkläre diese Skizze.
2. Nenne 5 Gründe, warum Vollkornprodukte verwendet werden sollen.
3. Schreibe dir in einem Lebensmittelgeschäft die Typenzahlen für Weizen- und Roggenmehl auf und erkläre sie deinen Mitschülern.

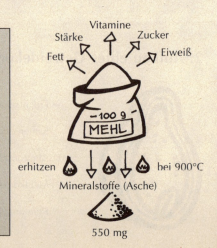

Ernährung - Gesundheit - Haushalt

4. Bedeutung

- **Getreideprodukte** mit Ei, Milch oder Milchprodukten, Hülsenfrüchten kombinieren.
- **Vollkornmehle** liefern dem Körper fast alle lebensnotwendigen Stoffe. Sie sollen deshalb möglichst reichlich verwendet werden.
- **Auszugsmehle** enthalten viel Stärke und Klebereiweiß. Sie sind daher gut backfähig und werden für Feingebäck verwendet.
Sie sind aber wirkstoffarm und ballaststoffarm!
- **Flocken:** Getreidekörner werden gedämpft und zwischen Walzen zu Flocken gepresst; z. B. Dinkel-, Hirse-, Haferflocken.
- **Stärke:** Aus Weizen, Mais und Reis kann reine Stärke gewonnen werden, die in der Küche als Bindemittel verwendet wird.

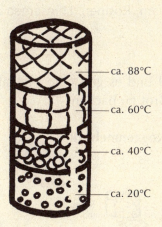

ca. 88°C
ca. 60°C
ca. 40°C
ca. 20°C

BEACHTE

- Stärke ist in kaltem Wasser unlöslich, quillt jedoch in warmem Wasser,
- Stärke verkleistert in kochendem Wasser,
- Stärke immer zuerst in kalter Flüssigkeit anrühren, dann in die kochende Flüssigkeit einrühren,
- Teigwaren, Knödel, Spätzle in kochendes Wasser geben – Stärke verkleistert sofort (Lebensmittel behält die Form).

AUFGABEN

1. Erkläre die richtige Zubereitung eines Vanillepuddings (Hinweis: Pudding besteht vorwiegend aus Stärke) und begründe deine Empfehlung.
2. Versuche selbst ein Müsli aus verschiedenen Flocken, Milchprodukten und Obst zusammenzustellen.

Brot

LERNZIEL	1	Die möglichen Zutaten von Brot aufzählen.
LERNZIEL	2	Brot nach den verschiedenen Mahlerzeugnissen unterscheiden.

1. Zutaten:

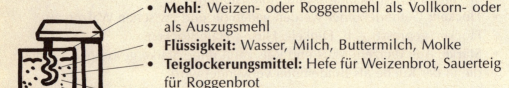

- **Mehl:** Weizen- oder Roggenmehl als Vollkorn- oder als Auszugsmehl
- **Flüssigkeit:** Wasser, Milch, Buttermilch, Molke
- **Teiglockerungsmittel:** Hefe für Weizenbrot, Sauerteig für Roggenbrot
- **Gewürze:** Salz, Fenchel, Kümmel, Anis, Koriander ...
- **verbessernde Zutaten:** Sesam, Rosinen, Leinsamen ...

2. Brotsorten

Brot ist unser wichtigstes tägliches Nahrungsmittel und es gibt eine Vielzahl verschiedener Brotsorten. Versuche selbst einmal Brot zu backen.

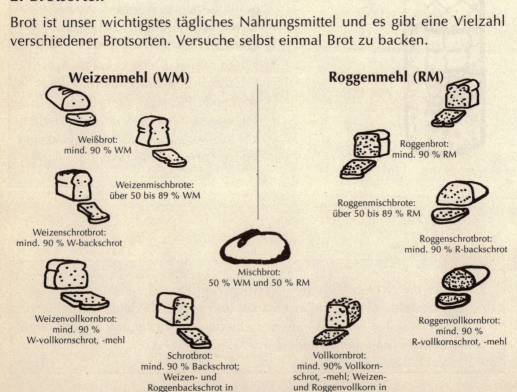

Weizenmehl (WM)

Weißbrot: mind. 90 % WM

Weizenmischbrote: über 50 bis 89 % WM

Weizenschrotbrot: mind. 90 % W-backschrot

Weizenvollkornbrot: mind. 90 % W-vollkornschrot, -mehl

Schrotbrot: mind. 90 % Backschrot; Weizen- und Roggenbackschrot in beliebigem Verhältnis

Mischbrot: 50 % WM und 50 % RM

Vollkornbrot: mind. 90% Vollkornschrot, -mehl; Weizen- und Roggenvollkorn in beliebigem Verhältnis

Roggenmehl (RM)

Roggenbrot: mind. 90 % RM

Roggenmischbrote: über 50 bis 89 % RM

Roggenschrotbrot: mind. 90 % R-backschrot

Roggenvollkornbrot: mind. 90 % R-vollkornschrot, -mehl

Ernährung - Gesundheit - Haushalt

3. Lagerung

Das Brot wird bei 0° C am schnellsten hart. Die richtige Lagerung erfolgt in der Brotdose und nicht im Kühlschrank.

AUFGABEN

1. Welche Brotsorten solltest du bevorzugen? Begründe deine Aussage.
2. Erkläre die Zutaten deines Lieblingsbrotes.

Kartoffel

LERNZIEL	1	*Die Arten und die Bedeutung der Kartoffel kennen.*
LERNZIEL	2	*Die richtige Vor- und Zubereitung beherrschen.*

1. Arten

- **nach Form:** runde, längliche
- **nach Eigenschaften:** fest kochend (für Salat), mehlig (für Püree, Teig)
- **nach Farbe:** hellgelb, gelb, rötlich
- **nach Ernte:** Frühkartoffel, Spätkartoffel

2. Bedeutung

- Kartoffeln sind fettarm, daher auch energiearm (gleichviel Energie wie Weintrauben),
- enthalten viel Wasser und wenig Eiweiß – ideal als Beilage,
- enthalten Stärke und Ballaststoffe – sättigen gut,
- liefern Vit. C und Vit. B_1, Mineralstoffe (Kalium, Calcium, Eisen ...).

Vergleich:

Gedämpfte Kartoffeln
energiearm (100g = 290 kJ), vitaminreich, mineralstoffreich, leicht verdaulich, als Beilage gut geeignet.

Pommes frites
energiereich (100 g = 1.150 kJ), fettreich, schwer verdaulich, als Zwischenmahlzeit ungeeignet.

3. Richtige Vor- und Zubereitung

- kurz und gründlich waschen, nie wässern,
- möglichst mit der Schale garen (Schale = Schutz vor Auslaugen),
- erst kurz vor der Verwendung schälen,
- in wenig Wasser dämpfen, kalt zustellen,
- Kartoffelspeisen möglichst sofort verzehren, nicht warmhalten.

Vitaminverluste und Mineralstoffverluste von Kartoffeln durch Kochen:

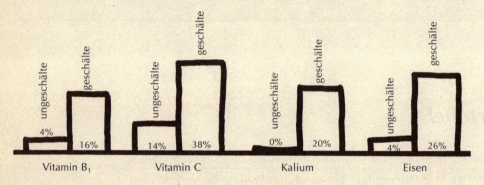

4. Lagerung

Kartoffeln sind gut lagerfähig. Ist ein geeigneter Keller (dunkel, kühl, luftig) vorhanden, können gut verlesene Kartoffeln von Herbst bis Juni gelagert werden. Lattenkisten eignen sich am besten als Behälter.

AUFGABEN

1. Begründe die Tatsache, dass Kartoffeln immer mehr als Halbfertigprodukt (z. B. Kartoffelpüreepulver) verwendet werden. Wie ist diese Entwicklung zu bewerten?
2. Erkläre, warum Pommes frites als Zwischenmahlzeit oder Beilage ungeeignet sind. Gib Beispiele energieärmerer Kartoffelspeisen an.

Ernährung - Gesundheit - Haushalt

Zucker

LERNZIEL	1	Einige Handelssorten und Eigenschaften von Zucker aufzählen.
LERNZIEL	2	Zucker als leeres Kohlenhydrat bewerten.

1. Arten

Roh-, Würfel-, Staub-, Hagel-, Vanille-, Kandiszucker.
Zucker wird aus der Zuckerrübe oder aus dem Zuckerrohr gewonnen.

2. Eigenschaften

- Zucker entzieht den Nahrungsmitteln Wasser; dies macht den Zucker zu einem Konservierungsmittel,
- ist gut wasserlöslich,
- schmilzt bei stärkerer Hitzeeinwirkung und wird zu Karamel.

3. Bedeutung

- Zucker besteht aus 100 % Doppelzucker; ist also ein leeres Kohlenhydrat,
- liefert keine Mineralstoffe, Vitamine, Ballaststoffe,
- ist sogar ein „Vit.-B_1-Räuber"; bei großem Zuckerkonsum können u. a. Konzentrationsschwäche, Zappeligkeit auftreten,
- verursacht Karies; ein hoher Konsum an Süßigkeiten, süßen Getränken und mangelnde Zahnpflege fördern die Entstehung,
- sollte als Würzmittel verwendet werden, d. h. in kleinen Mengen.

AUFGABEN

1. Nenne Speisen, die mit Zucker konserviert werden.
2. Viele Kinder können sich in der Schule nicht konzentrieren. Versuche eine Begründung zu finden.

Honig

LERNZIEL	1	*Die Vorteile von Honig aufzählen.*
LERNZIEL	2	*Die Arten von Honig unterscheiden.*

Der Honig wird von Bienen aus süßen Pflanzensäften hergestellt. Bis zu 20 Millionen Blüten müssen die Bienen besuchen, um ein Kilo Honig zu produzieren – wahrlich ein emsiges Volk!

Je nach der Herkunft der gesammelten Pflanzensäfte gibt es Blütenhonig (aus Nektar) oder Waldhonig (aus Honigtau).

1. Bedeutung

- Honig ist sehr reich an Zucker (= Invertzucker). Auch er kann Karies verursachen.
- Honig enthält aber Vitamine, z. B. B_1, und Mineralstoffe wie Eisen, Calcium und Kalium.

2. Verwendungshinweise

- Honig in kleinen Mengen verzehren.
- Honig nicht erhitzen, weil Vitamine zerstört werden.
- Wird Honig zum Backen verwendet, kann auch ein preisgünstigeres Produkt eingesetzt werden.

AUFGABEN

1. Welche Vorteile hat Honig im Vergleich zu Zucker?
2. Schreibe auf, wie oft du täglich gesüßte Speisen oder Getränke konsumierst und beurteile deinen Konsum.

Ernährung - Gesundheit - Haushalt

▶ *Fett*

LERNZIEL	1	Den Aufbau und die Eigenschaften der Fette kennen.
LERNZIEL	2	Über den eigenen Fettbedarf und die richtige Bedarfsdeckung Bescheid wissen.

1. Aufbau

Fett besteht aus den Elementen **C, H und O**.

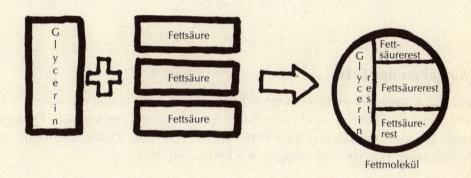

Fettmolekül

2. Eigenschaften

Fett enthält verschiedene Fettsäuren. Die enthaltenen Fettsäuren bestimmen die Eigenschaften des Fettes.

Es gibt:

- **gesättigte Fettsäuren:** Das Fett ist fest (z. B. Kokosfett, Schweineschmalz).
- **ungesättigte Fettsäuren:** Das Fett ist flüssig (alle Öle).

Die wichtigste ungesättigte Fettsäure ist die Linolsäure. Der Körper kann sie selbst nicht aufbauen. Sie muss mit der Nahrung zugeführt werden. Sie ist lebensnotwendig = **essentiell**. Linolsäurereiche Fette sind Sonnenblumen-, Soja- oder Maiskeimöl.

Schmelzbereich:	Zersetzungspunkt:
Dies ist jene Temperatur bei der feste Fette weich werden.	*Dies ist jene Temperatur bei der das Fett zu rauchen beginnt.*

Schmelzbereiche   **Zersetzungspunkt**

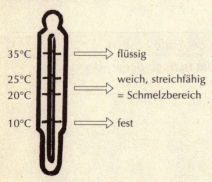
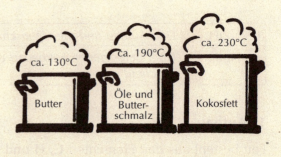

3. Aufgaben der Fette

Bevor der Körper die Fette verwerten kann, müssen sie zuerst emulgiert (= in kleine Tröpfchen zerlegt) und dann durch Enzyme abgebaut werden. Dies geschieht bei der Verdauung. Die Fette werden in den Zellen verbrannt zu Kohlendioxyd, Wasser und Energie. 1 g Fett liefert 39 kJ.

- Fette dienen zur Energiegewinnung,
- sind Träger der essentiellen Fettsäuren,
- sind Träger der fettlöslichen Vitamine (A-D-E-K),
- dienen zur Speicherung (= Depotfett). Das Depotfett entsteht, wenn mehr Fett aufgenommen wird, als zur Energiegewinnung benötigt wird.

Vorteile des Depotfettes	Nachteile des Depotfettes
Wärmeschutz, Schutz gegen Stoß, Schutz für empfindliche Organe (z. B. Augen, Nieren).	Übergewicht, Belastung des Stützapparates, Belastung des Kreislaufs.

Ernährung - Gesundheit - Haushalt

4. Fettbedarfsdeckung

Der Fettbedarf von 0,8 g pro Kilo Körpergewicht sollte in richtiger Weise gedeckt werden:

- **als Streichfett:** Butter in kleinen Mengen verwenden,
- **als Kochfett:** wenig, aber wertvolle Fette benützen, z. B. kaltgepresste Öle für Salate, Butterschmalz oder Öl zum Braten,
- **als verstecktes Fett:** in Wurst, Mayonnaise, Pommes frites.
  Fettreiche Nahrungsmittel nur in kleinen Mengen essen!

Achte darauf, dass die Fettzufuhr weitestgehend eingeschränkt wird!

5. Fettähnliche Stoffe

Sie sind ähnlich wie Fette aufgebaut und haben im Körper verschiedene Aufgaben.

- **Lezithin:** Es wird benötigt zum Aufbau von Gehirn- und Nervenzellen. Der Körper kann es aber auch selbst herstellen. Lezithinreich sind: Nüsse, Eidotter, Keimöle.
- **Carotin:** Es ist ein rötlich-oranger Pflanzenfarbstoff, der z. B. in Karotten, Marillen, gelben und roten Paprika enthalten ist. Carotin kann in der Darmwand zu Vit. A umgebaut werden.
- **Cholesterin:** Es wird teilweise im Körper aufgebaut und teilweise mit der Nahrung zugeführt; z. B. durch Innereien, Dotter, fettes Fleisch.
  Aus Cholesterin werden im Körper viele wichtige Stoffe erzeugt; z. B. Hormone. Ein zu hoher Cholesterinspiegel führt aber zu gefährlichen Erkrankungen. Maßnahmen dagegen sind im Kapitel „Hoher Cholesterinspiegel" zu finden.

AUFGABEN

1. Mache fünf Vorschläge wie du deinen Fettkonsum einschränken kannst.
2. 2 Scheiben Zervelatwurst, $1/2$ Tafel Vollmilchschokolade, $1/2$ l Vollmilch, 2 Scheiben Edamer entsprechen jeweils 20 g Butter (= 1 Portion).
   Werners Jause besteht aus: 1 Butterbrot mit 1 Scheibe Wurst, 1 Käsebrot – 2 Scheiben Käse, $1/2$ Tafel Vollmilchschokolade.
   Wieviel Portionen Butter konsumiert er?

Speisefette

| LERNZIEL | 1 | Die Gewinnung der Speisefette verstehen. |
| LERNZIEL | 2 | Die Vorteile der Butter und der kaltgepressten Öle kennen. |

1. Arten

Pflanzliche Fette	Tierische Fette	Mischfette
Öle, Kokosfett	Butter, Butterschmalz, Schweineschmalz	Margarine

2. Gewinnung und Bewertung

Die Öle werden aus Ölsamen (z.B. Sonnenblumenkernen) oder Ölfrüchten (z.B. Oliven) gewonnen.

- **Kaltgepresste Öle:** Die Ölsamen und Ölfrüchte werden gepresst. Es entstehen naturreine, vitaminreiche, aber teure Öle. Sie sind zum Rohverzehr (Marinade) geeignet.
- **Raffinierte Öle:** Der Rest der Kaltpressung wird erhitzt und mit Fettlösungsmitteln behandelt. Das Rohöl wird raffiniert (= gereinigt mit verschiedenen Mitteln). Es entstehen vitaminarme, billige Öle. Sie sind zum Erhitzen (z. B. Braten) geeignet.

Die **Butter** wird aus Milch hergestellt. Die Milch wird zentrifugiert. Es entsteht Rahm und Magermilch. Der Rahm wird gelagert, eventuell mit Milchsäurebakterien versetzt und gekühlt. Im Butterfertiger wird der Rahm solange gerührt bis sich Butterklümpchen bilden. Als Rest bleibt Buttermilch zurück.

Die Butter ist reich an Vitaminen, leicht verdaulich (emulgiertes Fett) und ein Naturprodukt. Es ist daher als Streichfett und zum Verbessern der Speisen in kleinen Mengen zu empfehlen.

Butterschmalz wird aus Butter durch langsames Erhitzen gewonnen. Es kann gut zum Braten oder Herausbacken verwendet werden.

Ernährung - Gesundheit - Haushalt

Margarine-Herstellung

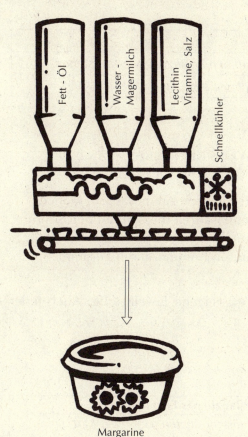

Margarine

Margarine ist ein künstlich hergestelltes Fett. Dazu wird ein Gemisch aus flüssigen und festen Fetten benötigt. Ein Teil des Öls muss daher zu Fett gehärtet werden (= chemischer Prozess).

Die Zutaten (80 % Fette und Öle, Wasser oder Magermilch, Lecithine, Vitamine und eventuell Salz) fließen in einen Schnellkühler. Durch Rühren, Kühlen und Kneten bildet sich ein butterähnliches Fett. Margarine kann als billiger Butterersatz bewertet werden.

„Diätmargarine" kann in der Diätkost bei zu hohem Cholesterinspiegel eingesetzt werden.

„Halbfettmargarine" enthält weniger Fett, dafür aber mehr Wasser.

AUFGABEN

1. Welche Argumente kannst du gegen den Margarinekonsum aufstellen? Denke dabei an gesundheitliche, ökologische und soziale Aspekte.
2. Welche Meinung hast du bezüglich „Light-Produkte", wie z. B. „Light Limonaden, Light Margarine (= Halbfettmargarine)?
3. Fette sollen nie über den Zersetzungspunkt erhitzt werden. Welche Fette verwendest du daher für das Braten, Grillen, Fritieren?

▶ Eiweiß

LERNZIEL	1	Den Aufbau von Eiweiß kennen.
LERNZIEL	2	Die biologische Wertigkeit und den Ergänzungswert verstehen.
LERNZIEL	3	Die richtige Eiweißbedarfsdeckung erklären.

1. Aufbau

Jede Zelle besteht aus Eiweiß. **OHNE EIWEISS KEIN LEBEN.**
Eiweiß besteht aus den Elementen **C, H, O** und **N** (Stickstoff).

- Bausteine der Eiweißstoffe sind 20 verschiedene Aminosäuren. Manche kann der Körper selbst aufbauen. **8 Aminosäuren** müssen mit der Nahrung zugeführt werden, d. h. sie sind **essentiell.**
- Schließen sich 100 bis zu mehreren tausend Aminosäuren zusammen, entsteht ein Eiweißstoff.

Jede Tier- und Pflanzenart besitzt andere arteigene Eiweißstoffe. Auch jeder Mensch hat sein persönliches Eiweiß.

2. Einteilung

Tierisches Eiweiß in:	Pflanzliches Eiweiß in:
Milch, Milchprodukte, Ei, Fisch, Fleisch	Hülsenfrüchten, Getreide, Kartoffeln, Gemüse

3. Biologische Wertigkeit der Eiweißstoffe

Zum Aufbau der Körperzellen werden Eiweißstoffe gebraucht. Sie werden mit der Nahrung zugeführt. Nur wenn ein Nahrungsmittel alle 8 essentiellen Aminosäuren besitzt, kann daraus körpereigenes Eiweiß aufgebaut werden, d. h. das Nahrungsmittel hat biologisch hochwertiges Eiweiß.

Ernährung - Gesundheit - Haushalt

Nehmen wir mit einer Mahlzeit verschiedene Nahrungsmittel auf, können sich Eiweißstoffe gegenseitig ergänzen – z. B.:

- Getreideerzeugnisse mit Milch, Fleisch, Fisch, Ei,
- Kartoffeln mit Milch, Fleisch, Fisch, Ei,
- Hülsenfrüchte mit Milch, Fleisch, Fisch, Ei, Getreide.

Diese Ergänzungswirkung sollte bei der Zusammenstellung von Menüs berücksichtigt werden. Meist wird das billige, pflanzliche Eiweiß durch das teurere tierische Eiweiß aufgewertet. Deshalb kann die Ernährung preiswerter und vernünftiger gestaltet werden.

4. Aufgaben der Eiweißstoffe

Bevor der Körper das Eiweiß verwerten kann, muß es durch Enzyme in die einzelnen Aminosäuren zerlegt werden. Daraus baut der Körper sein eigenes Eiweiß auf.

Eiweiß wird benötigt:
- zur Erneuerung der Körperzellen,
- zum Aufbau von neuen Körperzellen.

Kinder, Jugendliche, Schwangere und Stillende haben einen erhöhten Eiweißbedarf, weil sie Eiweiß zum Aufbau von neuen Körperzellen brauchen.

5. Bedarfsdeckung

Der Eiweißbedarf eines Erwachsenen von 0,8 g pro kg Körpergewicht sollte auf folgende Weise gedeckt werden:

- 1/3 des täglichen Eiweißbedarfs durch tierische Eiweißstoffe:
  z. B. Milch, Käse, Fisch, Fleisch, Ei.
- 2/3 des täglichen Eiweißbedarfs durch pflanzliche Eiweißstoffe:
  z. B. Kartoffel, Getreide, Erbsen, Bohnen, Linsen, Gemüse.

BEACHTE

Pflanzliche und tierische Eiweißstoffe sollen zu jeder Mahlzeit gemeinsam gegessen werden!

> AUFGABEN
>
> 1. Du sollst die Milch zum Frühstücksbrot und nicht erst Stunden später trinken! Begründe diese Forderung.
> 2. Warum gibst du zu einem Müsli Milch, zu Spaghetti Fleischsugo und zu einer Linsensuppe Würstchen?
> 3. Die Menschen in den Entwicklungsländern ernähren sich hauptsächlich mit Getreide. Mache Vorschläge wie diese Ernährung aufgewertet werden könnte.
> 4. Nenne 3 Hauptspeisen mit Beilagen, wobei sich die Eiweißstoffe gut ergänzen.

Milch

LERNZIEL	1	*Einige Milchprodukte im Handel aufzählen.*
LERNZIEL	2	*Die Milch als wichtiges Lebensmittel erklären.*

1. Arten

- **Frischmilchprodukte:** Vollmilch, Magermilch, Kakaomilch, Vanillemilch
- **Sauermilchprodukte:** Jogurt, Kefir, Sauermilch, Buttermilch, Molke
- **Rahmprodukte:** Kaffee-, Schlagobers, Sauerrahm, Creme-fraiche
- **Haltbarmilchprodukte:** H-Milch, H-Schlagobers
- **Dauermilchprodukte:** Sterilmilch, Kondensmilch, Trockenmilch

2. Bearbeitung der Milch

In der Molkerei wird die Milch ...

- standardisiert: Die Milch wird auf eine bestimmte Fettgehaltsstufe gebracht.
- homogenisiert: Die Milch wird durch feinste Düsen gepresst.
- pasteurisiert, ultrahocherhitzt oder sterilisiert,
- zu Sauermilchprodukten verarbeitet.

Nicht homogenisierte Milch

Große Fetttröpfchen rahmen auf

Homogenisierte Milch

Kleine Fetttröpfchen bleiben fein verteilt

Ernährung - Gesundheit - Haushalt

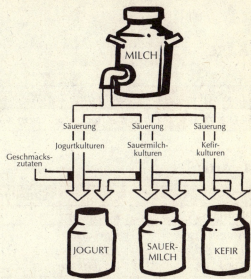

3. Zusammensetzung und Bedeutung der Milch

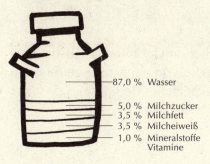

Die Milch enthält ...

- hochwertiges Eiweiß; ist ideal für alle Altersgruppen,
- leicht verdauliches (= emulgiertes) Fett,
- Milchzucker; ist günstig für den Aufbau eines gesunden Darms bei Säuglingen,
- Vitamine: A, D, B_1, B_2, B_6,
- reichlich Mineralstoffe; besonders viel Calcium und Phosphat.

BEACHTE

- Milch enthält keine Ballaststoffe, fast kein Vit. C und fast kein Eisen. Kombiniere daher Milchprodukte mit Vollkornprodukten, Obst und Gemüse.
- Leichter verdaulich wird die Milch, wenn sie gemeinsam mit Kohlenhydraten gegessen wird; z.B. Milch mit Brot, Erdbeermilch ...
- Milch ist ein flüssiges Lebensmittel, aber kein Getränk, das literweise genossen werden sollte.

AUFGABEN

1. Nenne 4 richtige Kombinationen mit Milch.
2. Begründe, warum Milch ein flüssiges Nahrungsmittel ist.

Käse

LERNZIEL	1	*Die Herstellung von Käse verstehen.*
LERNZIEL	2	*Über die Bedeutung von Käse Bescheid wissen.*

1. Arten

Einteilung nach			
Fettgehalt	**Konsistenz**	**Gewinnung**	**Frische**
Magerkäse	*Hartkäse*	*Labkäse*	*Frischkäse*
Halbfettkäse	*Schnittkäse*	*Sauermilchkäse*	*gereifter Käse*
Fettkäse	*Weichkäse*	*Schmelzkäse*	

2. Herstellung

Milch wird durch Milchsäurebakterien oder Lab zum Gerinnen (= Ausflocken) gebracht und erwärmt. Das geronnene Eiweiß wird von der Molke getrennt, in Formen gepresst und mit Salz behandelt. Bei spezieller Temperatur reift der Käse. Dies kann einige Tage bis mehrere Monate dauern.

3. Bedeutung

- Käse enthält viel hochwertiges Eiweiß, das gut mit Getreide oder Gemüse kombiniert werden kann.
- Fettreicher Käse enthält viel verstecktes Fett. Daher Käse nur in kleinen Mengen verzehren oder fettarme Sorten bevorzugen. Der Fettgehalt wird in F.i.T. angegeben, d. h. „Fett in der Trockenmasse" (= wasserfreier Käse).
- Käse enthält Vitamine und Mineralstoffe wie in der Milch.
- Die Bekömmlichkeit hängt vom Fettgehalt, Menge und von den Beigaben ab; z. B. mit Kohlenhydraten ist er besser verträglich.

AUFGABEN

1. Schau dir die Vielfalt der Käsesorten in einem Lebensmittelgeschäft an und vergleiche dabei die Fettgehaltsangaben.
2. Zu welcher Käseart würdest du folgende Käsesorten einordnen: Emmentaler, Camembert, Hüttenkäse, Österkron.

Ernährung - Gesundheit - Haushalt

Ei

LERNZIEL	1	Die Bestandteile des Eis erkennen und benennen.
LERNZIEL	2	Die Kennzeichen frischer Eier und die Bedeutung erläutern.

1. Aufbau

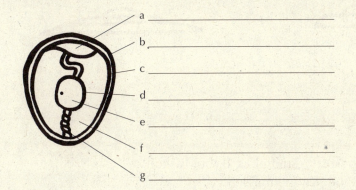

a _____
b _____
c _____
d _____
e _____
f _____
g _____

Versuche die folgenden Begriffe richtig einzusetzen:

- Eiklar
- Eidotter
- Luftblase
- Kalkschale
- Eihaut
- Hagelschnüre
- Dotterhaut

2. Bedeutung

Eidotter	Eiklar
hochwertiges Eiweiß, reichlich Fett, Lecithin, Cholesterin, viel Calcium, Phosphor, Eisen, viel Vit. A, D, B_1 und B_2	hochwertiges Eiweiß, kein Fett. Mineralstoffe in Spuren, Vitamine in Spuren.

BEACHTE

- Eier sollten möglichst frisch verwendet werden. Die Frische ist an der Güteklasse (ersichtlich auf der Eierpackung) erkennbar.
- Eier sollen im Kühlschrank aufbewahrt werden.
- Eidotter enthält viel Cholesterin. Daher sollten nur ca. 2–3 Eier (auch in versteckter Form) pro Woche gegessen werden.
- Gebratene und hartgekochte Eier sind schwer verdaulich.
- Eier können salmonellenbelastet sein. Salmonellen sind Bakterien, die schwere Darmerkrankungen hervorrufen. Es sollen daher möglichst keine Speisen mit rohen Eiern gegessen werden.

3. Kennzeichen frischer Eier

- Sie machen kein Geräusch beim Schütteln.
- Sie haben eine kleine Luftblase.
- Sie zeigen einen schön gewölbten Dotter beim Aufschlagen.

Frisches Ei

Älteres Ei

4. Verwendung

- Eier dienen als Auflockerungsmittel, z. B. bei Biskuit,
- als Bindemittel, z. B. bei Knödelmassen,
- als Färbemittel, z. B. bei Kuchen.

AUFGABEN

1. Beurteile die Aussage „Täglich ein Frühstücksei" kritisch.
2. Schlage ein Ei auf und benenne alle Bestandteile und beurteile die Frische.

Ernährung - Gesundheit - Haushalt

Fleisch

LERNZIEL	1	Vor- und Nachteile von Fleischkonsum verstehen.
LERNZIEL	2	Über den zweckentsprechenden Fleischeinkauf Bescheid wissen.

1. Arten
Als Nahrungsmittel wird das Fleisch folgender Tiere verwendet:

Rind - Kalb - Schwein - Schaf - Ziege - Pferd - Wild - Geflügel.

2. Bedeutung
- **Fleisch liefert** hochwertiges Eiweiß. Es ist jedoch sehr teuer. Eine Ergänzung mit Getreideprodukten, Gemüse oder Kartoffeln ist sinnvoll.
- **Fleisch enthält** Fett in unterschiedlicher Menge. Fettarm ist Kalb, Wild, junges Huhn, Pute. Fettreich ist Schweinefleisch, Ente, Gans.
- **Fleisch liefert** Vitamine, Mineralstoffe und Geschmacksstoffe.
- **Hoher Fleischkonsum** kann gesundheitsschädigend sein und zu hohem Cholesterinspiegel, Gicht oder Übergewicht führen.

3. Merkmale verschiedener Fleischsorten und Fleischwaren
- **Rindfleisch** ist dunkelrot mit wenig gelblichem Fett. Es sollte feinfasrig und gut abgelegen sein.
- **Kalbfleisch** ist zartrosa, feinfasrig und fettarm und somit leicht verdaulich.
- **Schweinefleisch** ist dunkelrosa, fettreich und schwer verdaulich. Das Fett ist weiß und fest.
- **Lammfleisch** ist hellrot und feinfasrig. Das Fleisch älterer Tiere (= Schafffleisch) hat einen arteigenen Geschmack und soll besonders heiß serviert werden.
- **Wildfleisch** ist dunkel, fast fettfrei und stark durchblutet. Wildbret muss länger abliegen, um das Fleisch mürbe werden zu lassen.

- **Geflügelfleisch** (Huhn, Ente, Gans, Pute oder Truthahn). Das Fleisch von jungen Hühnern und Puten ist fettarm. Dagegen sind Gans und Ente sehr fettreich.
- **Innereien:** Dazu zählen Bries, Herz, Hirn, Leber, Lunge, Milz, Zunge. Beachte: Hirn und Bries sind besonders cholesterinreich, Niere und Leber können sehr schadstoffbelastet sein.
- **Wurstwaren:** Wurst- und Selchwaren enthalten viel Nitritpökelsalz (verleiht eine kochfeste rote Farbe). Auch können sehr große Fettmengen in verschiedenen Wurstwaren enthalten sein. Daher ist Wurst nur in kleinen Mengen bzw. nicht zu oft zu empfehlen.

4. Einkauf

Fleischeinkauf ist Vertrauenssache. Dem qualifizierten Fleischhauer ist der Vorzug zu geben. Beim „BIO-Bauern" wird auf artgerechte Tierhaltung Rücksicht genommen. Das Fleisch weist deshalb besonders gute Qualität auf. Bei guter Lagermöglichkeit (z. B. Tiefkühltruhe) können auch größere Mengen eingekauft werden. Sie werden entsprechend portioniert eingefroren.

Zweckentsprechend einkaufen:

- **I. Qualität:** zum Braten, Grillen, Backen; z. B. für Schnitzel, für Braten,
- **II. Qualität:** zum Dünsten, Kochen; z. B. für Gulasch, für Geschnetzeltes,
- **III. Qualität:** zum Faschieren; z. B. für Faschiertes, für Würste, für Sulze.

AUFGABEN

1. Hast du bereits Innereien gegessen? Was soll beim Konsum von Innereien beachtet werden?
2. Wie kannst du Kalbfleisch und Rindfleisch unterscheiden?

Ernährung - Gesundheit - Haushalt

Rind

1 Lungenbraten	I.
2 Beiried	I.
3 Rostbraten	I.
4 Tafelspitz	II.
5 Scherzl, Schale	II.
6 Schulter	II.
7 Riedhüfel	III.
8 Bauch	III.
9 Hals, Spitz	III.
10 Wadschinken	III.

Kalb

1 Schlögl	I.
2 Schlußbraten	I.
3 Rücken (Kotelett)	I.
4 Schulter	II.
5 Brust	II.
6 Wammerl (Bauch)	III.
7 Stelze	III.
8 Füße	III.
9 Hals	III.
10 Kopf	III.

Schwein

1 Schlögl	I.
2 Kotelett (Karree)	I.
3 Lungenbraten	I.
4 Schlußbraten	I.
5 Schulter	II.
6 Schopfbraten	II.
7 Stelze	III.
8 Brust	III.
9 Bauch	III.
10 Hals	III.

Lamm

1 Schlögl	I.
2 Schlußbraten	I.
3 Rücken	I.
4 Schulter	II.
5 Brust	III.
6 Bauch	III.
7 Stelze	III.

Fisch

LERNZIEL	1	Fische nach zwei Gesichtspunkten unterteilen.
LERNZIEL	2	Fisch als ideales Nahrungsmittel erkennen.

1. Arten

Seefische

Magerfisch	Fettfisch
Dorsch 60–150 cm	Makrele 35–50 cm
Rotbarsch 40–80 cm	Hering 20–30 cm
Schellfisch 30–60 cm	Sprotte 10–20 cm
Scholle 25–40 cm	
Heilbutt 100–200 cm	
Steinbutt 50–100 cm	

Süßwasserfische

Magerfisch	Fettfisch
Bachforelle 20–45 cm	Aal 40–150 cm
Karpfen 30–70 cm	Lachs 50–150 cm

2. Bedeutung

- **Eiweiß** des Fisches ist hochwertig, gut mit Kartoffeln, Gemüse und Getreide zu ergänzen.
- **Fettarm** sind Magerfische. Sie sind leicht verdaulich und ideal für eine energiearme Mahlzeit.
- **Mineralstoffe, Vitamine** sind reichlich vorhanden. Besonders Seefische enthalten viel Jod (für Schilddrüse – gegen Kropfbildung).

Ernährung - Gesundheit - Haushalt

- **Fettfische** selten und fettarm zubereiten.
- **Bindegewebe** ist im Fischfleisch wenig enthalten. Er zerfällt deshalb leicht. Der Fisch ist aber leicht verdaulich und kurz zu garen.
- **Sättigungsgrad** ist gering. Es sind reichlich Beilagen wie Salate und Kartoffeln dazu zu reichen.

3. Einkauf

Die Kennzeichen frischer Fische sind:

- rote Kiemen,
- elastisches Fleisch (Druckprobe),
- glänzende Augen.

Da die Haltbarkeit sehr gering ist, sind die Fische leicht verderblich und sollen sofort zubereitet oder tiefgekühlt werden. Auch gegarte Fischreste sind am gleichen Tag noch zu verwenden.

Beliebt sind konservierte Fische wie z. B. tiefgekühlte Fische, geräucherte Fische, Ölsardinen, Rollmops ...

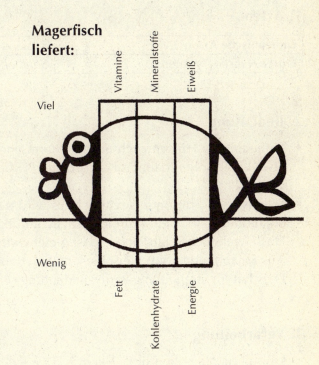

Magerfisch liefert:

AUFGABEN

1. In Österreich wird sehr wenig Fisch verzehrt? Was können die Ursachen hierfür sein?
2. Warum ist pro Woche eine Fischmahlzeit zu empfehlen?
3. Nenne 4 Fischspeisen, die du bereits gegessen hast.

Hülsenfrüchte

LERNZIEL	1	Hülsenfruchtarten kennen.
LERNZIEL	2	Die richtige Verarbeitung von Hülsenfrüchten verstehen.

1. Arten

Einheimische Arten	Ausländische Arten
Erbsen, Linsen, Bohnen.	Sojabohne, Erdnuss.

2. Bedeutung

- **Einheimische Hülsenfrüchte** sind fettarm und enthalten nur minderwertiges Eiweiß. Sie sollen daher mit tierischem Eiweiß oder Getreideeiweiß ergänzt werden.
- **Erdnüsse** sind besonders fettreich. Es wird daraus Erdnussöl gewonnen.
- **Sojabohnen** sind sehr fettreich (Ölgewinnung) und eiweißreich.
  Das Eiweiß der Sojabohne ist fast gleichwertig wie das Fleischeiweiß.
  Aus Sojabohnen kann Fleischersatz (Sojafleisch) hergestellt werden.
  Dies hat für strenge Vegetarier Bedeutung.

3. Verarbeitung

- Hülsenfrüchte sollen über Nacht in Wasser eingeweicht und im Einweichwasser gegart werden. Aber ohne Salz und Säure!
- Hülsenfrüchte sind eher schwer verdaulich. Sie müssen daher gut gekaut oder püriert werden.

AUFGABEN

1. Erkläre die Unterschiede zwischen Erbsen und Erdnüssen.
2. Nenne 3 Hülsenfruchtspeisen und die Zubereitung.

Ernährung - Gesundheit - Haushalt

▸ *Wasser*

LERNZIEL	1	Die Aufgaben des Wassers im menschlichen Körper erklären.
LERNZIEL	2	Den eigenen Wasserbedarf kennen und die richtige Bedarfsdeckung verstehen.

1. Aufgaben

- **Wasser ist Baustoff:** Der menschliche Körper besteht zu etwa 2/3 aus Wasser.
- **Wasser ist Lösungsmittel:** Die Nährstoffe werden zuerst in Wasser gelöst; z. B. durch den Speichel und andere Verdauungssäfte. Erst dann werden sie vom Körper aufgenommen.
- **Wasser ist Transportmittel:** Durch die Körperflüssigkeiten (z. B. Blut) werden die Nährstoffe und auch der Sauerstoff zu den Zellen transportiert. Die „Abfallstoffe" wie Wasser und Kohlendioxyd werden zu den Ausscheidungsorganen transportiert.
- **Wasser ist Wärmeregulator:** Bei großer Anstrengung oder bei sehr heißem Wetter schwitzen wir. Der Schweiß verdunstet und kühlt die Haut ab.

LEBEN
⇩
3 Tage ohne Wasser
=
3 Wochen ohne Nahrung
=
3 Minuten ohne Luft

2. Wasserbedarf und -deckung

Der Mensch braucht täglich ca. 2,5 bis 3 Liter Wasser. Gesteigert wird der Wasserbedarf durch:

- heißes Klima,
- körperliche Anstrengung,
- große Salzzufuhr mit der Nahrung,
- erhöhte Körpertemperatur (Fieber).

Etwa die Hälfte des Wasserbedarfs wird durch feste Nahrung zugeführt (z. B. Obst, Gemüse, Kartoffeln, Fisch, Brot). Die zweite Hälfte, ca. 1,5 Liter, soll als Getränk zugeführt werden.
Zur Wasserausscheidung dienen Niere, Darm, Haut und Lunge.
Bei der vernünftigen Flüssigkeitsbedarfsdeckung beachte:

Bevorzuge	Vermeide
Wasser, Mineralwasser, ungesüßte Tees, Gemüse- und Obstsäfte, Buttermilch, Molkegetränke	Limonaden, Colagetränke, Energydrinks, Kaffee, Bier, Wein

Prozentualer Wassergehalt einiger Nahrungsmittel

Nahrungsmittel	%-10	20	30	40	50	60	70	80	90	100
Gurke										▬
Kohl									▬	
Milch									▬	
Apfel								▬		
Kartoffel								▬		
Fisch								▬		
Huhn								▬		
Ei							▬			
Fleisch							▬			
Käse					▬					
Vollkornbrot				▬						
Reis - ungegart	▬									

AUFGABEN

1. Warum ist bei Durchfall oder Fieber besonders viel zu trinken?
2. Auf welche Art und Weise deckst du täglich deinen Wasserbedarf?

Ernährung - Gesundheit - Haushalt

Alkoholfreie Getränke

LERNZIEL	1	Die Arten der alkoholfreien Getränke aufzählen können.
LERNZIEL	2	Den alkoholfreien Getränkekonsum gesundheitsbewusst planen.

Bevorzuge	Vermeide
• Wasser: Österreich verfügt in weiten Teilen des Landes noch über gutes Trinkwasser.	• Limonaden: Sie haben einen sehr hohen Zuckergehalt und keine Wirkstoffe.
• Mineralwasser: Achte auf einen niedrigen Natriumgehalt.	• Colagetränke: Hoher Zuckeranteil und Coffeinanteil liegt vor.
• Kräutertee: z.B. Melisse, Kamille, Pfefferminze.	• Fruchtnektar: Große Mengen Zucker werden zugesetzt.
• Früchtetee: z.B. Hagebutte, Apfelschalen.	• Fruchtsaftgetränke: Viel Zucker und Wasser werden zugesetzt.
• Fruchtsäfte: 100 % Fruchtanteil.	• Alkoholhältige Getränke, Energydrinks
• Gemüsesäfte: 100 % Gemüseanteil.	• Coffeinhältige Getränke (Kaffee, Schwarztee)
• Fettarme und zuckerfreie Milchmixgetränke.	• Zuckerreiche Milch- und Kakaogetränke

BEACHTE

Schaue beim Einkauf auf die Kennzeichnung. Entscheidend ist der Anteil von Fruchtsaft und Zucker.

AUFGABE

Mache mit deinen Mitschülern eine Rangordnung der beliebtesten alkoholfreien Getränke! Welche Schlüsse können daraus für die Ernährung gezogen werden?

Vitamine

LERNZIEL	1	Wasserlösliche und fettlösliche Vitamine aufzählen.
LERNZIEL	2	Über die Bedeutung und Wichtigkeit einer regelmäßigen Vitaminzufuhr Bescheid wissen.
LERNZIEL	3	Einige Folgen von Vitaminmangel erklären.

1. Arten

Fettlösliche Vitamine	Wasserlösliche Vitamine
A, D, E, K	C, B_1, B_2, B_6, B_{12}, H

2. Aufgaben

- Vitamine sind Bestandteile von Enzymen. Ohne Vitamine können einige Enzyme nicht aufgebaut werden. Aufgrund dessen können wichtige Vorgänge im Körper nicht stattfinden. Es kommt z. B. zu Wachstumsstörungen oder zu Konzentrationsschwächen.
- Vitamine haben besondere Aufgaben zu erfüllen. Vitamine mit besonderen Aufgaben befinden sich im Blut oder in ganz bestimmten Zellen. So hilft z. B. das Vitamin D mit, das Calcium aus der Nahrung in das Skelett einzubauen. Bei einem Vitamin-D-Mangel entsteht Rachitis.
Vitamine sind lebensnotwendige (essentielle) Stoffe.

Vitamin
Enzym

Ernährung - Gesundheit - Haushalt

3. Vitaminreiche Nahrungsmittel

Vitaminreiche Nahrungsmittel sind vor allem:
Gemüse, Obst, Vollkorngetreide, Milch, Hefe.

Vit. C-Gehalt ausgewählter Obst- und Gemüsesorten

Nahrungsmittel	Menge	mg 50	100	150	200	250	300
Sanddornsaft	100 g						
Paprika	200 g						
Erdbeeren	200 g						
Kohl	200 g						
Orange	200 g						
Kartoffeln	200 g						

4. Vitaminmangelerscheinungen

Vit. A-Mangel	Nachtblindheit
Vit. B$_1$-Mangel	Beri-Beri-Krankheit
Vit. B$_2$-Mangel	Pellagra
Vit. C-Mangel	Skorbut
Vit. D-Mangel	Rachitis

Vitaminmangel wird verursacht durch:

- **unzureichende Vitaminzufuhr** mit der Nahrung
- **gestörte Vitaminaufname** aus dem Darm;
- **gestörte Vitaminbildung** im Körper (z. B. Vit. D-Mangel bei fehlender Sonnenbestrahlung)
- **längere Behandlung mit Antibiotika** verhindert die Wirkung einiger Vitamine.
- **erhöhter Vitaminbedarf:** Säuglinge, Kinder, Schwangere, Stillende, ältere Menschen

AUFGABE

Lies dir die richtige Verarbeitung von Gemüse auf Seite 57 durch. Welche Grundsätze betreffen besonders die Vitaminerhaltung?

▸ Mineralstoffe

LERNZIEL	1	Die wichtigsten Mengen- und Spurenelemente aufzählen.
LERNZIEL	2	Einige Mangelerscheinungen erklären.
LERNZIEL	3	Über toxische Mineralstoffe Bescheid wissen.

1. Arten

Mineralstoffe werden zwar nur in kleinen Mengen gebraucht, fehlt jedoch ein Mineralstoff, können schon schwere Mangelerkrankungen auftreten.

Die Einteilung der Mineralstoffe erfolgt nach dem Bedarf des Körpers.

Mengenelemente	Spurenelemente
Calcium, Magnesium, Phosphat, Kalium, Natrium, Chlorid	Eisen, Jod, Fluor, Zink, Kupfer, Kobalt, Mangan, Molybdän

2. Aufgaben

- Mineralstoffe sind Baustoffe. Zum Aufbau des Skeletts wird z. B. Calcium und Phosphat gebraucht.
- Mineralstoffe sind Reglerstoffe. Zur Regulierung des Wasserhaushalts benötigt der Körper z. B. Kalium, Natrium und Chlorid.
- Mineralstoffe sind Bestandteile wichtiger Verbindungen im Körper. Zum Aufbau der roten Blutkörperchen dient Eisen, für das Schilddrüsenhormon wird Jod benötigt.

3. Mineralstoff-Mangelerscheinungen

Calciummangel ⟹ Rachitis
Eisenmangel ⟹ Blutarmut
Jodmangel ⟹ Kropfbildung
Fluormangel ⟹ Karies

Ernährung - Gesundheit - Haushalt

4. Mineralstoffreiche Nahrungsmittel

Viele Mineralstoffe sind enthalten in: Gemüse, Obst, Milch, Vollkorngetreide. Ein Kind im Alter von 10–14 Jahren benötigt durchschnittlich 1g Calcium täglich, ein Jugendlicher 1,3 g.

Zur Deckung des täglichen Calciumbedarfs (1,3 g = 1300 mg) eines Jugendlichen können folgende Lebensmittel dienen:

Nahrungsmittel	Menge	Ca/100 g	Ca im LM	Deckung -%
Milch	0,5 l	118	590	45
Jogurt	250 g	150	375	29
Emmentaler	60 g	830	498	38
Camembert	60 g	380	228	18
Grünkohl	100 g	35	35	3
Kohlrabi	100 g	50	50	4
Vollkornbrot	200 g	45	90	7
Semmel	80 g	25	20	2

BEACHTE

Mineralstoffe sind wasserlöslich. Daher Lebensmittel unzerkleinert waschen und in wenig Wasser garen.

5. Toxische Spurenelemente

Durch die Umweltbelastung gelangen auch giftige Stoffe auf oder in die Lebensmittel.

- **Blei:** Es gelangt durch Auspuffgase oder über Industrieanlagen in die Luft. Obst und Gemüse sind daher gut zu waschen; eventuell sind äußere Blätter bei Salaten zu entfernen.
- **Quecksilber:** Besonders Küstenfische können durch Industrieabwässer belastet sein.
- **Cadmium:** Besonders belastet sind Niere, Leber und wildwachsende Pilze.
- **Radioaktive Substanzen:** Durch Atomexplosionen, Störfälle in Kernkraftwerken gelangen Jod^{131}, Strontium^{90} oder Cäsium^{137} in die Umwelt. Schutz vor der Aufnahme von radioaktiven Substanzen bietet eine mineralstoffreiche Ernährung.

Gemüse

LERNZIEL	1	Die Arten von Gemüse mit je 2 Beispielen aufzählen.
LERNZIEL	2	Gemüse als ideales Nahrungsmittel erkennen.

1. Arten

Blatt-gemüse	Stengel-gemüse	Frucht-gemüse	Blüten-gemüse	Wurzel-gemüse
Kopfsalat	Spargel	Tomaten	Karfiol	Karotten
Kresse	Porree	Paprika	Brokkoli	Sellerie
Petersilie	Zwiebel	Gurken		Kren
Kraut	Kohlrabi	Zucchini		Rettich
Kohl				

2. Bedeutung

Gemüse enthält:
- viel Wasser; daher sehr geringer Energiegehalt,
- kein Fett; daher ideal für Beilagen,
- reichlich Ballaststoffe; daher gute Sättigungswirkung,
- viele Mineralstoffe und Vitamine; daher besonders wertvoll,
- reichlich Duft- und Geschmacksstoffe; daher ideal als Vorspeise.

Gemüse ist zu empfehlen:
- für Kleinkinder als Saft oder Gemüsebrei,
- für Kinder, Jugendliche als Zwischenmahlzeit und Vorspeise,
- für Menschen, die abnehmen wollen,
- für Erwachsene zur Gesunderhaltung des Körpers,
- in der Diätkost, weil Gemüse leicht verdaulich ist.

Ernährung - Gesundheit - Haushalt

3. Richtiger Einkauf und richtige Verarbeitung

- Gemüse aus biologischem Anbau bevorzugen (keine Spritzmittel und keine Überdüngung mit Stickstoff, daher geringer Nitratgehalt).
- Gemüse immer der Saison entsprechend auswählen, denn Treibhausgemüse ist nitratreicher aufgrund fehlender Sonnenbestrahlung.
- Nitratreiches Gemüse ist nicht für Säuglinge geeignet: Mikroorganismen können Nitrat zu Nitrit umwandeln. Nitrit blockiert den Sauerstofftransport im Körper.
- Im Winter bietet Tiefkühlgemüse eine willkommene Abwechslung.
- Nur im Ausnahmefall Dosengemüse verwenden, weil keine Vitamine mehr enthalten sind.
- Kein Gemüse oder Obst kaufen, das vor Geschäften in befahrenen Straßen angeboten wird.
- Auf Frische achten und aus der Umgebung kaufen. Dadurch wird die Landwirtschaft unterstützt.
- Gemüse kurz, unzerkleinert und gründlich waschen.
- Gemüse in wenig Salzwasser dünsten. Das Auslaugen wird verhindert.
- Zerkleinertes Gemüse (z. B. Schnittlauch) zudecken.
- Oft rohes Gemüse essen, z. B. als Salat, Rohkost, Saft.

AUFGABEN

1. Finde weitere Vorteile von biologisch arbeitenden Bauern. Erkläre den höheren Preis ihrer Produkte.
2. Zähle je drei Gemüsesorten für jede Jahreszeit auf.
3. Erkläre die drei Skizzen. Denke dabei besonders an die allgemeine Umweltbelastung.

Obst

LERNZIEL	1	*Die Einteilung von Obst mit jeweiligen Beispielen treffen.*
LERNZIEL	2	*Die Bedeutung von Obst in allen Altersstufen erklären.*

1. Arten

Einheimisches Obst				Ausländisches Obst	
Kernobst	**Schalenobst**	**Steinobst**	**Beerenobst**	**Zitrusfrüchte**	**Exotische Früchte**
Apfel Birne Quitte	Walnuss Haselnuss	Kirsche Pflaume Zwetschke	Erd-, Heidel-, Johannis-, Himbeere	Orange Zitrone Grapefruit	Kiwi, Kaki Ananas Feige

2. Bedeutung

Mit Ausnahme von Schalenobst enthalten die Obstarten:

- viel Wasser; daher geringer Energiegehalt,
- kein Fett; daher ideal als Zwischenmahlzeit,
- reichlich Ballaststoffe; daher gute Sättigungswirkung,
- reichlich Vitamine und Mineralstoffe; daher besonders wertvoll,
- reichlich Duft- und Geschmacksstoffe; daher appetitanregend.

Das Schalenobst (alle Nüsse) ist reich an:

- Fett; daher nur in kleinen Mengen essen,
- an hochwertigem Eiweiß; daher ideal für strenge Vegetarier,
- Lecithin; daher ideal für Schüler und Studenten in kleinen Mengen.

3. Richtiger Einkauf und richtige Verarbeitung

Es gelten die gleichen Grundsätze wie bei Gemüse.

AUFGABEN

1. Warum ist Obst für alle Altersstufen ein ideales Nahrungsmittel?
2. Zähle die vielfältigen Möglichkeiten des Obstgenusses auf.

Ernährung - Gesundheit - Haushalt

Pilze

LERNZIEL	1	Einige Arten von Pilzen aufzählen.
LERNZIEL	2	Beachtenswerte Punkte beim Pilzesammeln und Zubereiten begründen.

1. Arten

Röhrenpilze	Blätterpilze	Schlauchpilze
Steinpilz	Champignon	Morchel
Birkenpilz	Austernpilz	Trüffel
Rotkappe	Parasol	
	Pfifferling	

2. Bedeutung

- Pilze haben einen hohen Wassergehalt und enthalten wenig Nährstoffe.
- Pilze enthalten schwer verdauliche Stoffe.
- Pilze werden zur Geschmacksverbesserung verwendet; auch in getrockneter Form.

3. Beachtenswertes beim Sammeln

- Nur bekannte, frische und gesunde Pilze sammeln.
- Pilze nicht ausreißen, sondern abschneiden oder herausdrehen.
- Pilze sofort zubereiten, trocknen oder tiefkühlen.
- Pilzgerichte nicht aufwärmen.

AUFGABEN

1. Erkundige dich in einem Gemüsegeschäft, welche Speisepilze das ganze Jahr hindurch angeboten werden.
2. Welche Pilze hast du bzw. deine Mitschüler und -innen schon gesammelt?

Verwendung von Würzmitteln

LERNZIEL	1	Den Begriff Gewürz erklären.
LERNZIEL	2	Beispiele von Würzkräutern und ihre Verwendung aufzählen.

1. Arten von Würzmitteln

- **Salz** soll möglichst sparsam verwendet werden; besonders für Kinder und Menschen mit Bluthochdruck.
- **Gewürze** sind getrocknete Pflanzenteile, die zum Teil zu Pulver vermahlen werden; z. B. Pfeffer, Muskat, Zimt, Nelken.
- **Würzkräuter** sollen reichlich verwendet werden; besonders wertvoll sind sie frisch (Vit. C, Mineralstoffe).

Die Würzmittel sind so zu verwenden, dass der Eigengeschmack der Speisen erhalten und unterstrichen wird.

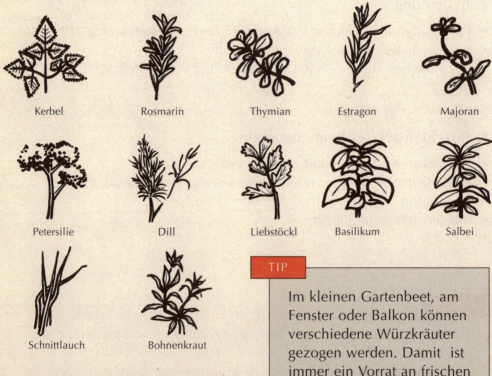

TIP

Im kleinen Gartenbeet, am Fenster oder Balkon können verschiedene Würzkräuter gezogen werden. Damit ist immer ein Vorrat an frischen Kräutern vorhanden.

Ernährung - Gesundheit - Haushalt

2. Verwendung von Küchenkräutern

- **Bohnen:** Basilikum, Bohnenkraut, Oregano, Petersilie
- **Fisch:** Basilikum, Dill, Petersilie, Schnittlauch, Zitronenmelisse
- **Faschiertes:** Basilikum, Majoran, Oregano, Petersilie, Rosmarin, Thymian
- **Huhn:** Kresse, Petersilie, Rosmarin, Zitronenmelisse
- **Kartoffelsalat:** Dill, Liebstöckl, Petersilie, Schnittlauch
- **Lammfleisch:** Bohnenkraut, Dill, Majoran, Minze, Oregano, Petersilie, Rosmarin, Salbei, Thymian
- **Pizza:** Basilikum, Majoran, Oregano, Petersilie, Rosmarin
- **Rindfleisch:** Dill, Petersilie, Rosmarin
- **Salatmarinaden:** Basilikum, Bohnenkraut, Dill, Estragon, Kerbel, Liebstöckl, Petersilie, Schnittlauch, Zitronenmelisse
- **Schweinefleisch:** Bohnenkraut, Majoran, Oregano, Minze, Petersilie, Rosmarin, Salbei, Thymian
- **Spargel:** Estragon, Petersilie, Schnittlauch, Zitronenmelisse
- **Tomaten:** Basilikum, Dill, Oregano, Minze, Petersilie, Rosmarin, Thymian, Schnittlauch
- **Topfen:** Basilikum, Dill, Estragon, Kerbel, Majoran, Oregano, Petersilie, Schnittlauch

AUFGABEN

1. Begründe, warum zwar vielfältig gewürzt, aber sparsam gesalzen werden sollte.
2. Das Würzmittel Safran (Krokusart) wird zum Würzen und Färben von Speisen verwendet. Um 1 kg Safran zu gewinnen, müssen die Narben aus 80.000 Blüten von Hand ausgezupft werden. Safran wird in Briefchen zu 0,1 g (Richtpreis ATS 12,00) verkauft. Was kostet ein Kilogramm?

▶ Lebensmittelgesetz

LERNZIEL	1	Einige Ziele des Lebensmittelgesetzes aufzählen und begründen.
LERNZIEL	2	Die Bedeutung der E- Nummern verstehen.

In Österreich haben wir ein sehr strenges Lebensmittelgesetz. An die Bestimmungen haben sich alle lebensmittelverarbeitenden und -verkaufenden Betriebe zu halten. Sein Ziel ist der Konsumentenschutz.

Bestimmungen zum Schutz vor Gesundheitsschäden	Bestimmungen zum Schutz vor Täuschungen
Verbot des Verkaufs • verdorbener Lebensmittel (z. B. ranzige Butter), • gesundheitsschädigender Lebensmittel (z. B. giftige Pilze), **Beachtung der Hygienevorschriften** (z. B. richtige Arbeitskleidung), **Deklaration der Zusatzstoffe:** alle Konservierungs-, Farbstoffe, Verdickungsmittel, Emulgatoren müssen angegeben sein. Nur zugelassene Stoffe dürfen verwendet werden. Im EU-Raum sind sie mit E-Nummern gekennzeichnet. • Farbstoffe – z. B.: E 131 = Patentblau E 140 = Chlorophyll E 151 = Brillantschwarz • Konservierungsstoffe - z. B.: E 200 = Sorbinsäure E 210 = Benzoesäure E 236 = Ameisensäure • Antioxidationsmittel - z. B.: E 306 = Vitamin E E 330 = Zitronensäure E 334 = Weinsäure • Emulgatoren, Geliermittel - z. B.: E 407 = Carrageen E 414 = Gummi arabicum E 440a = Pektin	**richtige Produktdeklaration;** z. B. Kunsthonig darf nicht als Honig verkauft werden, Magermilch nicht als Vollmilch. **Kennzeichnungsverordnung:** Auf der Verpackung jedes Lebensmittels müssen folgende Hinweise ersichtlich sein: • Name und Ort des Herstellers, • Sachbezeichnung, • Zutaten in Mengenangaben (absteigende Reihenfolge des Gewichts), • Mindesthaltbarkeitsdatum oder Verbrauchsdatum, • Zutatenverzeichnis, • Kilojoulegehalt. **Qualitätsklassengesetz:** Es gilt für Eier, verschiedene Obst- und Gemüsesorten. Die Einstufung in die Qualitätsklassen erfolgt nur nach äußeren Zeichen (Form, Gewicht) und nicht nach Geschmack und Vitamingehalt.

Ernährung - Gesundheit - Haushalt

> **BEACHTE**
>
> Zusatzstoffe können unter anderem Auslöser von Allergien sein. Die Lebensmittel mit wenig Zusatzstoffen sind zu bevorzugen.

Lebensmittelkontrolle

Besonders ausgebildete Verwaltungsbeamte (Ärzte, Tierärzte) und Lebensmittelinspektoren kontrollieren Lebensmittel und Gebrauchsgegenstände in Lebensmittelgeschäften, Gaststätten, Großküchen, Schulen und dergleichen.

> **AUFGABEN**
>
> 1. Nimm dir einige Lebensmittel und analysiere sie nach der Kennzeichnungsverordnung.
> 2. Warum sollst du beim täglichen Frühstück auf folgende Produkte verzichten? Denke dabei besonders an die Zusatzstoffe.
>
> - Geschnittenes, verpacktes Schwarz-, Vollkorn- oder Toastbrot,
> - Marmeladen mit sehr geringem Fruchtanteil,
> - sofort lösliche Kakaomischgetränke,
> - Margarine.

▶ Lebensmitteleinkauf

LERNZIEL	1	Die Vorteile frischer Lebensmittel im Vergleich zu konservierten Waren verstehen.
LERNZIEL	2	Wesentliche Punkte über den Einkauf der Lebensmittel erklären.

Wann und wie oft in einer Familie eingekauft wird, ist vom Wohnort, von der Familiengröße und von der Berufstätigkeit der Familienmitglieder abhängig. Die folgende Übersicht gibt dir wichtige Hinweise zum Einkauf und zur Lagerung bzw. Verarbeitung verschiedener Lebensmittelgruppen.

Lebensmittelgruppe	Hinweise
Trockenvorräte: Mehl, Grieß, Zucker, Kaffee, Gewürze ...	*Sie können in größeren Mengen eingekauft werden und sollen trocken und gut verschlossen aufbewahrt werden.* *Es wäre ideal, 5–10 kg Weizen oder Dinkel als Vorrat zu haben. Mit Hilfe einer Getreidemühle steht dann jederzeit frisches Vollkornmehl zur Verfügung.* *Dieses hat vom Gesundheitswert viele Vorteile.*
Milch und Milchprodukte	*Sie können im Kühlschrank einige Tage bis Wochen (siehe Verbrauchsdatum) aufbewahrt werden.* *Haltbarmilchprodukte (H-Milch) wurden sehr hoch erhitzt und dabei wurden Vitamine zerstört.* *Sie sollten nur als längerfristige Reserve dienen.*
Obst und Gemüse	*Je nach Art können sie einige Wochen gekühlt gelagert werden (Äpfel, Birnen, Sellerie, Karotten ...) oder sollten möglichst frisch verwendet werden (Blattsalate, Beeren, Tomaten ...).*
Fleisch und Fisch	*Beim Einkauf ist auf gute Qualität zu achten.* *Sie sollen möglichst rasch zubereitet oder tiefgekühlt werden.* *Faschiertes und auch Fische sind besonders leicht verderblich und sind daher am Tag des Einkaufs zu verwenden.*

Ernährung - Gesundheit - Haushalt

Lebensmittelgruppe	Hinweise

Halb- und Fertigprodukte (Convenience-Produkte)	Diese Lebensmittel werden von der Industrie vorbereitet und müssen nur noch gegart oder fertiggestellt werden; z. B.:
	• getrocknete Lebensmittel: Nudeln, Kartoffelpulver, „Packerlsuppen" ...,
	• tiefgekühlte Lebensmittel: Knödel, Spinat, Erbsen ...,
	• sterilisierte Lebensmittel: Pfirsiche, Spargel, Gulasch ... in Dosen,
	• verzehrfertige Lebensmittel: Fruchtjogurt, fertige Torten, Speiseeis ...
	
	Bewertung:
	
	• Vorteile:
	  – bringen Zeitersparnis,
	  – bringen Arbeitserleichterung,
	  – bringen Abwechslung in den Speiseplan.
	
	• Nachteile:
	  – sind viel teurer,
	  – Vitamine wurden zerstört,
	  – enthalten viele Zusatzstoffe.
	
	Verwende diese Produkte nur selten und serviere dazu frische Lebensmittel wie Salate ...
	Eine Ausnahme bilden das Tiefkühlgemüse und Tiefkühlobst.

Der richtige Einkauf ist eine wichtige Erziehungsaufgabe. Er hat Einfluss auf viele Lebensbereiche, wie z. B. Gesundheit, Um- und Mitwelt, Haushaltsbudget. Die folgende Übersicht gibt hierfür einige Gründe an.

Ernährungserziehung	Begründung
• *Bevorzuge frische und naturbelassene Lebensmittel.*	• Alle Inhaltsstoffe sind noch enthalten; vgl. Honig statt Zucker, Kartoffeln statt Püreepulver, Butter statt Margarine.
• *Bevorzuge der Jahreszeit entsprechende Lebensmittel.*	• Die Lebensmittel sind voll ausgereift.

Umwelterziehung	Begründung
• Bevorzuge einheimische Lebensmittel.	• Unnötige Transportwege werden vermieden.
• Wähle Produkte mit wenig Verpackungsmaterial.	• Der Müllberg an Verpackungsmaterial wird vermindert.

Sozialerziehung	Begründung
• Bevorzuge Lebensmittel aus einheimischer Produktion. Z. B. vom Bauernmarkt. Kaufe Kaffee, Tee, Gewürze oder Kakao in EZA-Läden.	• Einkommensschwache Bevölkerungsschichten werden unterstützt.

Wirtschaftserziehung	Begründung
• Kaufe Lebensmittel ein, die dem Haushaltsbudget entsprechen. Mache Preis- und Qualitätsvergleiche.	• Auch durch den Lebensmitteleinkauf können Schulden entstehen. Billig ist nicht immer preiswert.
• Wähle Lebensmittel aus, die auch wirklich gegessen werden.	• Verdorbene Lebensmittel bedeuten Geldverschwendung.

AUFGABEN

1. Entdecke 5 Lebensmittel, die aufgrund ihrer Herstellung oder Herkunft die Umwelt belasten.
2. Wie kannst du zusätzlichen Müllanfall beim Einkauf vermeiden?
3. Für Kaffee und Bananen wird den Produzenten ein sehr niedriger Preis bezahlt. Betrachte dies aus der Sicht der Produzenten, Plantagenarbeiter und der Konsumenten.

Bananen-Importmenge

10.780 t Nicaragua

41.328 t Costa Rica

30.766 t Panama

17.566 t Kolumbien

11.456 t Ecuador

Ernährung - Gesundheit - Haushalt

▶ *Gemeinschaftsverpflegung*

LERNZIEL	1	*Die Bedeutung der Gemeinschaftsverpflegung erklären.*
LERNZIEL	2	*Hinweise zur richtigen Gemeinschaftsverpflegung geben.*

Aufgrund der gesellschaftlichen und wirtschaftlichen Entwicklung gewinnt die Gemeinschaftsverpflegung immer größere Bedeutung. In Österreich nehmen ca. 1,5 bis 2 Millionen Menschen an Werktagen an der Gemeinschaftsverpflegung teil. Ernährungsbewusste stimmen ihre private Verpflegung mit der Gemeinschafsverpflegung ab.

1. Arten

- **Betriebsverpflegung:** z. B. Kantinen
- **Anstaltsverpflegung:** z. B. Kinder-, Jugend-, Alten-, Pflegeheime
- **Schulverpflegung:** z. B. Kindergarten, Schule, Mensa

2. Gestaltung der Gemeinschaftsverpflegung

- Mit dem Mittagessen soll etwa ein Drittel des Tagesbedarfs an Energie gedeckt werden. Energiereiche Mahlzeiten beeinträchtigen die Leistungsfähigkeit.
- Die Auswahl zwischen zwei oder drei Menüs steigert die positive Essenserwartung.
- Der Gesundheits- und Genusswert wird durch hygienisch einwandfreies und wirkstoffschonendes Zubereiten, liebevolles und exaktes Anrichten der Speisen erhöht.
- Eine angenehme Speiseraumgestaltung und verminderter Zeitdruck bei der Essenseinnahme erhöhen sehr wesentlich das Wohlbefinden.

3. Richtige Ergänzung zu Hause

Ist die eingenommene Gemeinschaftsverpflegung sehr energiereich, ballaststoffarm und vitaminarm, kann bei den restlichen Mahlzeiten durch Vollkornprodukte, Gemüse und Obst ein Ausgleich gefunden werden.

▶ Ernährung im Kindesalter

LERNZIEL	1	Einige beachtenswerte Punkte bei der Ernährung im Kindesalter aufzählen und begründen.
LERNZIEL	2	Die Bedeutung einer vernünftigen Kinderernährung einsehen.

Richtige, gesunde Ernährung beginnt bereits im ersten Lebensjahr. Die körperliche und geistige Entwicklung wird auch durch die richtige Zufuhr der lebensnotwendigen Nahrungsbestandteile beeinflusst. Grundsätze und Begründungen enthält die folgende Zusammenstellung.

Was wird beachtet?	Warum?
• Die Nahrung wird der Zahnentwicklung angepasst.	• Ungekaute Speisen belasten die Verdauungsorgane.
• Viele Milchprodukte bereichern den Speiseplan.	• Sie sind eiweißreich und dienen zum Aufbau der Körperzellen.
• Reichlich Obst, Gemüse und Vollkornprodukte (Rohkost, Vollkornbrot, Säfte ...) werden angeboten.	• Sie sind vitamin-, mineralstoffreich und dienen der Regelung der Körpervorgänge.
• Auf die leichte Verdaulichkeit der Speisen wird geachtet (keine Pommes frites, Torten, ...).	• Das Kind hat einen empfindlichen Verdauungsapparat.
• Süßigkeiten werden vermieden oder nur in kleinen Mengen erlaubt.	• Karies kann dadurch vermieden werden.
• Wasser, Obst- oder Gemüsesäfte werden reichlich zu trinken gegeben.	• Zuckerfreie Getränke decken den großen Flüssigkeitsbedarf.
• Die Mahlzeiten erfolgen regelmäßig. Die Speisen müssen aber nicht aufgegessen werden.	• Die Ernährungserziehung beginnt bereits jetzt. Das Sättigungsgefühl ist zu spüren.
• Alkohol, Kaffee, Schwarztee, Colagetränke, scharfe Gewürze und viel Salz werden vermieden.	• Genussmittel und scharfe Gewürze schaden dem Organismus.

Ernährung - Gesundheit - Haushalt

▸ Ernährung im Schul- und Jugendalter

LERNZIEL	1	Die Bedeutung einer richtigen Verpflegung im Schulalltag verstehen und begründen.
LERNZIEL	2	Den Zusammenhang zwischen Leistungskurve und Nahrungsaufnahme erklären.

Dieser Lebensabschnitt bringt neben bedeutenden körperlichen Entwicklungen auch wichtige Änderungen in der Lebensgestaltung. Der Schulalltag, neues Freizeitverhalten, berufliche Betätigung wirken sich auf die Ernährungsgewohnheiten aus.
Das Wohlbefinden und die Leistungsfähigkeit kann durch das Einhalten bestimmter Ernährungsgrundsätze erhalten und gefördert werden:

1. Mahlzeitengestaltung

- Beginn den Tag mit einem vernünftigen Frühstück: z. B. Müsli, Vollkornbrot mit Topfenaufstrich, Früchtetee sichern die Konzentrationsfähigkeit.
- Nimm dir zur Schuljause Zeit, denn dein Körper und Geist sollen weiterhin leistungsfähig bleiben. Bevorzuge Obst, Gemüse, Michprodukte und Vollkornbrot, so wirst du nicht zunehmen und auch keinen Vit.-B_1-Mangel bekommen, der sich in Konzentrationsschwäche äußert.
- Gestalte das Mittagessen vollwertig durch Salat, Gemüse, Vollkornprodukte. Iss nur in Ausnahmefällen Fertigspeisen wie Burgers, Pommes frites, Würstl und dergleichen. Denke an den Energiegehalt dieser Speisen und an die vielen enthaltenen Zusatzstoffe.
- Die Nachmittagsjause wird sehr von der Nachmittagsgestaltung abhängig sein. Vergiss nicht auf eine ausreichende Flüssigkeitszufuhr. Reichlicher Genuss von Wasser, Obst- und Gemüsesäften decken den Flüssigkeitsbedarf in richtiger Weise. Dagegen belasten gesüßte Getränke, Cola, Kaffee, Energydrinks oder Alkohol die Leistungsfähigkeit.
- Nimm das Abendessen nicht zu spät ein. Verzichte aber auch auf fettreiche Speisen. Verfalle nicht der Gewohnheit Knabbergebäck, Keks, Chips ... zwischendurch oder beim Fernsehen zu konsumieren. Iss lieber Obst gegen den Heißhunger.

2. Körperbewusstsein

- Achte auf ausreichende körperliche Bewegung und positive Lebenseinstellung.
- Kontrolliere immer wieder dein Essverhalten (siehe S. 11). Jetzt begonnene Gewohnheiten werden sehr lange beibehalten.
- Überprüfe ab und zu das Körpergewicht. Sollte es zu hoch sein, mache keine zu rasche Abmagerungskur. Diese schadet dem Organismus und bewirkt nachher wieder eine rasche Gewichtszunahme.

AUFGABEN

1. Berichte und Untersuchungen weisen sehr oft auf die teilweise schlechten Ernährungsgewohnheiten der Schüler und Schülerinnen hin. Welcher Bericht kann von deiner Klasse gestaltet werden?
2. Überdenke den Zusammenhang zwischen Leistungskurve und Nahrungsaufnahme. Welche Folgerungen ergeben sich daraus?

Leistungskurve und Nahrungsaufnahme

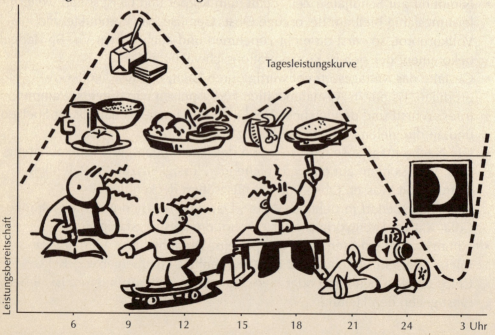

Ernährung - Gesundheit - Haushalt

▶ Sonderkostformen

LERNZIEL	1	Über die Ernährungsweise der Vegetarier Bescheid wissen.
LERNZIEL	2	Die Ernährungsprobleme strenger Vegetarier verstehen.

Es gibt Menschen, die aus verschiedenen Gründen Fleisch bzw. alle tierischen Lebensmittel ablehnen. Sie werden als VEGETARIER (lat. vegetus = volles Leben) bezeichnet. Zwei Gruppen lassen sich unterscheiden:

- **Strenge Vegetarier:** Sie lehnen Fleisch, Fisch, Eier, Milch und Milchprodukte, Honig und Butter ab (= alle tierischen Produkte). Hier kann es auf Dauer zu Eiweißmangel kommen, weil nur pflanzliche Eiweißlieferanten (= enthalten meist nur minderwertiges Eiweiß) gegessen werden. Diese Kostform ist daher für Kinder und Jugendliche nicht geeignet.
- **Gemäßigte Vegetarier:** Sie lehnen nur Fleisch und Fisch ab. Alle Produkte vom lebenden Tier werden gegessen. Wenn diese Kostform richtig durchgeführt wird, d. h. wenn ausreichend Gemüse, Vollkornprodukte und Milchprodukte verzehrt werden, kommt es zu keinen gesundheitlichen Risiken. Im Gegenteil: Diese Kostform wird bei manchen Erkrankungen als Diätkost empfohlen.

AUFGABEN

1. Welche Einstellung kann Menschen bewegen, auf Fleisch oder Fisch zu verzichten?
2. Welche staunenswerte Erkenntnis vermittelt die folgende Abbildung? Welche Folgen hat ein höherer Konsum pflanzlicher Nahrungsmittel?

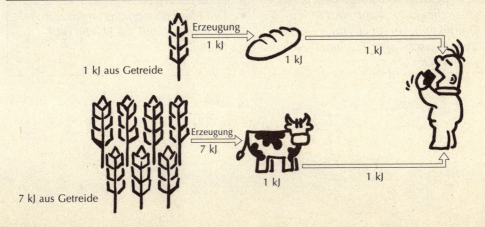

▶ Vollwertkost

| LERNZIEL | 1 | Die Bedeutung der Vollwertkost verstehen. |
| LERNZIEL | 2 | Wesentliche Punkte der Vollwertkost aufzählen und begründen. |

Die Ernährung nach den Grundsätzen der Vollwertkost garantiert, stets leistungsfähig und fit zu sein. Sie ist keine Modeerscheinung, sondern ist als allgemeine Kostform zu empfehlen. Bei der Auswahl der Lebensmittel steht der Wert für die Gesundheit und die Umwelterhaltung im Vordergrund.

Die Vollwertkost empfiehlt folgenden Umgang mit Lebensmitteln.

Lebensmittel ...	Warum?
• aus biologisch-ökologischem Landbau wählen,	• Keine chemischen Spritzmittel werden verwendet.
• naturbelassen verwenden; z. B. Vollkorngetreide statt Weißmehl, Honig statt Zucker, Butter statt Margarine, kaltgepresste statt raffinierte Öle,	• Keine Zusatzstoffe sind enthalten. Die Lebensmittel werden durch keine chemischen Prozesse verändert.
• aus der Umgebung und der Jahreszeit entsprechend auswählen,	• Kein langer Transportweg, keine Konservierung ist notwendig.
• frisch verwenden; 50 % der Nahrung sollte aus unerhitzter Frischkost bestehen (z. B. Gemüse, Keimlinge, Nüsse, Obst).	• Alle natürlichen Inhaltsstoffe sind noch enthalten. Es entstehen keine Vitaminverluste durch das Lagern oder Garen.
• schonend, fettarm, aber wohlschmeckend zubereiten,	• Die Mahlzeit sollte ein Genuss und bekömmlich sein.
• pflanzlicher Herkunft und Milchprodukte bevorzugen; nur ein bis zwei Fleisch- oder Fischmahlzeiten pro Woche.	• Die Fleischproduktion erfordert viel landwirtschaftliche Fläche und Energie.

Ernährung - Gesundheit - Haushalt

▶ *Diätkost*

LERNZIEL	1	*Allgemeine Grundsätze der Diätkostzubereitung erklären.*
LERNZIEL	2	*Das Wesen der Basisdiät verstehen.*

Ab und zu muss für ein Familienmitglied eine Diätkost zubereitet werden. Die besonderen Anordnungen gibt der Arzt. Dabei stehen die richtige Lebensmittelauswahl, -zubereitung und -verabreichung im Mittelpunkt.

Frische und einwandfreie Lebensmittel auswählen und diese schonend und fettarm zubereiten. Viele Obst- und Gemüsesäfte, viel Rohkost und Salat garantieren eine abwechslungsreiche und vitaminreiche Kost.

Das sorgfältige Würzen mit frischen Kräutern macht die Diätkost schmackhaft. Durch das nette Anrichten in kleinen Portionen wird die Mahlzeit attraktiv für den Kranken.

Besonders bettlägrige Patienten freuen sich über bequemes Betten, eventuelles Hände waschen, Mund spülen vor dem liebevollen Servieren der Mahlzeit. Dankbar wird auch das Lüften des Raumes nach dem Essen angenommen.

Bei den meisten Erkrankungen der Verdauungsorgane wird die **BASISDIÄT** empfohlen. Sie ist eine leicht verdauliche und abwechslungsreich zusammengestellte Kost. Das Ziel, die geringe Belastung des Verdauungstraktes, wird erreicht durch das Vermeiden von:

- sehr fettreichen Speisen; z. B. Mayonnaise, panierte Speisen, Blätterteig,
- sehr süßen, fettreichen Speisen; z. B. Nougat, Pralinen,
- grob blähendem Gemüse, z. B. Hülsenfrüchte, Kohl, Kraut,
- stark gewürzten und gesalzenen Speisen; z. B. Chips, Salzhering, Speck,
- alkohol- und kohlensäurereichen Getränken; z. B. Cola, Schnaps

TIP

Jeder Patient sollte selbst merken, welche Speisen er gut verträgt und welche Speisen er nicht verträgt. Die unverträglichen Speisen sind zu vermeiden.

Übergewicht

LERNZIEL	1	Ursachen und Folgen von Übergewicht aufzählen.
LERNZIEL	2	Richtlinien für die Reduktionskost erklären und begründen.

Übergewichtigen und fettsüchtigen Personen wird aus Gesundheitsgründen eine Gewichtsabnahme empfohlen. Wesentlich ist, dass über längere Zeit weniger gegessen und nicht zu rasch abgenommen wird. Wird nicht so vorgegangen, wird nachher oft um so schneller wieder zugenommen.

1. Berechnung des Körpergewichts:

Für Erwachsene gibt es einige Methoden, das normale Körpergewicht zu berechnen. Die bekannteste Methode ist die Berechnung nach Broca:

Körpergröße in cm – 100 = Normalgewicht.

Beispiel:
Ein Mann ist 188 cm groß, d. h. sein Normalgewicht liegt bei 88 kg. Ein Gewicht darüber wird als Übergewicht bezeichnet.

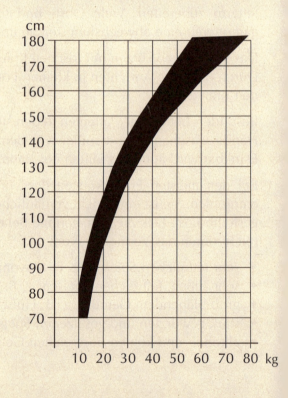

Für Kinder und Jugendliche gibt es Tabellen, aus denen das normale Körpergewicht für jede Altersstufe und Größe abgelesen werden kann. Die hier abgebildete Tabelle enthält diese Information.

Ernährung - Gesundheit - Haushalt

2. Ursachen für Übergewicht

Wenn mehr Energie aufgenommen als verbraucht wird (vergleiche Grund- und Leistungsumsatz), entsteht Übergewicht. Die überschüssige Energie wird in Form von Depotfett (= Fettpolster) gespeichert. Nur selten kommt es durch Krankheiten, z. B. Störungen im Hormonhaushalt, zu Übergewicht. Übergewicht entsteht nicht von heute auf morgen, sondern durch jahrelange Ernährungsfehler und Bewegungsmangel.

3. Gefahrenzonen und Folgen von Übergewicht

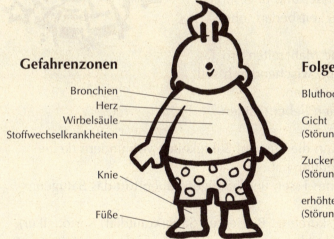

Gefahrenzonen
- Bronchien
- Herz
- Wirbelsäule
- Stoffwechselkrankheiten
- Knie
- Füße

Folgen
- Bluthochdruck
- Gicht (Störung des Eiweißstoffwechsels)
- Zuckerkrankheit - Typ II (Störung des Kohlenhydratstoffwechsels)
- erhöhter Blutfettspiegel (Störung des Fettstoffwechsels)

4. Richtlinien für eine Reduktionskost

Durch die Reduktionskost wird dem Körper weniger Energie zugeführt, sodass die körpereigenen Fettdepots vermindert werden. Der übergewichtige Mensch soll selbst abnehmen wollen und bereit sein, einige liebegewonnene Ernährungsgewohnheiten zu ändern.

Das langfristige Einhalten folgender Grundsätze garantiert auf lange Sicht eine Gewichtsreduktion und zugleich eine vernünftige Ernährungsumstellung.

- Weniger Fett und damit weniger Energie wird dem Körper zugeführt durch die Verwendung von ganz wenig Streichfett, durch fettarme Zubereitungsarten und durch die Beachtung der versteckten Fette.

- Der notwendige Eiweißbedarf wird durch fettarme Eiweißlieferanten, wie fettarme Milchprodukte, Magerfisch oder mageres Fleisch gedeckt.
- Reichlich Gemüse, Obst, Kartoffeln und Vollkornprodukte garantieren eine langanhaltende Sättigung. Zugleich werden auch genügend Vitamine, Mineralstoffe und Ballaststoffe zugeführt. Jede Hauptmahlzeit sollte mit einer Rohkost (= erste Sättigung) begonnen werden.
- Viel Wasser, Mineralwasser und ungesüßte Tees decken den Flüssigkeitsbedarf, ohne Energie zuzuführen.
- Fünf kleine energiearme Mahlzeiten pro Tag verhindern Heißhunger. Zwischendurch soll viel Wasser getrunken werden.
- Anstelle von Knabbereien lieber Gurken oder Karotten genießen.
- Großer Obstverzehr kann die Lust auf Süßigkeiten vermindern (keine Süßigkeiten in der Wohnung haben).
- Durch ein sehr langsames Essen und häufiges Kauen tritt das Sättigungsgefühl schneller ein.
- Einseitige Abmagerungskuren (z. B. Eierkur, Sauerkrautdiät, Kartoffelkur) führen zwar zur Gewichtsabnahme, die aber nur von kurzer Wirkung ist.
- Durch ein gezieltes Bewegungsprogramm (Sport, Gymnastik) wird das Abnehmen sehr wesentlich unterstützt. Neue Hobbys lenken von Essverlangen und Essgewohnheiten ab.

AUFGABEN

1. Für übergewichtige Kinder werden oft Ferienlager angeboten. Warum fällt dort das Abnehmen leichter?
2. Berichte über Situationen, in denen auch du überdurchschnittlich viel isst.

Ernährung - Gesundheit - Haushalt

▶ Ess-Störungen

LERNZIEL	1	Das Krankheitsbild von Anorexie und Bulimie erklären.
LERNZIEL	2	Sich der Problematik dieser Erkrankungen bewusst werden.

Bei einer Ess-Störung ist die Nahrungsaufnahme nicht vom Hunger bestimmt, sondern meist durch seelische Probleme. Obwohl die Gedanken ständig um das Essen kreisen wird die Nahrungsaufnahme verweigert oder erfolgt als „Fressattacke". Vor allem Mädchen und junge Frauen sind von Ess-Störungen betroffen.

- **Pubertätsmagersucht (Anorexia nervosa):** Auslösefaktor ist eine schwere seelische Krise (z. B. Loslösung vom Elternhaus, Ablehnung des Frauwerdens). Die Krankheit beginnt meist mit einer Abmagerungskur, Missbrauch von Abführmitteln und eine strikte Ablehnung der Nahrung. Die Betroffenen magern so stark ab, dass sie in Lebensgefahr kommen. Trotzdem finden sie sich immer noch zu dick. Auch Todesfälle kommen immer wieder vor.

- **Ess-Brechsucht (Bulimie):** Es liegen die gleichen Ursachen wie bei Magersucht vor. Die Betroffenen wollen nicht zunehmen und führen ein Erbrechen der Nahrung herbei. Ihr Essverhalten wechselt zwischen Nahrungsverweigerung und „Fressattacken", wobei bis zu sechs Koteletts oder zwölf Tortenstücke verzehrt werden. Der Magen kann diese großen Mengen nicht behalten und daher kommt es zu erneutem Erbrechen.
Durch das dauernde Erbrechen kann es zu Verätzungen der Speiseröhre und der Mundschleimhaut kommen. Auch diese Sucht kann lebensbedrohliche Formen annehmen.

Nur eine psychotherapeutische Behandlung kann bei diesen Ess-Störungen eine Heilung bringen.

▶ Verstopfung

LERNZIEL	1	Einige Maßnahmen bei Verstopfung erklären.
LERNZIEL	2	Die Bedeutung der Ballaststoffe in diesem Zusammenhang verstehen.

Werden dem Körper zu wenig Ballaststoffe zugeführt, kann die Darmperistaltik nicht angeregt werden und die Darmentleerung erfolgt sehr selten (z. B. nur alle zwei bis drei Tage).

Maßnahmen bei Verstopfung:

- Morgens nüchtern ein Glas Wasser, Buttermilch oder Sauerkrautsaft trinken.
- Zum Frühstück eingeweichte Dörrpflaumen, Frischkornmüsli oder Vollkornbrot essen.
- Sehr viel trinken, z. B. Buttermilch, Wasser, ungesüßte Früchtetees.
- Eventuell 1–2 Esslöffel Weizenkleie mit reichlich Flüssigkeit einnehmen. Diese quillt im Verdauungstrakt sehr auf und regt die Darmperistaltik an.
- Auf viel Bewegung achten.
- Darm zur regelmäßigen Entleerung erziehen.
- Auf Kuchen, Zucker, Schokolade, Kakao, Schwarztee verzichten.
- Keine Abführmittel nehmen.
- Bei anhaltender Verstopfung unbedingt zum Arzt gehen.

AUFGABEN

1. Nenne 10 ballaststoffreiche Nahrungsmittel.
2. Suche Begründungen, warum keine Abführmittel genommen werden sollten.

Ernährung - Gesundheit - Haushalt

▶ Hoher Cholesterinspiegel

LERNZIEL	1	*Die Diät bei hohem Cholesterinspiegel verstehen.*
LERNZIEL	2	*Fettarme Speisenzubereitungsarten erklären.*

Viele Menschen in unserer Zeit haben zu hohe Cholesterinwerte, dh. Im Blut ist zuviel Cholesterin (= fettähnlicher Stoff) vorhanden. Auf längere Zeit kann dies zu einer Verengung der Blutgefäße führen. Als Folge kann Herzinfarkt auftreten.

Maßnahmen bei zu hohem Cholesterinspiegel:

- viele Ballaststoffe in Form von Gemüse, Obst, Vollkornprodukten zu sich nehmen,
- wenig, aber wertvolles Fett verzehren; die Speisen fettarm zubereiten, zum Marinieren von Salaten kaltgepresste Öle verwenden,
- magere Fische, z. B. Forelle, Scholle, Kabeljau, in den Speiseplan einbauen,
- wenig Eier verzehren; sie sind versteckt in Knödel, Mehlspeisen enthalten,
- keine Innereien und fettreiches Fleisch essen,
- viel Bewegung machen und Stress vermeiden.

AUFGABEN

1. Das Herz arbeitet ununterbrochen 70 oder 80 Jahre ohne Pflege, noch Reinigung, ohne Reparatur oder Ersatz Tag und Nacht. Es schlägt 100.000 mal am Tag, nahezu vierzig Millionen mal im Jahr. Es pumpt in der Minute 7 und in der Stunde 300 Liter Blut durch ein Gefäßsystem von rund 100.000 km (= 2,5 facher Äquatorumfang). Überlege wie du dein Herz „pflegen" kannst.
2. Jeder 3. Todesfall geht auf einen Herzinfarkt zurück. Wie kann durch die Ernährung und Lebensweise dieser Todesursache entgegen gewirkt werden?

Zuckerkrankheit (Diabetes mellitus)

LERNZIEL	1	Das Wesen der Zuckerkrankheit verstehen.
LERNZIEL	2	Wichtige Punkte für die Diabetesdiät aufzählen und begründen.

Die Bauchspeicheldrüse produziert das Hormon Insulin. Dieses hat im Körper die Aufgabe, den Blutzuckerspiegel zu senken. Wenn die Bauchspeicheldrüse kein oder zu wenig Insulin produziert, entsteht die Zuckerkrankheit. Dadurch wird der gesamte Stoffwechsel gestört. Die Anzeichen dafür sind: ständige Müdigkeit, großes Durstgefühl, große Harnmengen bis hin zur Bewusstlosigkeit.

Das fehlende Insulin muss durch Spritzen dem Körper zugeführt werden. Wenn die entsprechende Diätkost nicht konsequent eingehalten wird, kann es zu schwerwiegenden gesundheitlichen Folgen kommen.

Maßnahmen:

- Es dürfen keine Speisen oder Süßigkeiten, die „normalen" Zucker enthalten, gegessen werden. Auch der Traubenzucker ist zu meiden.
- Alle Kohlenhydrate, die in Form von Brot, Kartoffeln, Nudeln, Obst, Milch oder Diabetikersüßspeisen aufgenommen werden, müssen abgewogen und berechnet werden. Die Kohlenhydrate werden umgerechnet in Broteinheiten (1 BE = 12 g reine Kohlenhydrate).
- Die Menge der erlaubten BE bestimmt der Arzt. Er bestimmt auch die Insulinmenge, die gespritzt werden muss.
- Die Kost soll fettarm sein. Hochwertige Fette (kaltgepresste Öle) sind zu bevorzugen.
- Produkte aus Vollkornmehl sind den Weißmehlprodukten vorzuziehen.
- Zum Süßen dürfen Fruchtzucker, künstliche Süßstoffe oder Zuckeraustauschstoffe verwendet werden.

Die Rezepte Nr. 296–298 sind Beispiele von Diabetikermehlspeisen.

Ernährung - Gesundheit - Haushalt

▶ Welternährungsprobleme

LERNZIEL	1	Einblick in die Problematik der Welternährung bekommen.
LERNZIEL	2	Den Kreislauf des Hungers erklären und verstehen.

In den Ländern der Dritten Welt führt der Nahrungsmittelmangel oder ein Mangel an hochwertigem Eiweiß zu schweren Erkrankungen oder sogar zum Verhungern.

Kreislauf des Hungers

Säugling:
Jeder sechste Säugling wird mit Untergewicht geboren.

Erwachsene:
Schlechte Kost und schwere Arbeitsbelastung für Schwangere und Mütter.

Von der Geburt bis 6 Monaten:
Schutz durch Muttermilch. Mütter sind jedoch oft überarbeitet und unterernährt.

6 Monate bis 2 Jahre:
Armut und mangelndes Wissen der Eltern führen oft zu Fehlernährung und zu unhygienischen Lebensbedingungen.

Jugendliche bis Erwachsene:
Schlechtbezahlte Arbeit, mangelnde Körperkraft, keine ausreichende Kost.

3 Jahre:
Entwicklungsgestörtes Kind wird wenig gefördert.

6 Jahre:
Zu wenig Energie und schlechte Schulleistungen.

81

In bedrückender Weise zeigt das folgende Gedicht die Problematik der Welternährung auf.

Ich war hungrig,
und Ihr habt meine Nahrungsmittel
Eurem Vieh gefüttert.

Ich war hungrig,
und Ihr wolltet nicht auf das Steak aus
Südamerika verzichten.

Ich war hungrig,
und Eure Konzerne pflanzten auf meinen
besten Böden Eure Wintertomaten.

Ich war hungrig,
aber wo Reis für meine täglichen Mahlzeiten
wachsen könnte, wird Tee für Euch angebaut.

Ich war hungrig,
aber Ihr habt aus Zuckerrohr und Maniok
Treibstoff für Eure Autos destilliert.

Ich war hungrig,
aber die Abwässer Eurer Fabriken vergiften
die Fischgründe.

Ich war hungrig,
aber mit Eurem Geld habt Ihr mir die
Nahrungsmittel weggekauft.

Ich war hungrig,
aber für Eure Schlemmer werden exotische
Früchte auf meinem Land angebaut.

Ich war hungrig,
aber Ihr habt mir nicht zu essen gegeben.

(Bertold Burkhardt)

AUFGABEN

1. Wieviele Hinweise werden im Gedicht zum Hunger gegeben?
2. Welche drei Hinweise berühren auch dein Leben?
3. Welche Haltungen könnten sich aufgrund dieses Gedichts entwickeln?
4. Wie können die angeführten Beziehungen zu beiderseitigem Vorteil gelöst werden?

Ernährung - Gesundheit - Haushalt

▶ Berufsfeld – Ernährung

Allgemeine Berufswahlüberlegungen:

- Bin ich eher handwerklich begabt, oder bin ich an geistiger Herausforderung interessiert?
- Will ich zuerst eine Reifeprüfung ablegen und anschließend ein Lehre beginnen oder ein Studium machen?
- Welche Fort- und Weiterbildungsmöglichkeiten bietet der gewählte Berufsweg? Welche Aufstiegsmöglichkeiten bietet der Beruf?
- Möchte ich möglichst schnell mein eigenes Geld verdienen?
- Zwingt mich meine Berufswahl zu pendeln, meinen bisherigen Lebensraum zu verlassen?

Möchtest du dich in deinem späteren Beruf mit Ernährung im weitesten Sinn auseinandersetzen, steht dir eine Fülle von Berufen zur Auswahl:

- **Lehre:** Ausbildung im Lehrbetrieb und der Berufsschule; Dauer 3 bis 4 Jahre; Berufe: Bäcker/in, Fleischer/in, Koch/Köchin, Konditor/in, Molkereifachmann/frau, Restaurantfachmann/frau, Chemielaborant/in, Chemiewerker/in.
- **Berufsbildende mittlere und höhere Schulen:** Ausbildungsdauer 1–5 Jahre; z. B. Fachschule für wirtschaftliche Berufe, Fachschule für landwirtschaftliche Berufe, Fachschule für Tourismus, Fachschule für Biochemie und biochemische Technologie;
  Höhere Lehranstalt für wirtschaftliche Berufe, ... für Tourismus, ... für Biochemie und biochemische Technologie, ... für Milchwirtschaft und Technologie tierischer Produkte, ... für Wein- und Obstbau, ... für Land- und Ernährungswirtschaft.
- **Weiterführende Ausbildungen nach der Reife- und Diplomprüfung:** Ausbildung zu Diätassistent/in, Hauswirtschaftslehrer/in, Ernährungsberater/in.
- **Universitätsstudium:** Studienrichtung Ernährungswissenschaft, ... Lebensmittel- und Biotechnologie, ... Biochemie und Lebensmittelchemie, Studium der Landwirtschaft.

AUFGABEN

1. Erkundige dich, welche Berufs- und Schulbesuchsmöglichkeiten in deiner näheren Umgebung gegeben sind.
2. Wenn du dich bereits für einen Beruf entschieden hast, welche Vor- und Nachteile erkennst du für deine Berufswahl?

2

Wirtschaftsbereich Haushalt

Inhalt

Bedeutung des Haushalts 87
Haushaltsformen und Arbeitsteilung 89
Arbeitsplanung 92
Ziele der Haushaltsführung 94
Haushaltseinkommen und -ausgaben 96
Schuldenprophylaxe 100
Einkaufsplanung 102
Werbung 106
Haushaltsbevorratung 107
Konservierungsmethoden 109
Tiefkühlen 110
Industrielle Herstellungsmethoden 113
Berufsfeld – Wirtschaftsbereich 115

Wirtschaftsbereich Haushalt

▶ Bedeutung des Haushalts

LERNZIEL	1	Die Bedeutung eines Haushalts kennen.
LERNZIEL	2	Die Aufgabenvielfalt eines Haushalts erklären.

1. Bedeutung

Jeder Mensch lebt in einem Haushalt, wo er von Geburt an Geborgenheit und Vertrauen erfährt. Im Haushalt machen die Kinder die ersten Erfahrungen im Umgang mit anderen Familienmitgliedern. Sie lernen dabei Rücksicht nehmen und Toleranz üben. Auch kulturelle Werte werden im Haushalt zum ersten Male erlebt und an die nächste Generation weitergegeben (z. B. Feste feiern, Traditionen und Bräuche kennenlernen, Tischkultur erfahren).

Der Haushalt ist auch ein wichtiger wirtschaftlicher Faktor, sowohl für die Gesamtwirtschaft als auch für die einzelne Familie. Zwei Drittel des Gesamteinkommens werden für die Bedürfnisse des Haushalts verwendet.

Bedürfnisse können unterschieden werden in

- lebensnotwendige Bedürfnisse: Nahrung, Kleidung, Wohnung ...
- lebensverbessernde Bedürfnisse: Fortbildung, Urlaub, Sport ...
- Luxusbedürfnisse: Schmuck, Luxusauto, Weltreisen ...

Mittel zur Befriedigung der Bedürfnisse:

- **Wirtschaftsgüter:**
  – Güter für den Verbrauch: Lebensmittel, Reinigungsmittel ...
  – Güter für den Gebrauch: Maschinen, Geräte, Kleider ...
  – Dienstleistungen: ärztliche Betreuung, Versicherungen, Bankleistungen ...
- **Freie Güter:** reine Luft, ruhiges Wohnen, Gesundheit, Freiheit ...

Zur Erwerbung der Wirtschaftsgüter dient das Einkommen der Familienmitglieder. Nur ein Teil davon kann gespart werden. Wie viel erspart werden kann, ist abhängig von den Ausgaben für die Wirtschaftsgüter.

2. Aufgaben des Haushalts

- **Schutz und Geborgenheit:** Werden erreicht durch Kommunikation, Verständnis und Hilfe bei der Bewältigung verschiedener Probleme, Partnerschaft, schönes Wohnen, Gestaltung der Freizeit, der Feste u. a.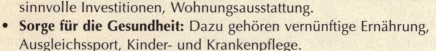
- **Sorge für die finanzielle Sicherheit:** Ziel ist ein schuldenfreier Haushalt; z. B. Abdeckung der Risiken durch einen entsprechenden Versicherungsschutz, überlegter zweckmäßiger Einkauf und sinnvolle Investitionen, Wohnungsausstattung.
- **Sorge für die Gesundheit:** Dazu gehören vernünftige Ernährung, Ausgleichssport, Kinder- und Krankenpflege.
- **Rationelle Haushaltsführung:** Ziel ist die gut durchorganisierte Bewältigung der Versorgungsarbeit durch Arbeitsteilung und sinnvollen Einsatz von Haushaltsgeräten.
- **Erziehung der Kinder:** Erstrebenswert sind lebenstüchtige Jugendliche, die verantwortungsbewusst gegenüber Familie und der Gemeinschaft handeln.
- **Aus- und Fortbildung:** Unterstützung bei der Lebens- und Berufsplanung, Vermittlung des Bewusstseins zum „lebenslangen Lernen".

AUFGABEN

1. Überlege, welche Bedürfnisse für dich persönlich wichtig sind.
2. Ordne den angeführten Aufgabenbereichen des Haushalts einige konkrete Beispiele zu.

Sozialbereich: _____

Wirtschaftsbereich: _____

Versorgungsbereich: _____

Wirtschaftsbereich Haushalt

▶ Haushaltsformen und Arbeitsteilung

| LERNZIEL | 1 | Einige Haushaltsformen erklären. |
| LERNZIEL | 2 | Die Arbeitsteilung als wesentlichen Faktor für das Zusammenleben erkennen. |

Die Arbeitsorganisation in einem Haushalt wird sehr von der Anzahl der Familienmitglieder bestimmt. Je mehr Personen zu versorgen sind, um so besser organisiert sollte die Arbeitsteilung im Haushalt sein. Andernfalls kommt es leicht zu einer Überforderung einzelner Familienmitglieder.

1. Arbeitsteilung

Welche Arbeiten jedes Familienmitglied übernimmt, hängt von folgenden Überlegungen ab:

- Wie viele Personen leben im Haushalt?
- Wie alt sind die einzelnen Familienmitglieder?
- Was können die einzelnen Familienmitglieder leisten?
- Wer ist berufstätig?
- Wie viel Freizeit bleibt für jeden einzelnen noch übrig?

2. Haushaltsformen

- **Singlehaushalt:** Der Haushalt umfasst nur eine Person. Diese Haushaltsart nimmt ständig zu. Die Arbeitsteilung entfällt.
- **Zwei-Personen-Haushalt:** Diese Form findet sich bei: Alleinerziehern/Alleinerzieherinnen mit einem Kind, kinderlosen Paaren oder Paaren, deren Kinder den elterlichen Haushalt bereits verlassen haben. Die vielfältigen Aufgaben im Haushalt werden am besten partnerschaftlich aufgeteilt.
- **Kleinfamilienhaushalt:** Diese Form wird gebildet von Familien mit ein bis zwei Kindern. Bereits im Vorschulalter können von den Kindern kleinere Aufgaben übernommen werden. Hier werden die ersten Schritte des Pflichtbewusstseins geübt.
- **Großfamilienhaushalt:** Familien mit mehr als zwei Kindern oder auch Haushalte, wo noch Großeltern oder noch andere Familienmitglieder leben, zählen zu einer Großfamilie. Die Großfamilien werden immer seltener. Hier ist die Arbeitsteilung sorgfältig zu überlegen. Jedes Mitglied soll sich der gegenseitigen Verantwortung bewusst sein.
- **Wohngemeinschaft:** Mehrere Personen leben in einer Wohngemeinschaft zusammen. Jeder von ihnen übernimmt auch hier verschiedene Aufgaben. Diese Wohnform ist bei Studenten/-innen sehr beliebt.

AUFGABEN

1. Suche Ursachen, warum es immer mehr Singlehaushalte gibt und führe Vor- und Nachteile dieser Haushaltsform an.
2. Fülle die folgende Tabelle ehrlich aus und beurteile die Aufgabenverteilung kritisch. Welche zusätzlichen Arbeiten könntest du übernehmen?

Wirtschaftsbereich Haushalt

Aufgabe	Ich	Mutter	Vater	Andere
Frühstück zubereiten				
Jausenbrot vorbereiten				
Betten machen				
Einkaufen				
Kochen				
Abspülen				
Abtrocknen				
Wäsche waschen				
Bügeln				
Schuhe putzen				
Staub saugen				
Bad reinigen				
Auto putzen				

91

▶ Arbeitsplanung

LERNZIEL	1	Ziele der Arbeitsplanung erklären.
LERNZIEL	2	Sich der Vorteile einer Arbeitsplanung bewusst sein.

Durch eine gute Planung der Arbeit kann Zeit und Kraft und damit auch Geld gespart werden. In jedem Haushalt gibt es Arbeiten, die jeden Tag erledigt werden müssen; z. B. Mahlzeiten bereitstellen, Wohnung aufräumen. Dabei ist ein gut durchdachter Arbeitsplan eine große Hilfe.

1. Arbeitsplan

Ziel der Planung ist, möglichst viele Arbeiten in der zur Verfügung stehenden Zeit zu schaffen. Das folgende Beispiel veranschaulicht eine sinnvolle Arbeits- und Zeiteinteilung.

Du hast eine dreiviertel Stunde Zeit, für drei Personen ein Abendessen zu richten. Ohne Plan wirst du nur eine frisch zubereitete Gemüsesuppe schaffen. Bist du hingegen geschickt und teilst dir die Zeit ein, kannst du als Überraschung auch noch Palatschinken servieren. Damit du das erreichst, beachte folgende Schritte.

Als erstes überlegst du die anfallenden Arbeiten und schätzt die Zeit.

A) Tisch für das Abendessen decken	5 min
B) Suppe zubereiten	
B1 Zutaten und Arbeitsgeräte herrichten, Salzwasser aufstellen und zum Kochen bringen	5 min
B2 Gemüse putzen, schneiden, ins Salzwasser geben	10 min
B3 Gemüse in Salzwasser kochen	*10 min*
B4 Kräuter fein schneiden und Suppe abschmecken	5 min
C) Palatschinken zubereiten	
C1 Zutaten und Arbeitsgeräte herrichten	5 min
C2 Palatschinkenteig herstellen	5 min
C3 Teig rasten lassen	*15 min*
C4 Palatschinken backen und füllen	10 min

Wirtschaftsbereich Haushalt

Als zweites überlegst du, wie du die Wartezeiten (= Zeit, während der die Suppe kocht, der Teig rastet) nützen kannst. Somit ergibt sich folgende rationelle Lösung:

A1	Tisch decken	5 min
C1	Zutaten und Geräte für Palatschinken vorbereiten	5 min
C2	Palatschinkenteig herstellen	5 min
C3	*Palatschinkenteig rasten lassen*	*15 min*
B1	Zutaten und Geräte für die Suppe vorbereiten	5 min
B2	Gemüse putzen, schneiden, ins kochende Salzwasser geben	10 min
B3	*Gemüse in Salzwasser kochen*	*10 min*
C4	Palatschinken backen und füllen	10 min
B4	Kräuter fein schneiden, Suppe abschmecken	5 min
	Summe der Tätigkeitszeiten	45 min

> **MERKE**
>
> Immer mit jenen Speisen beginnen, die lange backen, kochen oder braten müssen. In der Garzeit Beilage oder Nachspeise zubereiten.

2. Tagesarbeitsplan
Hier werden die anfallenden Arbeiten pro Tag aufgelistet und auf alle Familienmitglieder möglichst „gerecht" verteilt. Der Plan schaut in jeder Familie anders aus, weil er von den verschiedenen Gegebenheiten des Haushalts abhängig ist.

3. Wochenarbeitsplan
Er gibt einen Überblick der anfallenden Arbeiten in einer Woche; z.B.:

Montag	Dienstag	Mittwoch	Donnerstag	Freitag	Samstag	Sonntag
Wäsche waschen	Wäsche bügeln	bei Bedarf Fenster putzen, private Erledigungen	Wohnungsreinigung, Einkaufsplanung	Einkauf, Haushaltsbucheintragungen	Wochenendvorbereitungen	frei

> **AUFGABEN**
>
> 1. Erstelle für deine Familie einen Wochenarbeitsplan.
> 2. Kombiniere die Arbeitsschritte der folgenden Speisen richtig: Käsespätzle mit Salat.

Ziele der Haushaltsführung

| LERNZIEL | 1 | Die Ziele der Haushaltsführung aufzählen und begründen. |
| LERNZIEL | 2 | Überlegungen für den sinnvollen Einsatz von Geld, Arbeitskraft und Betriebsmittel treffen und erklären. |

Ziele des Familienhaushalts:

- finanzielle Sicherheit
- erfolgreiche Erziehung und Ausbildung der Kinder
- Erhaltung der Gesundheit
- erholsame Freizeitgestaltung
- Wohlfühlen der Familienmitglieder
- Persönlichkeitsentwicklung der Familienmitglieder
- gemeinsame Problembewältigung
- gepflegte Wohnung

Zur Erreichung dieser Ziele sind verschiedene Mittel notwendig:

Arbeitskraft	Geld	Betriebsmittel
für die Wohnungspflege, Nahrungszubereitung, ...	Einkauf von Lebensmitteln, Kleidung, Dienstleistungen (z. B. Friseur, Installateur), Freizeitgestaltung ...	Mixer, Staubsauger, Kühlschrank ...

Der Einsatz von Arbeitskraft, Geld und Betriebsmitteln ist in jedem Haushalt verschieden und wird vor allem durch die Berufstätigkeit der Familienmitglieder geprägt.

Wirtschaftsbereich Haushalt

Folgende Situationsberichte veranschaulichen den verschiedenen Einsatz von Geld und Arbeitskraft:

- **Familie A:** Vater und Mutter sind ganztägig berufstätig. Der zehnjährige Sohn geht zur Schule.
  - VORTEILE: Es steht genug Geld zur Verfügung. Es können zusätzliche Dienstleistungen in Anspruch genommen werden, wie etwa: Reinigungskraft wird zum Aufräumen der Wohnung eingestellt, häufige Besuche beim Friseur, Masseur, Theater können bezahlt werden.
  - NACHTEILE: Es steht wenig Zeit für die Haushaltsführung zur Verfügung. Es werden meist teure Halb- und Fertigprodukte bevorzugt, weil sie in kürzester Zeit servierfertig sind.

- **Familie B:** Familie mit zwei Kleinkindern. Die Mutter widmet sich der Betreuung der Kinder.
  - VORTEILE: Es steht genügend Arbeitskraft für die Führung des Haushalts zur Verfügung und viele Ziele des Haushalts können erreicht werden.
  - NACHTEILE: Der Umgang mit Geld muss gut geplant werden. Es können weniger Dienstleistungen in Anspruch genommen werden. Auch der Einkauf von Lebensmitteln muss überlegt erfolgen. So ist das Ausnützen der Sonderangebote für das Anlegen von selbst hergestellten Vorräten ein finanzieller Vorteil.

AUFGABEN

1. Suche weitere Vor- und Nachteile für diese zwei verschiedenen Familiensituationen – vor allem auch solche, die auf dich persönlich zutreffen.
2. Welche Ziele des Familienhaushaltes sind für dich persönlich sehr wichtig? Begründe deine Entscheidung.

▶ Haushaltseinkommen und -ausgaben

LERNZIEL	1	Die Wichtigkeit der Kassabuchführung verstehen.
LERNZIEL	2	Die Ausgaben eines Haushalts verschiedenen Bereichen zuordnen.

Der Haushalt ist eine Wirtschafts- und Versorgungsgemeinschaft. Um die daraus sich ergebenden Aufgaben erfüllen zu können, bedarf es eines regelmäßigen Einkommens. Da diese Mittel nur begrenzt zur Verfügung stehen, ist die Planung der Ausgaben von großer Bedeutung. Diese Planung umfasst das ordnungsgemäße Aufschreiben der tatsächlichen Einnahmen und Ausgaben in einem Kassabuch.

Am Ende des Monats muss anhand des Kassabuches die Richtigkeit der Planung überprüft und ein neuer Ausgabenplan für den nächsten Monat erstellt werden. Aus den Jahresaufzeichnungen lässt sich dann ein Voranschlag (Budget) für das kommende Jahr erstellen.

1. Durchschnittsausgaben österreichischer Haushalte

Das Österr. Statistische Zentralamt erfasst diese Ausgaben aufgrund der Führung von Haushaltsbüchern von einer bestimmten Zahl ausgewählter österreichischer Haushalte. Die Zusammenfassung dieser Ausgaben wird als „Warenkorb" bezeichnet. Alle 10 Jahre wird die Zusammensetzung neu erstellt. Die Veränderungen spiegeln die Konsumänderung wider.

Ausgaben für (in %):	1976	1986	19..
Ernährung und Getränke	29,19	23,27	
Tabakwaren	2,62	2,51	
Miete, Instandhaltung der Wohnung	9,15	13,06	
Beleuchtung und Beheizung	5,27	5,41	
Hausrat und Wohnungseinrichtung	11,97	7,58	
Bekleidung und persönliche Ausstattung	12,92	10,69	
Reinigung: Wohnung, Wäsche, Kleidung	1,85	1,40	
Körper- und Gesundheitspflege	5,13	6,01	
Bildung und Freizeit	9,24	14,30	
Verkehr	12,66	15,77	
Summe	100,00	100,00	

Wirtschaftsbereich Haushalt

Diese prozentuelle Aufteilung ist von Familie zu Familie verschieden. Sie wird je nach Höhe des Einkommens, der Familiengröße und anderen Gegebenheiten beeinflusst.

Diese Ausgaben können in drei große Bereiche eingeteilt werden:

- **fixe Ausgaben:** z.B. Miete, Versicherungen, Monatskarte für öffentliche Verkehrsmittel, Radio- und Fernsehgebühren;
- **variable Ausgaben:** z.B. Lebensmittel, Körper- und Gesundheitspflege, Bekleidung, Telefon;
- **Sonderausgaben (= frei verfügbares Einkommen):** Freizeitgestaltung, Kino- und Theaterbesuche, Ersparnisse.

MERKE

Über die Verwendung der Sonderausgaben kann erst verfügt werden, wenn die fixen und variablen Ausgaben beglichen sind. Sehr oft hat jedes Familienmitglied einen Wunsch. Aber nicht alle Wünsche können erfüllt werden. Hier ist daher Rücksichtnahme und Kompromissbereitschaft von jedem verlangt.

AUFGABEN

1. In welchen drei Ausgabenbereichen gab es nach dem Warenkorb die größten Konsumänderungen? Vergleiche hierzu die einzelnen Spalten.
2. Kürzeres Telefonieren ... senkt die variablen Kosten. Welche anderen Möglichkeiten entdeckst du für dich, um diese Kostengruppe zu reduzieren?
3. Welche Vorteile siehst du, wenn du die Verwendung deines Taschengeldes aufschreibst?

2. Beispiele für die finanzielle Planung:

Wie du dir später bei eigenem Einkommen einen Monatsplan für dein frei verfügbares Einkommen erstellen kannst, zeigt dir dieses Muster:

Einkommens- und Ausgabenplanung für: Jänner 19...	ATS
Einkommen:	
Nettolohn (-gehalt)	
Nettoeinkommen des (Ehe-) Partners	
sonstige Einkommen	
Summe des Nettoeinkommens	
Ausgaben:	
Miete	
Betriebskosten	
Heizung, Gas, Strom	
Radio, Fernsehen	
Telefon	
Versicherungen	
Kfz.-Kosten	
Ernährung	
Kleidung	
Reinigung	
sonstige Lebenskosten	
Summe der Ausgaben	
Zusammenstellung:	
Summe des Nettoeinkommens	
– Summe der Ausgaben	
frei verfügbares Nettoeinkommen	

Wirtschaftsbereich Haushalt

Einfaches Kassabuch mit wöchentlichem Abschluss: Beispiel – Taschengeld

Kassabuch für: Februar   **Seite: 5**

Datum	Text	Eingang	Ausgang	Saldo
1.2.	Taschengeld für Februar	100,—		
1.2.	Restbetrag vom Jänner	17,50		
1.2.	Briefmarken		14,—	
1.2.	Kaugummi		6,50	
2.2.	Schokolade		7,50	
4.2.	Lineal		5,70	
4.2.	Cola		4,90	
5.2.	Geschenk von Oma	50,—		
5.2.	Wurstsemmel		12,—	
6.2.	Ansichtskarte		6,—	
6.2.	Süßigkeiten		7,40	
	1. Woche	167,50	64,—	103,50
7.2.	Barvorrat für 2.–4. Woche			103,50
.....				

Beispiel für die Materialeinsatzberechnung einer Speise:

Wiener Schnitzel – 4 Portionen

Menge		Zutaten	Stückpreis, kg-Preis	Preis der Zutat	Summe
4	St.	Kalbschnitzel à 100 g	230,00	92,00	
		Salz		0,50	
40	g	Mehl	12,00	0,50	
1	St.	Ei	2,40	2,40	
1	EL	Milch	12,00	0,50	
80	g	Semmelbrösel	30,00	2,40	
1/4	l	Öl zum Backen	20,00	5,00	
1	St.	Zitrone	2,00	2,00	
1/2	Bd.	Petersilie	6,00	3,00	108,30
		Summe			108,30
		1 Portion			27,10

▶ Schuldenprophylaxe

LERNZIEL	1	Verschiedene Formen von Schulden aufzählen.
LERNZIEL	2	Ursachen für die Haushaltsverschuldung erklären.

Mehr als eine Million Privathaushalte, also jeder dritte österreichische Haushalt, sind kreditverschuldet. Jeder Konsument hat zumindest kurzfristig Schulden, sei es durch Kontoüberziehung, Ratenkauf oder Einräumung von Zahlungszielen.

Ich　　　　Du　　　　Jeder 3. hat Schulden

1. Formen von Schulden

Verschiedene Formen von Schulden, z.B. Kontoüberziehung, Mietschulden, Verzugszinsen (eine Rechnung wurde nicht termingerecht bezahlt), Versandhausrate, Steuernachzahlung, offene Stromrechnung, unbezahlte Telefonrechnung, ausständige Versicherungsprämie ... bringen jährlich 80.000 Haushalte in Österreich an den Rand des finanziellen Ruins.

2. Bedeutung der Finanzplanung

Lt. Österr. Statistischem Zentralamt plant nur jeder zweite Haushalt die monatlichen Fixkosten. Der Umgang mit Geld ist selten vernünftig durchdacht, sondern erfolgt gewohnheitsgemäß. Schulden sind dann die Folgen dieser finanziellen Unüberlegtheit.

Für die finanzielle Gesundheit eines Haushaltes sind zwei Punkte sehr wichtig:
- Die konsequente Haushaltsplanung bzw. deren Umsetzung im Alltag.
- Die Fähigkeit, zweckmäßig mit Geld umzugehen.

Wirtschaftsbereich Haushalt

3. Häufige Ursachen für eine Verschuldung

- Überschätzung der eigenen Finanzkraft – Geld wird zu „locker" ausgegeben,
- niedriges Haushaltseinkommen – keine finanziellen Reserven können angelegt werden,
- Einkommensschwankungen – z. B. durch Wegfall von Überstunden, vorübergehende Arbeitslosigkeit,
- bargeldloser Einkauf – durch Kreditkarte, Dauerauftrag oder Scheck geht der finanzielle Überblick rasch verloren,
- geschickte Werbung – z. B. unüberlegter Kauf durch Kreditfinanzierung („Kauf auf Pump"),
- unvorhergesehene Ereignisse – z. B. Unfall, Arbeitsunfähigkeit, Verlust der günstigen Wohnmöglichkeit ...

Beispiel einer Schuldenaufstellung anhand eines Beispieles aus der Praxis:

	ATS
ursprüngliche Forderung	17.000,–
Mahnspesen	700,–
Inkassobüro	5.100,–
Rechtsanwalt und Klage	3.700,–
(Verzugs-)zinsen	6.500,–
Gerichtskosten	3.000,–
Schulden nach 2 Jahren	36.000,–

AUFGABEN

1. Diskutiere über folgenden Werbespruch: „Kaufen Sie Ihre Weihnachtsgeschenke jetzt und zahlen Sie erst im Februar!"
2. Informiere dich bei der Gemeinde, der Kammer für Arbeiter und Angestellte über Schuldnerberatungsdienste.

Einkaufsplanung

LERNZIEL	1	Wesentliche Punkte für den richtigen Einkauf aufzählen.
LERNZIEL	2	Die Lebensmittelkennzeichnungsverordnung erläutern.

Während früher im kleinen Laden um die Ecke eingekauft wurde, verlocken in der heutigen Zeit große Selbstbedienungsläden zu unnötigen Einkäufen. Viele Tricks verleiten uns dazu, mehr Geld für den Einkauf auszugeben.

1. Tricks zur Einkaufssteigerung:

- Je länger der Weg für den Konsumenten, desto mehr Produkte sieht er, und umso eher kauft er auch.
- Produkte in Augenhöhe werden am meisten gekauft, sind oft auch die teureren. Produkte für den täglichen Bedarf, z.B. Toilettenpapier, sind eher in der Bückzone eingeräumt.
- Auf Wühltischen oder im Schüttelkorb werden Sonderangebote aufgestellt. Wird die Qualität genau kontrolliert, sind diese Waren nicht immer wirklich billig.
- Vor der Kassa ergeben sich zum Teil längere Wartezeiten. Gerade hier werden noch Süßigkeiten und Ähnliches angeboten. Wenn du auf diesen Trick nicht hineinfallen willst, dann kaufe nicht zusätzlich Kaugummi, Zuckerl usw.

Reckzone 160 cm
verkaufsschwach

Sichtzone 120 cm
sehr verkaufsstark

Griffzone 80 cm
verkaufsstark

Bückzone
verkaufsschwach

Wirtschaftsbereich Haushalt

2. Beachtenswertes beim Einkauf
Lebensmittel:
- Korb oder Baumwolltasche mitnehmen,
- nie hungrig einkaufen – du kaufst vieles noch zusätzlich,
- mit Einkaufszettel Waren suchen,
- Sonderangebote besonders kritisch auf das Qualitäts- und Preisverhältnis prüfen,
- möglichst frische, der Jahreszeit entsprechende Lebensmittel auswählen,
- auf aufwendig verpackte Waren verzichten,
- auch Plastikflaschen, Aludosen, Tetrapack vermeiden,

Energieverbrauch verschiedener Getränkeverpackungen im Vergleich:

	2	4	6	8	10	12	14	16	18	20
Mehrwegflasche										
Verbundkarton										
Einwegflasche										
Aluminiumdose										

- österreichische Qualität bevorzugen: Du kannst sie am Strichcode und vielfach auch am „A" erkennen. Der Strichcode beginnt für österreichische Waren mit „90" bzw. „91".

- bevorzuge Getreide, Obst und Gemüse aus biologischem Anbau bzw. Eier und Fleisch aus artgerechter Tierhaltung,
- um bei der Kassa vom Zahlungsbetrag nicht überrascht zu werden, addiere vorher schon im Kopf den Einkaufsbetrag,
- kontrolliere sofort das Wechselgeld.

Kleidung:

- überlege, ob du das Kleidungsstück wirklich brauchst,
- lass dich nicht ausschließlich von Modetrends beeinflussen,
- schau dir das Textilkennzeichen mit den Pflegesymbolen an,
- bevorzuge natürliche Materialien, die luftdurchlässig sind,
- mache Preisvergleiche in verschiedenen Fachgeschäften,
- probiere das Kleidungsstück in Ruhe an, bevorzuge auch hier österreichische Qualität.

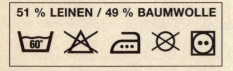

Geschenke:

- überlege, ob du nicht mit einem selbst hergestellten Geschenk mehr Freude machen kannst,
- nicht der materielle Wert ist entscheidend, sondern das Engagement, mit dem du das Geschenk angefertigt hast,
- verpacke das Geschenk liebevoll.

Wirtschaftsbereich Haushalt

3. Konsumentenschutz

Um den Konsumenten bei seinen Einkaufsentscheidungen zu helfen und zu schützen, gibt es eine Reihe von Maßnahmen.
- Lebensmittelgesetz und Lebensmittelkennzeichnungsverordnung: siehe hierzu das Kapitel „Lebensmittelgesetz".
- Qualitätswarenkennzeichnung:

Österr. Qualitätsprodukt

Österr. Qualitätswein

Prüfzeichen für elektrische Geräte

- Textilkennzeichnungsverordnung: Pflegekennzeichnungssymbole müssen dauerhaft am Textilerzeugnis angebracht werden.
- Leder- und Schuhkennzeichnungsverordnung: An Lederbekleidung und Schuhen müssen die verwendeten Materialien ersichtlich sein.
- Produkthaftungsgesetz: Der Hersteller (Importeur) oder Händler haftet für Schäden, die durch das fehlerhafte Produkt hervorgerufen werden.
- Kostenlose Beratungen: Verein für Konsumenteninformation (z. B. bei Produkthaftungen), ORF-Sendungen – z. B. HELP".
- Broschüren, Zeitschriften: z. B. Konsument, Konsumentenfibel

AUFGABEN

1. Begründe aus deiner Sicht die Hinweise zum richtigen Einkaufsverhalten.
2. Analysiere am Beispiel „Jeans – Marke Fantasie" den dargestellten Kreislauf.

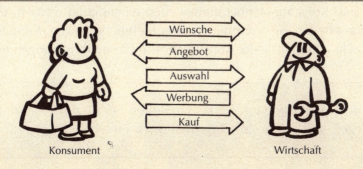

▶ Werbung

| LERNZIEL | 1 | Der Werbung kritisch gegenüber stehen. |
| LERNZIEL | 2 | Sich der Bedeutung der Verbraucherberaterstellen bewusst sein. |

Täglich wirst du mit Werbeslogans im Radio, Fernsehen, Internet, auf Plakaten oder in Zeitungen konfrontiert. Das Produkt wird vom Hersteller von den besten Seiten gezeigt, um den Konsumenten zum Kauf anzuregen. Dazu gibt es eine Reihe psychologischer Mittel:
- Verwendung bestimmter Farben,
- Bewunderung durch Mitmenschen,
- Hinweis auf die körperliche Schönheit,
- Verwendung von Statussymbolen (z.B. bestimmte Automarke),
- Werbung durch berühmte Persönlichkeiten.

Die Werbung sollte informieren und über das Produkt aufklären. Teilweise werden durch die Werbung Bedürfnisse geweckt, deren Deckung den finanziellen Rahmen des Haushaltsbudgets überschreiten. Insbesondere Kinder und Jugendliche sind den Einflüssen der Werbung und der Medien praktisch wehrlos ausgesetzt:
- Werbesendungen gehören zum Lieblingsprogramm der Kinder,
- Kinder haben eine extrem gute Kenntnis von Markennamen, Produkten und Werbeinhalten,
- Werbung beeinflusst die Kaufentscheidung von Kindern,
- die Sprache der Werbung bestimmt die Sprache und Sprechweise der Kinder mit,
- Werbung wirkt sich auf das soziale Leben der Kinder untereinander sowie des Familienlebens aus.

Um den Konsumenten unbeeinflusst und objektiv über die Qualität von Waren zu beraten, sind Konsumentenberatungsstellen eingerichtet worden, die kostenlose Auskünfte erteilen. Sie informieren über rechtliche Fragen, Kreditfragen und helfen bei Reklamationen. Jeder Konsument soll diese Einrichtungen nützen.

AUFGABE

Sammle drei Werbeslogans. Versuche Stellen herauszufinden, die zum Kauf anregen und solche, die Informationen bieten.

Wirtschaftsbereich Haushalt

▶ Haushaltsbevorratung

LERNZIEL	1	Die Vorteile der Haushaltsbevorratung verstehen.
LERNZIEL	2	Grundsätze für die Haushaltsbevorratung aufzählen und begründen.

Gerade in unserem Land kann die Natur, trotz ihrer Großartigkeit, eine Beeinträchtigung des Verkehrs und damit eine Versorgungskrise auslösen. In diesem Fall sind Vorräte von besonderer Wichtigkeit.

1. Vorteile von Vorräten

- **Geldeinsparung:** Durch den Einkauf größerer Mengen können preisgünstige Angebote genützt werden.
- **Arbeitsersparnis:** Durch größere Einkäufe fällt das tägliche Einkaufen weg. Durch das Einfrieren von selbst hergestellten Speisen (z. B. Gulasch im Tiefkühlschrank) kann sehr rationell gekocht werden.
- **Zeitersparnis:** Die Zeit für das tägliche Einkaufen kann sinnvoller genutzt werden.
- **Sicherheit für die Haushaltsmitglieder:** Unvorhergesehene Situationen können dadurch besser gemeistert werden.

2. Vernünftige Haushaltsbevorratung

- **Lebensmittel:** Sie sollen lang haltbar und reich an Nähr- und Wirkstoffen sein. Kleinkinder oder kranke Menschen brauchen meist besondere Lebensmittel (Baby- und Diätnahrung).

Lebensmittelvorrat für eine Person und zwei Wochen besteht aus:

Lebensmittel	Menge	haltbar	Lebensmittel	Menge	haltbar
Mehl, Grieß	1000 g	0,5 J.	Fleischkons.	500 g	4 J.
Teigware, Reis	750 g	1 J.	Fischkonserven	250 g	3 J.
Haferflocken	250 g	1 J.	Gemüsekons.	500 g	2 J.
Zucker	1000 g	5 J.	Kondensmilch	500 g	1 J.
Honig, Marmel.	250 g	1 J.	Schmelzkäse	6 St.	4 Wo.
Brot (verpackt)	1000 g	2-4 Wo.	Speiseöl	250 g	1 J.
Zwieback u. ä.	250 g	1 J.	Butter	250 g	4 Wo.
Kartoffeln	2000 g	0,5 J.	Tiefkühlware	1000 g	0,5 J.
Hülsenfrüchte	500 g	3 J.	Eier	10 St.	2 Wo.

Außerdem: Halbfertigprodukte (Teige, Püree ...), Dörrobst, Nüsse, Rosinen, Schokolade, Würzmittel, eventuell spezielle Vorräte für Kinder und für die Diätkost.

Zur Lagerung eignet sich am besten ein trockener, luftiger, kühler und dunkler Lagerplatz. Die Vorräte sind jeweils vor dem Verbrauchsdatum zu verwenden und rechtzeitig zu ergänzen.

- **Getränke:** Der Vorrat besteht aus Mineralwasser, Obstsäften, Tee, Kaffee.

- **Hausapotheke:** Ein Grundstock an wichtigen Medikamenten und Verbandmaterial für die Erste Hilfe steht immer aufgefüllt zur Verfügung.

- **Hygieneartikel:** Zur Körperpflege ist vorrätig zu halten: Seife, Zahnpasta ....

- **Behelfsmittel:** Im Notfall leisten Kerzen, Zündhölzer, Taschenlampe, Dosen- und Flaschenöffner, Petroleum- oder Gaslampe wertvolle Dienste.

- **Brennmaterial:** Ein Vorrat an Öl, Kohle oder Holz macht den Haushalt krisensicher.

Die einfachste Krisenbevorratung stellt eine Kiste Mineralwasser, ein Sack Weizen und eine handbetriebene Getreidemühle dar.

AUFGABEN

1. Überdenke mit deiner Familie die Haushaltsbevorratung. Vielleicht sind einige Verbesserungen möglich.
2. Berechne nach der aufgestellten Tabelle der Lebensmittelbevorratung für eine Person die derzeitigen Kosten.

Wirtschaftsbereich Haushalt

▶ *Konservierungsmethoden*

| LERNZIEL | 1 | Verschiedene Konservierungsmethoden aufzählen und bewerten. |
| LERNZIEL | 2 | Vorteile von selbst hergestellten Konserven schätzen. |

Durch das Konservieren (= Haltbarmachen) wird das Verderben der Lebensmittel verhindert. Den Mikroorganismen (Schimmelpilze, Bakterien, Hefepilze) werden die günstigen Lebensbedingungen (Wasser, Wärme, Luft, Nahrung) entzogen.

1. Konservierungsmethoden im Haushalt

Arten	Wirkung	Verwendung
Tiefkühlen	Wärmeentzug	Obst, Gemüse ...
Trocknen	Wasserentzug	Pilze, Obst, Kräuter
Einwecken	Hitzeeinwirkung	Kompotte
Dampfentsaften	Hitzeeinwirkung	Obstsäfte
Marmeladeherstellung	Zuckereinwirkung	Marmelade, Gelee
Einlegen in Alkohol	Alkoholeinwirkung	Rumtopf
Einlegen in Essig	Säureeinwirkung	Essiggurken
Sauerkrautherstellung	Milchsäurewirkung	Sauerkraut
Räuchern	Raucheinwirkung	Speck, Wurst, Fisch

Vorteile der selbst hergestellten Konserven:

- Qualität und Herkunft der Lebensmittel sind bekannt,
- Obst und Gemüse aus dem eigenen Garten können haltbar gemacht werden – Preisvorteil,
- wenig oder keine Zusatzstoffe sind enthalten,
- persönlicher Geschmack, z. B. bei Marmelade, kann berücksichtigt werden,
- selbst hergestellte Konserven sind auch ein beliebtes Geschenk.

2. Konservierungsmethoden in der Industrie

Durch die Hitzeeinwirkung von über 100°C kommt es zu einem großen Verlust von Vitaminen!

Arten	Wirkung	Verwendung
Pasteurisieren	Erhitzen unter 100°C	Milch, Obstsäfte
Sterilisieren	Erhitzen über 100°C	alle Dosenprodukte
Tiefkühlen	Wärmeentzug	Halb- und Fertigprod.
Trocknen	Wasserentzug	Teigwaren, Gewürze
Gefriertrocknen	Wasserentzug	Löskaffee, Kräuter
Pökeln	Wasserentzug d. Salz	Schinken, Wurst
Bestrahlen (in Österreich nicht erlaubt!)	Strahlen töten Mikroorganismen	Gewürze, Gemüse, Obst

AUFGABEN

1. Finde Vor- und Nachteile für industriell konservierte Nahrungsmittel und Speisen.
2. Welche konservierten Lebensmittel sind eher zu meiden? Begründe deine Entscheidung.

▶ Tiefkühlen

| LERNZIEL | 1 | Beachtenswerte Punkte beim Tiefkühlen erklären. |
| LERNZIEL | 2 | Die Verwendung von Tiefkühlprodukten kennen. |

1. Beachtenswertes beim Tiefkühlen

- Nur frische, saubere Lebensmittel in Portionsgrößen verpacken, gut verschließen und beschriften.
- Verpackungsmaterial muss wasserdicht sein – z. B. Tiefkühlbeutel, Folie, Kunststoffbehälter.
- Lebensmittel sehr rasch tiefkühlen im Schockgefrierfach, weil sich sonst große Eiskristalle bilden, welche die Zellwände zerstören.
- Ordnung halten im Tiefkühlgerät und nicht unnötig öffnen.
- Tiefkühltemperatur soll nie unter –18°C sinken; bereits an- und aufgetaute Lebensmittel nicht mehr tiefkühlen.

Wirtschaftsbereich Haushalt

Richtiges Tiefkühlen

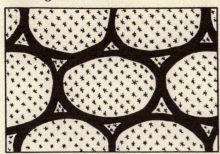

Kleine Eiskristalle im richtig tiefgekühlten Lebensmittel

Große Eiskristalle im „erfrorenen" Lebensmittel

- **Obst:** Sauber reinigen, verpacken und tiefkühlen
  TIP: Sollten Beeren nicht zusammenkleben, werden sie auf ein Blech gegeben, schockgefroren, dann erst in Säckchen abgefüllt.
- **Gemüse:** Reinigen, blanchieren, abkühlen lassen, eventuell schneiden und tiefkühlen.
  TIP: Durch das Blanchieren werden Enzyme zerstört und ein Verfärben des Gemüses wird verhindert.
- **Kräuter:** Fein schneiden oder als ganzes Zweigleich in Gläser/Dosen füllen und tiefkühlen.
- **Fleisch:** Geschnittenes Fleisch (Schnitzel, Koteletts) mit Zwischenlagen aus Folie verpacken.
  Fleisch für Gulasch kann bereits geschnitten tiefgekühlt werden.
  Faschiertes in kleinen Portionen und nur für maximal ein Monat tiefkühlen.
  TIP: Geflügel unbedingt wasserdicht und exakt verpacken – Salmonellengefahr!
- **Backwaren:** Brot, Kuchen, Gebäck tiefkühlen; nach dem Auftauen kurz aufbähen.
- **Fertige Gerichte oder Reste:** Immer ausgekühlt in gutverschließbare Behälter füllen; nicht zu lange tiefkühlen.

2. Verwendung von Tiefkühlprodukten

- Gefroren werden verwendet: Gemüse zum Garen, Fischfilets
- Angetaut werden verwendet: flache Fleischstücke (Schnitzel ...)
- Aufgetaut werden verwendet: Gemüse als Salat, Obst, Backwaren, größere Fleischstücke (Braten, Huhn)

MERKE

Zum Auftauen Lebensmittel in eine Schüssel legen. Bei Zimmertemperatur oder im Mikrowellenherd auftauen. Aufgetaute Lebensmittel, besonders Fleisch, rasch weiterverarbeiten. Das Auftauwasser von Geflügel wegen der Salmonellengefahr unbedingt weggießen.

AUFGABEN

1. Erkläre das richtige Tiefkühlen von vier Kalbsschnitzel.
2. Welche Hinweise kannst du ihm Kühlschrank bzw. in der Tiefkühltruhe zum Tiefkühlen finden?

Die Tiefkühlkette (Transporttemperaturen zwischen –18 und –30°C)

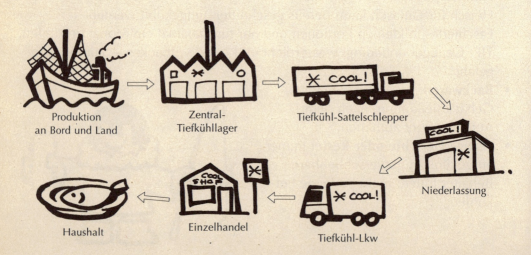

Wirtschaftsbereich Haushalt

▶ Industrielle Herstellungsmethoden

1. Trinkmilchaufbereitung

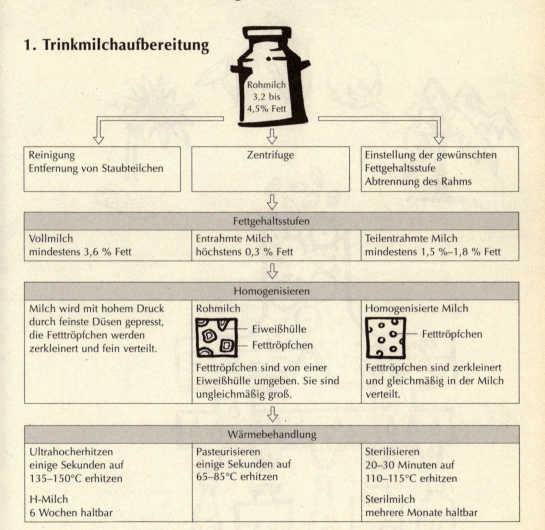

Rohmilch 3,2 bis 4,5% Fett

Reinigung Entfernung von Staubteilchen	Zentrifuge	Einstellung der gewünschten Fettgehaltsstufe Abtrennung des Rahms
	Fettgehaltsstufen	
Vollmilch mindestens 3,6 % Fett	Entrahmte Milch höchstens 0,3 % Fett	Teilentrahmte Milch mindestens 1,5 %–1,8 % Fett
	Homogenisieren	
Milch wird mit hohem Druck durch feinste Düsen gepresst, die Fetttröpfchen werden zerkleinert und fein verteilt.	Rohmilch — Eiweißhülle — Fetttröpfchen Fetttröpfchen sind von einer Eiweißhülle umgeben. Sie sind ungleichmäßig groß.	Homogenisierte Milch — Fetttröpfchen Fetttröpfchen sind zerkleinert und gleichmäßig in der Milch verteilt.
	Wärmebehandlung	
Ultrahocherhitzen einige Sekunden auf 135–150°C erhitzen H-Milch 6 Wochen haltbar	Pasteurisieren einige Sekunden auf 65–85°C erhitzen	Sterilisieren 20–30 Minuten auf 110–115°C erhitzen Sterilmilch mehrere Monate haltbar

AUFGABEN

1. Erkläre den Weg der Milch von der Kuh bis zum Lebensmittelgeschäft. Wie beurteilst du diese vielen Prozesse?
2. Finde zwei weitere Beispiele von Lebensmitteln mit vielen industriellen Verarbeitungsschritten.

2. Ölgewinnung

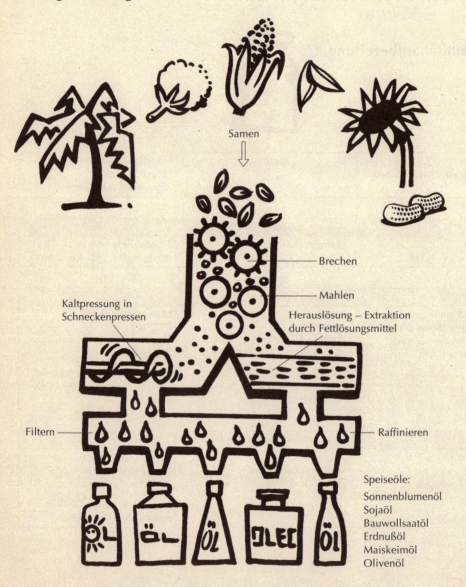

AUFGABEN

1. Benenne die abgebildeten Symbole für die ölliefernden Pflanzen!
2. Vergleiche den Weg der Kaltpressung und Extraktion.

Wirtschaftsbereich Haushalt

▶ *Berufsfeld – Wirtschaftsbereich*

Wenn du dich in deinem späteren Beruf mit organisatorischen Fragen, mit Einkauf, Geld, Verträgen oder Kalkulation beschäftigen möchtest, steht dir eine Fülle von Berufen zur Auswahl.

Überlege folgende Punkte:

- Interessieren mich kaufmännische Verwaltungstätigkeiten?
- Interessiert mich die Beratungstätigkeit und damit der Kontakt mit Menschen?
- Neige ich zur Organisation von Tätigkeiten und zur Führung von Menschen?
- Interessieren mich die neuen Kommunikationstechniken (z. B. Computer)?

Ausbildungswege:

- **Lehre (Ausbildung in Lehrbetrieb und Berufsschule):** Dauer 3 Jahre; Berufe: Bürokaufmann/-frau, Einzelhandelskaufmann/-frau, Großhandelskaufmann/ -frau, Reisebüroassistent/-in.
- **Berufsbildende mittlere und höhere Schulen:** Ausbildungsdauer 1 bis 3 Jahre: z. B.: Fachschule für wirtschaftliche Berufe, Handelsschule, Fachschule für Tourismus. Ausbildungsdauer 5 Jahre: Höhere Lehranstalt für wirtschaftliche Berufe, ... für Tourismus, Handelsakademie, Höhere Lehranstalt textilkaufmännischer Richtung, Höhere technische Lehranstalt.
- **Weiterführende Ausbildungen nach der Reife- und Diplomprüfung:** Fremdenverkehrkolleg, Sonderausbildungen an HTL´s und Universitäten: Ausbildung zum Konsumentenberater, Ausbildung zum Umweltberater.

AUFGABEN

1. Suche möglichst viele kaufmännische Berufe, erstelle eine persönliche Rangfolge, vergleiche deren Vor- und Nachteile.
2. Informiere dich, welche Berufsberatungsmöglichkeiten und Berufsinformationsmessen für dich in Frage kommen.

Haushalt und Mitwelt

Inhalt

Umweltbewusstsein und Umweltschutz 119
Müllvermeidung und Mülltrennung 127
Freizeit und Urlaub 131
Lebensmittelproduktion 133
Lebensmittelqualität 135
Berufsfeld – Umwelt und Lebensmittelproduktion 137

Haushalt und Mitwelt

▸ Umweltbewusstsein und Umweltschutz

LERNZIEL	1	*Die große Bedeutung des Umweltschutzes und der Naturerhaltung erkennen.*
LERNZIEL	2	*Einige Vorschläge zum Sparen von Wasser und Energie machen.*

Jeder Mensch ist auf die Mitwelt angewiesen. Menschen, Tiere und Pflanzen bilden eine natürliche Einheit. Leider stört der Mensch mit seinem Profitdenken immer mehr das biologische Gleichgewicht. So stellen wir z. B. fest:

- **Massenproduktion:** verschmutzte Gewässer, Energievergeudung
- **Überproduktion:** Müllhalden, die immer größer werden (Wegwerfgesellschaft)
- **Verkehrsproblematik:** verschmutzte Luft, „Baumsterben"
- **Übererschließung der Natur:** Lawinengefahr, Verkarstung, Vermurung
- **Überproduktion an Lebensmitteln:** Überdüngung des Bodens, Nitratbelastung des Trinkwassers

Jeder Einzelne kann aber zur Umwelterhaltung Beiträge leisten.

1. Wasser sparen

In Österreich sind wir noch in der glücklichen Lage, dass wir überwiegend gutes und genug Trinkwasser haben. Es gibt inzwischen Länder, wo Trinkwasser in Flaschen gekauft werden muss oder überhaupt zu wenig Wasser zur Verfügung steht.

Auch unsere Wasservorräte sind nicht unbegrenzt, daher ist ein sinnvoller und sparsamer Umgang mit Wasser sehr wichtig. Und dennoch: Wir gehen mit unserem Trinkwasser zu verschwenderisch um!

Die Verschmutzung des Grundwassers nimmt gefährliche Ausmaße an, und der Verbrauch von hochwertigem Trinkwasser ist enorm. Der durchschnittliche Trinkwasserverbrauch liegt in Österreich bei rund 150 Liter pro Tag und Person. In Tourismusgemeinden kann er bis auf 1.000 Liter ansteigen.

Wofür diese gewaltige Menge Trinkwasser täglich verwendet wird, zeigt die folgende Tabelle:

Trinken und Kochen	**4 Liter**
Körperpflege	**10 Liter**
Baden und Duschen	**55 Liter**
Wäschewaschen	**25 Liter**
Geschirrspülen	**8 Liter**
WC-Spülung	**32 Liter**
Wohnungsreinigung	**7 Liter**
Sonstiges (Garten, Auto)	**9 Liter**
Summe	**150 Liter**

TIPS

Wasserspartips
- nicht unter fließendem Wasser abspülen oder Wäschestücke waschen,
- während des Zähneputzens Wasserhahn zudrehen,
- duschen statt baden; beim Duschen wird bis zu 70 % weniger Wasser verbraucht,
- Wasserstoptaste bei WC-Spülung einbauen,
- Spartaste bei Geräten (Waschmaschine) drücken; beim Einkauf darauf achten,
- Waschmaschine nur einschalten, wenn sie wirklich gefüllt ist,
- tropfende Wasserhähne reparieren; ein tropfender Wasserhahn kann pro Tag bis zu 17 Liter Wasser unbemerkt in den Kanal fließen lassen,
- Autowaschen nur wenn nötig; Waschanlagen bevorzugen, die mit einer Kreislaufführung der Waschlauge ausgestattet sind.

Haushalt und Mitwelt

2. Energie sparen

Für uns ist es ganz selbstverständlich, dass wir Licht einschalten können, auf Knopfdruck Radio hören, Kaffee filtern oder die Wäsche waschen können. Häufig merken wir die Vorteile erst, wenn ein Stromausfall ist.

Die im Haushalt benötigte Energie teilt sich etwa folgendermaßen auf:
- 75 % für Raumheizung,
- 15 % für Warmwasserbereitung,
- 10 % für Geräte, Beleuchtung, Sonstiges.

Auch unsere Energiequellen sind nicht unerschöpflich, daher ist es von großer Wichtigkeit, Energie zu sparen.

TIPS

Energiespartips in der Küche:
- Geschirrspüler nur ganz gefüllt in Betrieb nehmen,
- Kühl- und Gefrierschrank: nur öffnen, wenn erforderlich; nicht neben Heizung oder Herd aufstellen; wenn nötig - regelmäßig abtauen,
- nie warme Speisen in den Kühl- oder Gefrierschrank geben,
- Dampfdruckkochtopf bei langen Garzeiten verwenden,
- passende Töpfe und Kasserollen auf Kochplatten gleicher Größe stellen,
- gut schließende Deckel verwenden; wer ohne Deckel kocht, verschwendet bis zu 300 % mehr Energie,
- beim Garen rechtzeitig zurückschalten; Nachwärme ausnützen.

TIPS

Energiespartips im Bad:
- sparsam mit Warmwasser umgehen,
- Waschmaschine nur ganz gefüllt einschalten,
- auf Vorwäsche kann meist verzichtet werden,
- Energiesparprogramme bei der Waschmaschine nutzen,
- Einsatz von zusätzlichen Heizstrahlern ... kritisch überlegen,
- elektrische Wäschetrockner sind „Stromfresser"; werden sie dennoch verwendet, sollte die Wäsche vorher sehr gut geschleudert werden.

> **TIPS**
>
> Energiespartips in der Wohnung:
> - Licht in unbenützten Räumen ausschalten,
> - Energiesparlampen verwenden für Räume, die sehr lange beleuchtet werden müssen,
> - Fernseher und dergleichen nicht auf „stand-by" lassen (dies kann im Jahr bis zu 190 kWh verbrauchen),
> - auf gut isolierende Fenster und Türen achten,
> - für Raumtemperatur Thermostat verwenden; nur ein Grad weniger Raumtemperatur erspart bis zu 6 % Energie beim Heizen,
> - Schlafräume nur temperieren,
> - keine bodenlangen Vorhänge vor dem Heizkörper anbringen,
> - keine Möbel vor die Heizkörper stellen,
> - die Heizanlage warten; die Heizkörperentlüftung bringt bis zu 15 % Energieersparnis,
> - kurz und kräftig lüften.

3. Natur erhalten

Ein Beitrag kann geleistet werden durch:
a) den richtigen Einsatz von Reinigungsmitteln,
b) umweltfreundliches Reinigen der Wohnung (Ökoputzschrank),
c) überlegten Kauf von Haushaltsgeräten,
d) die Vermeidung von unnötigem Abfall (Abfall-Vermeidungstabelle).

Zu a)
Reinigungsmittel können auch selbst hergestellt werden. Hier findest du zwei Beispiele. In der Drogerie erhältst du die nötigen Zutaten.

- **Scheuermittel extra fein:**

150 g	Schlämmkreide	
80 g	Soda	alle Zutaten gut verrühren, in eine
50 g	Seifenflocken, fein gemahlen	Dose füllen.
5 Tropfen	Zitronenöl	

- **Spiritusglasreiniger:**

100 ml	destilliertes Wasser	Zutaten mit einem Löffel verrühren
100 ml	Spiritus	und in eine Sprühflasche füllen.
¼ TL	Schmierseife (eventuell)	Glasreiniger auf die Fensterscheibe aufsprühen und sofort mit einem Tuch trocken wischen.

Haushalt und Mitwelt

Beim Einkauf von Reinigungsmitteln empfiehlt sich folgendes zu beachten:

 Alle Inhaltsstoffe müssen deklariert sein

 Keine Spraydosen

 Günstiges Verhältnis von Verpackung und Inhalt

 Eindeutige Anweisungen zur Anwendung müssen vorhanden sein

 Keine PVC-Verpackung

 Keine Reiniger mit umweltgefährdenden Inhaltsstoffen

 Kindersichere Verpackung

AUFGABEN

1. Wähle ein beliebiges Reinigungsmittel aus und prüfe, ob alle angegebenen Forderungen eingehalten werden.
2. Versuche noch weitere Folgen der zunehmenden Umweltbelastung zu finden und überlege dir Lösungsvorschläge.

Zu b) Vorschlag für einen Ökoputzschrank

Reiniger	Anwendung	Alternativen
Allzweckreiniger	Reinigung von glatten Oberflächen (Fliesen, Kacheln, Böden)	warme Schmierseifenlösung oder mildes Handgeschirrspülmittel
Geschirrspülmittel	Reinigung von Küchengeschirr (Tassen, Teller, Besteck ...)	neutrale Allzweckreinigerlösung
Scheuermittel	Entfernung hartnäckiger Verschmutzungen (eingebrannte Speisereste)	mechanische Reinigung mit Bürste oder Drahtschwamm
Fensterreiniger	Reinigung von Glas und Spiegel	warmes Wasser entweder mit wenig Handspülmittel, Essig oder Spiritus
WC-/Sanitärreiniger	Reinigung von Sanitäreinrichtungen (Wasch-, Dusch-, Toilettenbecken ...)	chlorfreie Scheuermittel oder Allzweckreiniger, Essig
WC-Beckensteine	Reinigung, Desodorierung und Desinfektion von Toilettenbecken	säubern mit Klobürste, Scheuermittel und Essig
Luftverbesserer	Beseitigung von lästigen Gerüchen im Wohnbereich	allgemeine Sauberhaltung und öfteres Durchlüften der Wohnung, Duftöl- oder Rosenblätterschale aufstellen
Abflussreiniger	Entfernung von Rohr- und Toilettenverstopfungen	mechanische Beseitigung mit Saugglocke oder Spirale
Backofen-, Grillreiniger	Beseitigung von eingebrannten Teig-, Fett- oder Fleischresten	sofort nach dem Backen, Grillen mit Scheuermittel entfernen
Metallreiniger	Reinigung und Pflege von Metalloberflächen (Aluminium, Silber, Stahl ...)	weiche Metalle: Gemisch aus Schlämmkreide und Spiritus; harte Metalle: Scheuermittel
Möbelpflegemittel	Reinigung und Konservierung von furnierten und massiven Holzoberflächen	Reinigung und Pflege mit Naturstoffen wie Leinöl oder Bienenwachs
Teppichreiniger	Entfernung von Schmutz auf Teppichen	Säuberung mit warmer Spülmittellösung
Fußbodenreiniger	Reinigung und Pflege von Holz-, Parkett-, Steinböden	Verwendung von Allzweckreinigern
Desinfektionsmittel	Abtötung von Mikroorganismen (Wasch-, Dusch-, Toilettenbecken, Fliesen ...)	Desinfizierung ist im Haushalt meist nicht nötig.

Haushalt und Mitwelt

Zu c)

Der Haushaltsgerätekreislauf stellt dar, wie auch hier durch bewussten Einkauf Geld gespart und die Umwelt geschont werden kann.

Haushaltsgeräte-Kreislauf

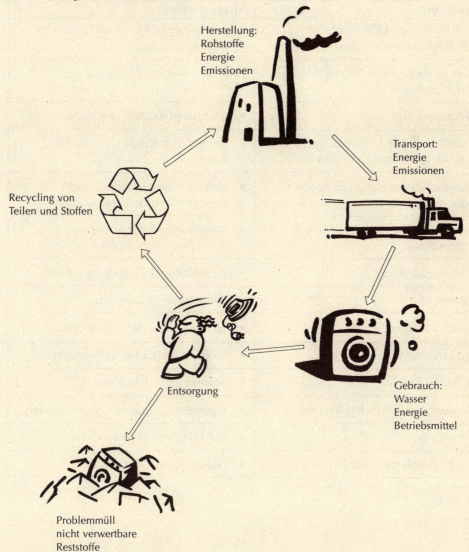

Zu d)

Wie aktiv am Umweltschutz im Haushalt, in der Schule und in der Gemeinde mitgewirkt werden kann, zeigt die Abfall-Vermeidungstabelle.

Abfall-Vermeidungstabelle

Was fällt an?	Alternativen
• mehrfach verpackte Produkte; z.B. Glasflasche in einem Karton	• wenig verpackte Produkte bevorzugen
• Obst in Papp- oder Polystyrolschale und Plastikfolie	• Obst unverpackt einkaufen
• Getränkedosen	• Mehrwegflaschen bevorzugen
• privat benötigte Verpackungen, z. B. für Geschenke, Pakete	• gebrauchte Kartons im Handel besorgen
• Alufolienverwendung für Speisen, Jause ...	• Butterbrotpapier oder wiederverwendbare Behälter wählen
• Einweggeschirr, z.B. bei Parties, Grillfesten	• Mehrweggeschirr einsetzen, zwischendurch spülen
• Einwegfeuerzeug	• nachfüllbares Feuerzeug kaufen
• Tubensenf	• Senfglas weiterverwenden
• Kunststofftragetaschen	• Einkaufsnetz oder -tasche mitnehmen
• Papiertaschentücher	• Stofftaschentücher verwenden
• Zellstoffwindeln	• Stoffwindeln einsetzen
• Kleidung (z. B. Kinderkleidung)	• reparieren, weitergeben, verkaufen
• Spraydosen	• auf Pumpzerstäuber achten
• Waschmittelverpackungen	• Nachfüllpackungen wählen

Haushalt und Mitwelt

▶ Müllvermeidung und Mülltrennung

LERNZIEL	1	Die Wichtigkeit der Mülltrennung einsehen.
LERNZIEL	2	Das Schema einer Kompostieranlage verstehen.

In jedem Haushalt und in jedem Betrieb fällt unterschiedlichster Müll an. Durch die ordnungsgemäße Trennung schon beim Anfall kann jeder Einzelne einen wichtigen Beitrag zum Umweltschutz leisten. Mit dieser Einstellung wird für die notwendige Entsorgung eine bedeutende Arbeitserleichterung und Kosteneinsparung erzielt.

Die in Österreich seit 1993 gültige Verpackungsordnung regelt die Vermeidung und Verwertung von Verpackungsabfällen und bestimmten Warenresten.

Während die Kompostierung der organischen Abfälle den „Müllberg" verringern hilft, ist die Entsorgung von „Sondermüll" ein noch weitgehend ungelöstes Problem und oft Anlass für Umweltskandale.

Mache dir aus den folgenden Übersichten ein Bild, wie du durch richtiges „Müllmanagement" zum Umweltschutz beitragen kannst.

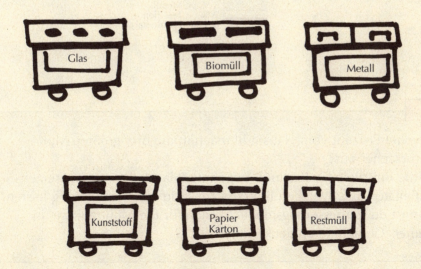

1. Zusammensetzung des Hausmülls:

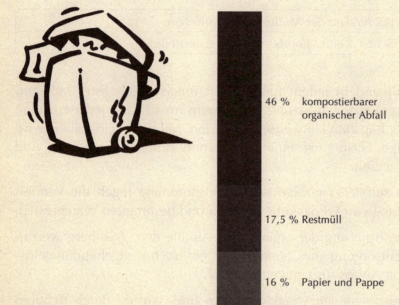

46 % kompostierbarer organischer Abfall
17,5 % Restmüll
16 % Papier und Pappe
9 % Glas
6 % Kunststoff
3 % Metall
2 % Textilien
0,5 % Problemabfälle

AUFGABEN

1. Wieviel Prozent vom Hausmüll machen die drei größten Müllverursacher aus?
2. Zähle Beispiele für Restmüll in Schule, Haushalt und bei Freizeitaktivitäten auf. Welchen Beitrag kannst du zur Verringerung leisten?
3. Kannst du Verbesserungsmöglichkeiten für die Mülltrennung in deiner Gemeinde entdecken?

Haushalt und Mitwelt

2. Kompostierung:

Schema einer Kompostieranlage

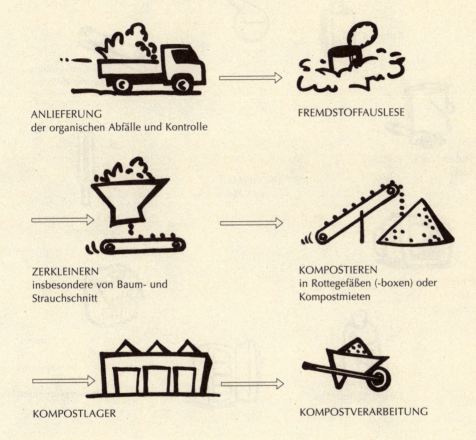

ANLIEFERUNG
der organischen Abfälle und Kontrolle

FREMDSTOFFAUSLESE

ZERKLEINERN
insbesondere von Baum- und Strauchschnitt

KOMPOSTIEREN
in Rottegefäßen (-boxen) oder Kompostmieten

KOMPOSTLAGER

KOMPOSTVERARBEITUNG

AUFGABEN

1. Nenne 4 Gruppen organischer Abfälle, welche kompostiert werden können.
2. Welche Fremdstoffe kannst du dir vorstellen, die aussortiert werden müssen?

3. Behandlung des Sondermülls:

Vermeiden oder vermindern, separieren, letztlich Sondermüllsammlung

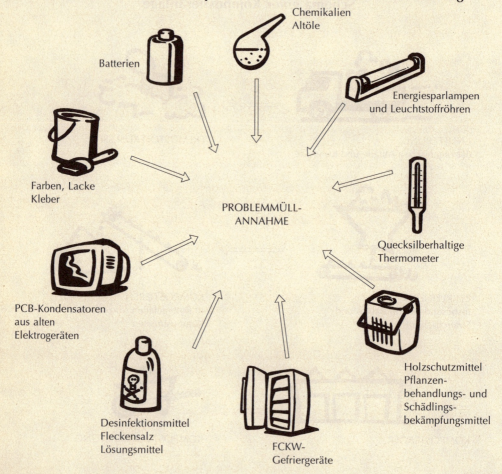

AUFGABEN

1. Welche der angeführten Problemstoffe findest du in deinem Haushalt? Nenne Entsorgungsstellen für diese Problemstoffe.
2. Medien informieren sehr häufig über Umweltskandale. Suche nach solchen Informationen, welche die Schwierigkeit und Problematik der Entsorgung von Problemstoffen aufzeigen.
3. Sondermüll muss häufig weit transportiert werden. Welche Probleme ergeben sich aus diesem „Mülltourismus"?

Haushalt und Mitwelt

▶ *Freizeit und Urlaub*

LERNZIEL	1	*Einige Grundsätze der sinnvollen und umweltbewussten Freizeitgestaltung nennen.*
LERNZIEL	2	*Richtiges Urlaubsverhalten erklären.*

Der Mensch als soziales Wesen soll und darf die Natur bzw. die Welt benützen. Wir sollen sie jedoch nicht ausbeuten, vergiften oder unnütz belasten. Umweltschutz hört nicht vor der eigenen Haustür auf.

Gerade durch Freizeitaktivitäten wird die Umwelt noch zusätzlich belastet; z. B. durch Motorradfahren, Autofahren, Motorbootfahren, Fliegen ...

Durch die Beachtung der folgenden Verhaltensregeln kannst du sehr viel zur sauberen Umwelt beitragen.

Gestaltung der Freizeit:

- Wähle solche Freizeitaktivitäten, welche die Umwelt wenig belasten; z. B. Wandern, Radfahren, Eislaufen ...
- Benütze möglichst öffentliche Verkehrsmittel.
- Auch für die Auswahl des Proviants gelten die allgemeinen Einkaufsempfehlungen; z. B. keine Dosen, keine Alufolie, kein Wegwerfgeschirr ...
- Verlasse den Rastplatz wieder sauber und nimm Reste und Abfälle nach Hause bzw. zum nächsten Abfallkübel mit.
- Störe durch lautes Verhalten die Tierwelt nicht, benütze die Wege und zertrete keine Pflanzen.

Gestaltung des Urlaubs:

- Ein Urlaub in der nächsten Umgebung kann oft einen höheren Erholungswert haben als ein entfernteres Urlaubsziel.
- Achte auch im Urlaubsland auf Müllvermeidung.
- Akzeptiere die Lebensgewohnheiten in fremden Ländern.
- Sei in wasserarmen Regionen sparsam mit Wasser. Die Wasserarmut wird oft durch Touristen verstärkt.
- Auch eine längere Autofahrt erfolgt besser durch „Reisen statt Rasen" und durch die sinnvolle Planung von Trink- und Bewegungspausen.
- Die Impfvorschriften für die fremden Länder sind schon aus Rücksicht auf die eigene Gesundheit einzuhalten.
- Sei in fremden Ländern mit dem Leitungswasser vorsichtig, weil es nicht immer Trinkqualität hat.
- Vergiss nicht, in Ländern mit heißem Klima reichlich zu trinken.

AUFGABEN

1. Berichte über Erlebnisse in deiner Freizeit bzw. deinem Urlaub, die einen Umweltbezug haben.
2. Nenne 5 Grundsätze, die du in Ländern mit schlechter Trinkwasserqualität einhältst.

Haushalt und Mitwelt

▶ Lebensmittelproduktion

LERNZIEL	1	Die Lebensmittelproduktion der heutigen Zeit erklären und damit verbundene Nachteile aufzählen.
LERNZIEL	2	Die Lebensmittelproduktion und Lebensmittelqualität in Beziehung setzen.

1. Industrielle Lebensmittelproduktion

Die Lebensmittelproduktion hat sich in den letzten Jahrhunderten wesentlich verändert. Früher war jedes Dorf ein „Selbstversorger" (Bauer – Müller – Bäcker – Metzger – Greisler ...) und nur ganz wenige Lebensmittel (z. B. Zucker, Kaffee) mussten in die Dörfer transportiert werden.

Heute ist die Versorgung ganz anders. Die Lebensmittel werden in riesigen Mengen unter Einsatz der Hochtechnologie in möglichst kurzer Zeit produziert und dann zum Konsumenten transportiert. Es wird immer auf Vorrat hergestellt, daher müssen die Lebensmittel auch lange haltbar sein. Daraus ergeben sich einige Vorteile für den Verbraucher: große Auswahl und ständige Verfügbarkeit der Lebensmittel. Damit sind aber auch Nachteile für die Umwelt und Lebensmittelqualität verbunden.

2. Auswirkungen auf die Umwelt

- **Bau von Fabriken, Lagerhallen, Silos:** Verbauung der Landschaft
- **lange Transportwege:** Abgase, Autobahnen
- **aufwendige Verpackung:** Kunststoff-, Aluminiumverpackungen ...
- **massiver Anfall von Abwässern, Gülle:** Verschmutzung des Wassers
- **Massentierhaltung, Tiertransporte:** Tierquälerei, Geruchsbelastung der Umgebung
- **Anbau von Monokulturen:** verstärkter Einsatz von Pflanzenschutzmitteln

3. „Technische" Lebensmittelqualität und deren Auswirkungen

- **Konservierung:** Verlust von Vitaminen und Mineralstoffen
- **optimales Aussehen:** erzielt durch Zugabe von Zusatzstoffen
- **optimaler Geschmack:** erzielt durch Zugabe von Zusatzstoffen, großer Zucker- oder Salzmengen
- **optimale Form:** erzielt durch gentechnische Veränderungen oder durch Zusatzstoffe
- **Erfindung von Lebensmitteln:** Imitate, z. B. Kaffeeweisser
- **Produktion billiger, großer Lebensmittelmengen:** Einsatz von Kunstdünger, Pflanzenschutz-, Tierarzneimitteln

3. Bewusster Einkauf

Durch überlegten Einkauf kannst du einen Ausweg aus diesem Kreis der Umweltbelastung und der verschlechterten Lebensmittelqualität finden:

- Einkauf der Lebensmittel direkt beim Bauern (Bauernmarkt) oder Biobauern. Der Biobauer verzichtet auf den Einsatz von Kunstdünger, Pflanzenschutzmitteln. Er hat sich auch verpflichtet, seine Tiere artgerecht zu halten, d. h. sie dürfen sich frei bewegen und haben Auslauf ins Freie.
- Möglichst Lebensmittel aus der näheren Umgebung kaufen.
- Obst und Gemüse der Jahreszeit entsprechend einsetzen.
- Lebensmittel mit keinen oder wenig Zusatzstoffen bevorzugen.
- Möglichst wenig Konserven kaufen.
- Unverpackte oder umweltschonend verpackte Lebensmittel bevorzugen.

AUFGABEN

1. Welche Möglichkeiten des Direkteinkaufs beim Bauern gibt es in deiner Umgebung?
2. Vergleiche die Vor- und Nachteile eines selbst zubereiteten Kuchens gegenüber einer Fertigmehlspeise.

Haushalt und Mitwelt

▶ *Lebensmittelqualität*

LERNZIEL	1	Die Lebensmittelqualität erklären.
LERNZIEL	2	Den Genuss-, Ökologie-, Gesundheits- und Kulturwert eines Lebensmittels bestimmen.

Lebensmittelqualität

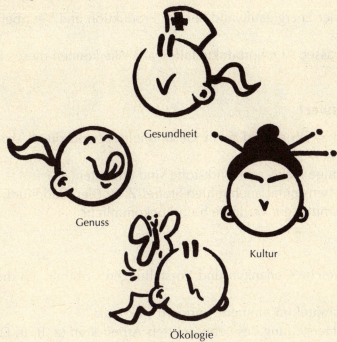

Der Lebensmittelqualität kommt bei der Auswahl der Nahrung eine große Bedeutung zu. Sie setzt sich aus der Summe aller Merkmale und Eigenschaften eines Lebensmittels zusammen. Diese müssen daraufhin geprüft werden, ob sie dem Verbraucher, der Umwelt und der Gesellschaft nützen oder schaden.

1. Genusswert

Genusswert = „Wieviel Freude habe ich beim Essen dieses Lebensmittels?"
- Wie schmeckt, riecht das Lebensmittel, wie sieht es aus?
- Wie ist der Frischezustand, die Konsistenz?

2. Ökologiewert

Ökologiewert = „Wie stark wird die Umwelt durch die Lebensmittelproduktion belastet?"
- Wie groß ist der Energieaufwand bei der Produktion und Verarbeitung des Lebensmittels?
- Wie viel Abwasser, Abfallprodukte fallen an? Wie können diese entsorgt werden?

3. Gesundheitswert

Gesundheitswert = „Wie wird mein Gesundheitszustand durch das Lebensmittel verbessert?"
- Wie viel wichtige Nähr- und Wirkstoffe sind enthalten?
- Enthält das Lebensmittel auch giftige Stoffe? Z. B. Blei, Cadmium.
- Ist das Lebensmittel gut verdaulich und bekömmlich?

4. Kulturwert

Kulturwert = „Welche Gedanken und Vorstellungen verbinde ich mit diesem Lebensmittel?"
- Ist das Lebensmittel im Moment „modern", aktuell?
- Wird bei der Herstellung des Lebensmittels Arbeitskraft (z. B. in Entwicklungsländern) ausgenutzt?

AUFGABEN

1. Versuche die einzelnen Fragen der Lebensmittelqualität am folgenden Beispiel zu beantworten: ein reifer Apfel vom Bauernmarkt – eine Dose Ananas.
2. Überlege, welche Faktoren dein persönliches Ernährungsverhalten beeinflussen.

Haushalt und Mitwelt

▶ *Berufsfeld – Umwelt und Lebensmittelproduktion*

Der Bereich Naturerhaltung, Umweltschutz, Energiesparen oder Lebensmittelqualität bietet eine umfassende Palette beruflicher Möglichkeiten.

Ausbildungswege:
- **Lehre (Ausbildung im Lehrbetrieb und der Berufsschule)** – 3 bis 3,5 Jahre:
  - Chemielaborant/in oder Chemiewerker/in
  - Recyclingfachmann/frau
  - Forstfacharbeiter/in
  - Landschaftsgärtner/in oder Gärtnergehilfe/in
- **Berufsbildende mittlere und höhere Schulen:** – 1 bis 5 Jahre:
  - Fachschule für chemische Betriebstechnik, für technische Chemie, Landwirtschaftliche Fachschule.
  - Höhere Lehranstalt für chemische Betriebstechnik, für Biochemie und biochemische Technologie, für Kunststofftechnik, für technische Chemie, für Wein- und Obstbau, für Forstwirtschaft, für Landwirtschaft, für Gartenbau.
- **Weiterführende Ausbildungen** an Hochschulen und Universitäten – z. B.:
  - Biologe/in: Studienrichtung Biologie
  - Lebensmittel- und Biotechnologe/in: Studienrichtung Lebensmittel- und Biotechnologie
  - Forstwirt/in: Studienrichtung Forst- und Holzwirtschaft
  - Agraringenieur: Studienrichtung Landwirtschaft
  - Landschaftsgestalter/in: Studienrichtung Landwirtschaft
  - Kulturtechniker/in: Studienrichtung Kulturtechnik und Wasserwirtschaft
  - Raumplaner/in: Studienrichtung Raumplanung und Raumordnung.

AUFGABEN

1. Welche Unterrichtsfächer bzw. -inhalte bereiten auf diese beruflichen Tätigkeiten vor?
2. Welche Zukunftsbedeutung haben diese Berufe deiner Meinung nach?
3. Suche nach Betrieben, die hier angeführte Berufspositionen anbieten.

4

Haushalt und soziale Lebenswelt

Inhalt

Partnerschaft in der Familie 141
Leben mit Kindern 142
Schwangerschaft 143
Geburt 145
Baby im Familienkreis 146
Ernährung des Säuglings 148
Pflege des Säuglings 150
Kranken- und Altenpflege, Nachbarschaftshilfe 155
Süchte und Suchtproblematik 157
Lebensqualität aus lokaler und globaler Sicht 161
Bedeutung der Sozialberufe für die Gesellschaft 165

Haushalt und soziale Lebenswelt

▶ *Partnerschaft in der Familie*

LERNZIEL	1	*Einige Grundsätze für das partnerschaftliche Zusammenleben in der Familie erklären.*
LERNZIEL	2	*Das eigene Verhalten in der Familie überdenken.*

In jeder Gruppe von Menschen (z. B. Familie, Klasse, Arbeitsplatz, Fußballspiel) herrschen Regeln, die das harmonische Zusammenleben erst ermöglichen. Diese sollten aber von den Mitgliedern eingehalten werden, sonst können Konfliktsituationen (z. B. Streit, Angst) entstehen.

Das partnerschaftliche Zusammenleben im Haushalt wird durch das Einhalten folgender Grundsätze gefördert.

- Höre zu, damit der andere seine Freude, Ängste mitteilen kann.
- Lasse den Anderen ausreden; nur einer spricht zur selben Zeit.
- Reagiere deine Aggressionen nicht an Familienmitgliedern ab.
- Konflikte können nur dann gelöst werden, wenn es alle ehrlich meinen.
- Über Meinungsverschiedenheiten kann diskutiert werden.
- Versuche dich in die Lage der Anderen zu vesetzen und auch ihre Gefühle nachzuempfinden.
- Nimm deine, dir aufgetragene Arbeit ernst.
- Sei dir deiner Verantwortung gegenüber den anderen Familienmitgliedern bewusst.
- Bei gemeinsam aufgestellten Regeln fällt das Einhalten leichter.

AUFGABEN

1. Überdenke dein Verhalten in der Familie. Fasse zwei Vorsätze für die nächste Woche.
2. Warum kommt es zwischen Eltern und Kindern immer wieder zu Meinungsverschiedenheiten?

▶ Leben mit Kindern

LERNZIEL	1	Die Familienplanung als gemeinsame Verantwortung eines Paares einsehen.
LERNZIEL	2	Vor- und Nachteile für das Leben mit Kindern erkennen.

Jedes Paar muss sich überlegen, ob es gemeinsam die Verantwortung, ein Kind großzuziehen, auf sich nehmen möchte. Familienplanung ist nicht dem Zufall zu überlassen. In ausführlichen Gesprächen zwischen den Partnern lässt sich klären, ob jeder sich der hohen Verantwortung bewusst ist und auch die notwendige Zusammen- und Mitarbeit aufbringen kann.

Das Leben mit Kindern bringt für das Paar viele glückerfüllte Stunden. Es bedeutet aber auch, ab und zu Verzicht üben zu müssen.

Suche Argumente, die für bzw. gegen einen Kinderwunsch sprechen.

Argumente dafür:	Argumente dagegen:
• *viel Freude*	• *durchwachte Nächte*
• *Bereicherung des Lebens*	• *Verzicht auf Freizeit*

Haushalt und soziale Lebenswelt

▶ Schwangerschaft

LERNZIEL	1	Die Bedeutung der ärztlichen Betreuung während der Schwangerschaft verstehen.
LERNZIEL	2	Das richtige Verhalten während der Schwangerschaft begründen.

Ein erstes Anzeichen einer Schwangerschaft kann das Ausbleiben der Menstruation (Monatsblutung) sein. Eventuell können sich Übelkeit oder Gereiztheit bemerkbar machen. Tatsächliche Klärung über eine bestehende Schwangerschaft bringt die Untersuchung bei der Frauenärztin oder dem Frauenarzt.

Die Schwangerschaft dauert 40 Wochen (280 Tage). Obwohl die Schwangerschaft eine ganz natürliche Situation im Leben einer Frau darstellt, sind regelmäßige ärztliche Kontrollen unbedingt erforderlich. Am Beginn erhält die Frau den Mutter-Kind-Pass ausgestellt. Darin sind die Untersuchungstermine für Mutter und Kind angegeben.

1. Verhalten während der Schwangerschaft

Darüber freuen sich Mutter und Kind	Begründung
• reichlich Gemüse, Obst, Vollkornprodukte, Mineralwasser	• enthalten wertvolle Wirk- und Ballaststoffe
• reichlich Milchprodukte	• decken den erhöhten Eiweißbedarf
• mehrere kleine Mahlzeiten	• verhindern ein Völlegefühl
• leichte Speisen (nicht für Zwei essen)	• vermeiden Übergewicht
• bequeme Kleidung und Schuhe	• erleichtern die Bewegung
• viel Bewegung (z. B. Spazierengehen, Schwangerschaftsgymnastik	• unterstützt die Geburt
• viel Schlaf	• dient der Regeneration
• schöne, leise Musik	• beruhigt Mutter und Kind
• frische Luft, gezielte Atemübungen	• dienen der besseren Sauerstoffversorgung des Kindes

Willst du eine verantwortungsbewusste Mutter sein, vermeide Rauchen, Alkohol, viel Kaffee, Diskolärm; nimm nur Medikamente nach ärztlicher Absprache ein. Falls es während der Schwangerschaft zu Blutungen kommt, ist der Arzt sofort zu verständigen.

- Ab dem 7. Schwangerschaftsmonat ist der Koffer für den Krankenhausaufenthalt und die Babywäsche bereitzustellen. Empfehlungen für die Babygrundausstattung erhälst du beim Frauenarzt oder einer Mütterberatungsstelle.
- Geburtsvorbereitungskurse für beide Elternteile können dazu beitragen, einige Unsicherheiten zu bewältigen und so die Geburt zu einem tiefen Erlebnis werden zu lassen.
- Fast in allen Krankenhäusern ist es möglich, dass der Vater bei der Geburt dabei sein kann.

2. Gesetzliche Vorsorgemaßnahmen

- **Meldepflicht:** Jede schwangere Frau hat die Pflicht, ihre Schwangerschaft dem Arbeitgeber zu melden. Der Vorteil liegt darin, dass sie nicht mehr gekündigt werden darf und keine schweren Arbeiten verrichten darf.
- **Mutterschutz:** 8 Wochen vor und 8 Wochen nach der Geburt gilt absolutes Beschäftigungsverbot. Die maximale Tagesarbeitszeit für werdende und stillende Mütter beträgt 9 Stunden.
- **Karenzurlaub:** An die Mutterschutzfrist schließt sich die Karenzzeit (bis zum 3. Lebensjahr des Kindes) an. Entweder Vater oder Mutter können die Karenzzeit in Anspruch nehmen oder sich die Zeit individuell aufteilen. Jener Elternteil, der sich gerade im Karenzurlaub befindet, darf nicht gekündigt werden. Auch wenn Eltern sich entschließen, ein Kind zu adoptieren, haben sie Anspruch auf Karenzurlaub.
- **Mutter-Kind-Pass:** Sowohl Untersuchungen während der Schwangerschaft, als auch des Kindes bis zum 4. Lebensjahr sind im Mutter-Kind-Pass vorgeschrieben.

Haushalt und soziale Lebenswelt

▶ Geburt

LERNZIEL	1	Vor- und Nachteile der Hausgeburt bzw. der Geburt im Krankenhaus erklären.
LERNZIEL	2	Die Anzeichen der Geburt beschreiben.

Die Geburt ist ein natürliches Ereignis. Trotzdem bringen bei uns die meisten Frauen die Kinder im Krankenhaus zur Welt. Sicherlich schätzen viele Mütter das Gefühl der Sicherheit, da Ärzte und medizinische Geräte für den Notfall vorhanden sind. Manche Frauen entschließen sich auch für eine Hausgeburt. Eine gute Geburtsvorbereitung der Eltern unterstützt eine komplikationsfreie Geburt.

Die Geburt beginnt meist mit leichten Wehen. Diese Kontraktionen werden dann immer stärker und regelmäßig (alle 5 Minuten). Jetzt wird die Schwangere ins Krankenhaus gebracht oder die Hebamme gerufen. Mit Hilfe der schmerzhaften Presswehen wird das Kind geboren. Dabei kann der anwesende Partner eine wichtige psychische Stütze sein.

Häufig bieten die Krankenhäuser das „rooming-in"-System an. Dies bedeutet, dass Mutter und Baby im gleichen Zimmer sind. Dadurch ist es jederzeit möglich, das Baby zu sehen, zu streicheln, zu stillen oder zu wickeln. Auch der Vater kann bereits in den ersten Lebenstagen einen guten Kontakt zum Kind aufbauen.

AUFGABEN

1. Finde 3 Argumente, die für eine Hausgeburt sprechen.
2. Begründe, warum eine gemeinsame Geburtsvorbereitung für Vater und Mutter wünschenswert ist.

▶ Das Baby im Familienkreis

LERNZIEL	1	Die besonderen Merkmale eines Neugeborenen erklären.
LERNZIEL	2	Das Weinen des Babys als differenzierten Hilferuf erkennen.

1. Das Baby

Das Neugeborene kommt mit seiner Mutter nach fünf bis sieben Tagen Krankenhausaufenthalt nach Hause und verändert die Alltagssituation in der Familie entscheidend. Es ist ca. 3 kg schwer und ca. 50 cm lang und braucht dringend die Wärme und Zuwendung der Eltern rund um die Uhr.

Beim Baby ist der Saugreflex besonders gut ausgebildet. Auch der Geschmacks- und Tastsinn sind schon entwickelt. Die Knochen sind noch weich und biegsam, die Schädeldecke ist noch nicht geschlossen (kleine und große Fontanelle). Daher muss das Kind vorsichtig behandelt werden.

Schreien bzw. Weinen des Babys sind Verständigungsmittel bzw. Hilferufe, die verschiedene Gründe haben können:

Hilferufe	Wie hilfst du?
„Ich habe Hunger, Durst!"	
„Ich habe nasse Windeln!"	
„Ich bin müde!"	
„Ich fühle mich einsam!"	
„Ich möchte Wärme und Körperkontakt!"	
„Ich fürchte mich!"	
„Ich habe Bauchschmerzen!"	
„Ich bin wund!"	

> **MERKE**
> Ein Kind schreit nie grundlos! Es schreit nie, um die Eltern zu ärgern!

Haushalt und soziale Lebenswelt

2. Die Mutter

Für die Mutter bedeutet das Baby einerseits große Freude, erfordert aber andererseits Einsatz rund um die Uhr. Auch nachts muss es gestillt, gefüttert und gewickelt werden. Durch fehlenden Schlaf in der Nacht fühlt sich die Mutter oft auch tagsüber sehr müde. Außerdem muss sich der Organismus der Frau wieder auf den Normalzustand einstellen. Diese Zeit (bis ca. 6 Wochen nach der Geburt) wird als „Wochenbett" bezeichnet.

3. Der Vater und die Geschwister

Gerade in der Zeit des Wochenbettes ist die tatkräftige Unterstützung der Mutter im Haushalt und bei der Kinderbetreuung besonders wichtig. Die Großeltern, der Vater oder auch größere Geschwister können mit dem Kind z. B. spazierengehen, damit sich die Mutter tagsüber eine Schlafpause gönnen kann. Ebenso ist die Aufgabenverteilung bei der Versorgungsarbeit im Haushalt neu zu überdenken und zu planen.

AUFGABEN

1. Beschreibe die wichtigsten Merkmale eines Neugeborenen.
2. Mache Vorschläge, wie eine Mutter mit einem Neugeborenen entlastet werden könnte.

▶ Ernährung des Säuglings

LERNZIEL	1	Die Vorteile der Muttermilch erklären.
LERNZIEL	2	Wichtige Punkte bei der Verabreichung des Fläschchens nennen und begründen.

1. Stillen

Muttermilch ist ganz speziell auf das Baby abgestimmt. Es ist als einzige Nahrung für das erste halbe Lebensjahr ausreichend. Das Stillen hat viele Vorteile.

- Das Stillen fördert die Beziehung zwischen Mutter und Kind.
- Das Stillen beugt Übergewicht vor. Wenn das Kind satt ist, hört es auf zu saugen.
- Die Muttermilch
  - enthält alle Nähr- und Wirkstoffe im richtigen Ausmaß,
  - enthält Abwehrstoffe, die das Kind vor Krankheiten schützen,
  - beugt Allergien und Ekzemen vor,
  - hat immer die richtige Temperatur,
  - ist keimfrei und immer zur Stelle,
  - kostet nichts.

> **MERKE**
>
> Nach dem Stillen sollte das Kind hochgenommen werden, damit es aufstoßen kann. Die genaue Stilltechnik wird der Mutter im Krankenhaus bzw. von der Hebamme gezeigt.

Beikost:

Nach einem halben Jahr ist der Verdauungstrakt des Säuglings so gut entwickelt, dass auch andere Lebensmittel vertragen werden. In dieser Zeit beginnt die Mutter langsam mit dem Abstillen und bietet dafür andere Speisen an – z. B.: gedünstetes, fein püriertes und ungewürztes Gemüse (Karottenbrei). Auch frisches, aufgeriebenes Obst kann eingebaut werden (Apfel-, Bananenbrei). Zwischendurch ist immer reichlich Flüssigkeit zu geben (Wasser, ungesüßte Kräutertees ...).

Haushalt und soziale Lebenswelt

2. Ernährung mit der Flasche

Kann das Kind aufgrund von Stillhindernissen nicht gestillt werden, ist die Ernährung mit Säuglingsmilchpräparaten notwendig. Die Inhaltsstoffe dieser Präparate sind der Muttermilch angepasst (= adaptiert). Hilfe bei der Auswahl des richtigen Erzeugnisses bietet der Kinderarzt, die Kinderärztin.

Bei der Verabreichung des Fläschchens sind folgende Punkte zu beachten:

- Dosierung des Milchpulvers genau einhalten,
- Fläschchen und Sauger besonders gründlich reinigen,
- Loch am Sauger sehr klein halten, denn das Kind soll sich beim Saugen anstrengen,
- Temperatur des Fläschchens immer genau prüfen (z. B. am Puls des Handgelenkes),
- zum Füttern das Kind auf den Arm nehmen – Geborgenheit wird vermittelt,
- Fläschchenreste wegschütten und nicht weiterverwenden,
- nach dem Füttern das Kind hochnehmen zum Aufstoßen,
- Kind wegen Blähungen oder Durchfall beobachten, denn es könnte eine Unverträglichkeit des Präparates bestehen.

MERKE

Da diese Milchmischungen weniger Mineralstoffe und Vitamine enthalten als die Muttermilch, ist die löffelweise Beigabe von frisch gepresstem Karottensaft ab der 6. Lebenswoche empfehlenswert.

Die weitere Beikostauswahl entspricht jener nach dem Stillen.

Säuglinge dürfen niemals zum Essen gezwungen werden, weil sie noch ein natürliches Sättigungsgefühl haben.

AUFGABEN

1. Aus wissenschaftlichen Untersuchungen weiß man, dass gestillte Kinder seltener eine Allergie bekommen. Versuche dazu eine Begründung zu finden.
2. Warum wird Fläschchennahrung mit Karottensaft ergänzt?

▶ *Pflege des Säuglings*

LERNZIEL	1	Verschiedene Pflegemaßnahmen (Wickeln, Baden) erklären.
LERNZIEL	2	Sich der Vorbildfunktion der Eltern bei der Kindererziehung bewusst werden.

„Werdende" Eltern können sich schon vor der Geburt in verschiedenen Kursen über die Säuglingspflege informieren.

1. Wickeln

Nasse Windeln sind für das Baby unangenehm und können auch zu einem Wundwerden führen. Regelmäßiges Wickeln ist daher selbstverständlich.

Die Eltern können sich für Stoffwindeln oder Wegwerfwindeln entscheiden. Diese Entscheidung wird beeinflusst:

- vom Umweltbewusstsein; Wegwerfwindeln „wandern" in die Mülltonne,
- von der finanziellen Lage; Wegwerfwindeln sind teurer,
- von der Arbeitsbelastung; Wegwerfwindeln ersparen das Waschen,
- von den Reinigungsmöglichkeiten; im Urlaub und auf Reisen sind Wegwerfwindeln praktisch.

Werden Stoffwindeln verwendet, wird ein aktiver Beitrag zur Verringerung des Müllberges geleistet. Stoffwindeln werden vorgespült und bei 95 °C gewaschen und gut geschwemmt (keine Weichspüler verwenden – Allergiegefahr).

MERKE

Die Wickeltechnik hängt von den verwendeten Windeln ab und wird den Eltern im Krankenhaus gezeigt.

Das Baby nie allein auf dem Wickeltisch liegen lassen! Die Gefahr des Herunterfallens ist groß.

Haushalt und soziale Lebenswelt

2. Baden

Der Säugling wird ca. alle zwei Tage gebadet. Das bedeutet für das Baby Freude und Entspannung. Meist erfolgt das Baden vor dem Schlafengehen. Hier kann der Vater dabei sein und selbst aktiv werden.

Beim Baden sind folgende Punkte zu beachten:
- alle notwendigen Badeutensilien griffbereit herrichten,
- Badewassertemperatur mit Thermometer kontrollieren,
- nur milde, für Säuglinge geeignete Badezusätze und -pflegemittel verwenden,
- Baby vom Gesicht bis zu den Füßen waschen, dabei die Hautfalten besonders beachten,
- Baby nie allein im Wasser liegen lassen – Gefahr des Ertrinkens,
- Baby nach dem Baden sorgfältig abtrocknen und warmhalten,
- über eine anschließende zarte Babymassage oder sanfte Babygymnastik freut sich das Baby,
- eventuell noch Nasenlöcher und Ohren mit einem Wattebausch vorsichtig reinigen,
- nach Bedarf Finger- und Zehennägel schneiden.

AUFGABEN

1. Schreibe auf, welche Pflegeutensilien für das Babybaden gebraucht werden.
2. Warum ist besonders auf den Kopf des Babys zu achten?
3. Diskutiere mit deinen Mitschülern, Mitschülerinnen über Vor- und Nachteile von Wegwerfwindeln.

3. Umgestalten der Wohnung für Säuglinge bzw. Kleinkinder

Die Wohnung muss kindgerecht und kindersicher sein. Das Baby braucht einen ruhigen und gesunden Platz in der Wohnung zum Schlafen. Dieser Platz ist weder in Fernsehnähe, noch in Räumen in denen geraucht wird.

Wenn das Kind zu krabbeln bzw. zu laufen beginnt, ist die Wohnung kindersicher zu gestalten. Dabei sind folgende Punkte zu beachten:

- kleine Gegenstände, die verschluckt werden können, verräumen,
- nie Medikamente herumliegen lassen,
- kindersicher sind zu lagern:
  - Reinigungsmittel,
  - spitze Gegenstände, Tabakwaren, Feuerzeug,
  - Schnüre, Kabel ...
- Schutzgitter bei Treppen, Fenstern und Herd anbringen,
- Steckdosen mit Kindersicherung versehen,
- hinunterhängende Tischdecken vermeiden,
- Eckenschutz für scharfe Kanten anbringen,
- untere Schubladen ausräumen bzw. für Spielsachen benützen.

> **MERKE**
>
> Auch wenn die Eltern all diese Sicherheitsmaßnahmen getroffen haben, sind Voraussicht und Umsicht wichtig zur Unfallvermeidung.

> **AUFGABEN**
>
> 1. Finde zu jeder Sicherheitsmaßnahme eine passende Begründung.
> 2. Suche dir aus dem Telefonbuch folgende wichtige Telefonnummern heraus: Rettung, Arzt, Krankenhaus, Feuerwehr, Polizei.

Haushalt und soziale Lebenswelt

4. Pflege des kranken Kindes

Ein krankes Kind, das sehr oft durch Appetitverlust gekennzeichnet ist, braucht noch mehr Zuwendung und Verständnis. Das Kind ist weinerlich, hat vielleicht Fieber, schwitzt und schläft schlecht. Es kann seinen Schmerz nicht beschreiben.

Die Anweisungen des herbeigerufenen Kinderarztes sind natürlich zu befolgen. Außerdem ist auf ausreichendes Trinken zu achten, z. B. leicht gesüßte Kräuter- oder Früchtetees, verdünnte Obstsäfte.

Gerade in dieser Zeit ist das Kind appetitschwach und darf nicht zum Essen gezwungen werden. Ist ein Krankenhausaufenthalt notwendig, freut sich das Kind über die Begleitung von Vater oder Mutter, was einen zusätzlichen Trennungsschmerz verhindert.

Impfungen

Vielen schweren Krankheiten (z. B. Kinderlähmung, Diphtherie, Tetanus) kann durch Impfungen vorgebeugt werden. Jede Impfung ist im Impfausweis, der dem Mutter-Kind-Pass beigelegt ist, einzutragen.

Mütterberatungsstellen und Gesundheitsämter bieten Impfpläne an. Daraus können die Eltern die empfohlenen Termine entnehmen. Oft sind auch Auffrischungsimpfungen notwendig.

AUFGABEN

1. Frage deine Mutter nach dem Impfausweis und finde heraus, welche Impfungen du bekommen hast. Welche Auffrischungsimpfungen sind in der nächsten Zeit notwendig?
2. Besonders kranke Kinder sind schwer zu betreuen. Mache Vorschläge, wie du ein krankes Kind vernünftig beschäftigst.

5. Erziehung von Kindern

Wir alle lernen ununterbrochen. Ganz besonders aber lernen Kinder tagtäglich viel Neues dazu. Die Umgebung beeinflusst das Lernen und Werden des Babys und Kindes sehr wesentlich.

Für das Kind sind Mutter und Vater Vorbilder. Es lernt alle mitmenschlichen Verhaltensregeln durch Nachahmen; z. B.: Höflichkeit, Sprache, Fröhlichkeit, Tischsitten, aber auch Schimpfwörter usw. Daraus sehen wir, welch bedeutende Verantwortung die Erwachsenen Kindern gegenüber haben.

Das Kind braucht neben viel Liebe und Zuneigung auch Anerkennung, Selbstachtung und Erfolg. Aber auch Konsequenz bei der Erziehung ist notwendig. Eine übereinstimmende Meinung der Partner in Erziehungsfragen ist besonders wichtig. Auf die einzelnen Entwicklungsphasen muss Rücksicht genommen werden.

Wissen Eltern in sehr schwierigen Erziehungsfragen nicht mehr weiter, können sie sich bei einer Familien- und Erziehungsberatungsstelle Rat holen. Davor sollten Erziehende keine Scheu haben, denn Erziehungsfehler zu vermeiden ist ein erstrebenswertes Ziel.

AUFGABEN

1. Diskutiere mit deinen Mitschülern, Mitschülerinnen die folgenden Aussagen: „Aus geschlagenen Kindern werden leicht schlagende Eltern." „Man schlägt in die Kinder mehr hinein als heraus."
2. Suche bessere Konfliktlösungsmöglichkeiten.

Haushalt und soziale Lebenswelt

▶ *Kranken- und Altenpflege, Nachbarschaftshilfe*

LERNZIEL	1	Die Wichtigkeit der Kranken- und Altenpflege erkennen.
LERNZIEL	2	Über die richtige Ernährung von alten und kranken Menschen Bescheid wissen.

Wenn in deiner Familie, Nachbarschaft oder im Bekanntenkreis Menschen allein, einsam, behindert oder krank sind, ist es für dich eine schöne und verantwortungsvolle Aufgabe, diesen Personen zu helfen.

Die folgenden Beispiele zeigen dir, wie vielfältig Hilfe angeboten werden kann:
- Hilfe beim Einkaufen, Kochen, Essen,
- Hilfe bei der Wohnungsreinigung, Besorgung des Heizmaterials,
- Hilfe gegen Einsamkeit – du brauchst nur anwesend zu sein,
- Hilfe beim An- und Ausziehen,
- Hilfe beim Spazierengehen,
- Hilfe bei dringenden Erledigungen, z. B. Medikamente holen.

1. Beachtenswertes bei der Pflege

Ältere und bettlägrige Menschen brauchen eine besonders liebevolle Betreuung. Sie sind auf die Hilfe anderer angewiesen und haben wenig Abwechslung im Alltag. Daher sollen folgende Punkte beachtet werden:

- Sei dir deiner Verantwortung bewusst.
- Sei geduldig mit älteren Menschen; auch wenn sie manchmal launisch sind.
- Betreue die dir anvertraute Person so, wie du an ihrer Stelle behandelt werden möchtest.
- Erkläre ihm/ihr, was du gerade machst.
- Geh' behutsam mit älteren Menschen um. Ältere bettlägrige Personen sind oft sehr schmerzempfindlich.
- Lasse alle Tätigkeiten, die er/sie selbst noch kann, ihm/ihr auch selbst erledigen, auch wenn es länger dauert.

2. Richtige Ernährung

- Auf reichliches Trinken achten, besonders bei Fieber, bei starkem Schwitzen oder bei heißem Wetter (Wasser, Früchtetees, verdünnte Säfte ...).
- Das Getränk eventuell in eine Schnabeltasse füllen oder mit Strohhalm servieren.
- Auch für eine reichliche Vitamin-, Mineralstoff- und Ballaststoffzufuhr ist zu achten. Die Kost sollte nach neuer Auffassung nicht breiig und weich sein, sondern genügend rohe Salate, leichte Vollkornspeisen und frisches Obst beinhalten.
- Über das gefällige Anrichten der Speisen und liebevolle Servieren freuen sich pflegebedürftige Personen besonders.

AUFGABEN

1. Überlege, welche Personen in deiner Umgebung sich über deine Hilfe freuen würden.
2. Erkundige dich, welche sozialen Einrichtungen diese ganz wichtigen Hilfeleistungen anbieten.

Haushalt und soziale Lebenswelt

▶ Süchte und Suchtproblematik

LERNZIEL	1	Sucht als Krankheit erkennen und Suchtursachen nennen.
LERNZIEL	2	Gefahren der Drogenabhängigkeit beschreiben.

Eine Studie zeigt, dass viele Jugendliche zwischen 12 und 18 Jahren immer wieder legale und illegale Drogen nehmen: Z. B. rauchen 25 % der Jugendlichen oder 18 % trinken regelmäßig Alkohol, 10 % der befragten Jugendlichen schnüffeln an Klebstoffen, rauchen regelmäßig einen Joint oder bringen sich durch Pillen in Fahrt.

1. Beginn einer Sucht

Die Sucht beginnt meist ganz harmlos mit dem Ausweichen unangenehmer Situationen oder aus Neugier. Dies wird zuerst zur Gewohnheit und geht unbemerkt zur Abhängigkeit über. Der süchtige Mensch kann nicht mehr frei entscheiden, ob er ein Mittel zu sich nehmen will oder nicht. Etwas in ihm zwingt ihn dazu. Das verdeutlicht eine Aussage vom drogensüchtigen Norbert, der wenige Tage vor seinem Tod folgendes an seine Mutter geschrieben hat:

„Liebste Mutter"
du wusstest nicht, dass
ich süchtig bin,
nach dem Stoff aus dem
die Träume sind,
der am End´ jedoch nur
Not und Elend bringt.

So ist es auch mir ergangen,
im Teufelsnetz hab' ich mich
verfangen.
Die Kraft zum Leben hat
es mir gestohlen,
zu schwach bin ich nun,
es zurückzuholen."

2. Wirkung und Gefahren legaler und illegaler Drogen

Legale Drogen: Alkohol, Nikotin, Medikamente
Illegale Drogen: Z. B. Haschisch, Heroin, Kokain, LSD

Alkohol:

Alkohol ist ein Zellgift. Besonders die Gehirnzellen werden geschädigt. Eine Überdosis (z. B. bei Jugendlichen eine halbe Flasche Likör oder Schnaps) führt zum Tod. Als Folgen übermäßigen Konsums treten auf:

- Körperliche Schädigungen: Leberzirrhose, Gefäßerkrankungen ...
- Selbstüberschätzung.
- Nachlassen der Reaktionsgeschwindigkeit.
  Diese beiden Folgen führen vor allem beim Autofahren zu tödlichen Verkehrsunfällen. 1/3 aller Verkehrsunfälle sind alkohlbedingt.
- Verlust der Selbstkontrolle: Eine Folge davon ist das Ausüben von Gewalttaten.
- Während der Schwangerschaft hat Alkoholmissbrauch schwerwiegende Folgen. Missbildungen und geistige Behinderung können beim werdenden Kind auftreten.

Nikotin:

Regelmäßiger Tabakkonsum macht körperlich und seelisch abhängig. Bei Jugendlichen entsteht eine Abhängigkeit innerhalb eines halben Jahres.

Nikotin ist ein starkes Nervengift. Es bewirkt eine Verengung der Blutgefäße (führt zur Bluthochdruck). Das Kohlenmonoxid im Rauch verhindert eine ausreichende Sauerstoffversorgung. Das Risiko für Herzinfarkt oder Raucherbein wird vergrößert. Auch Lungenkrebs kann nikotinverursacht sein. Zum Schutz der Nichtraucher gibt es Rauchverbote am Arbeitsplatz und in öffentlichen Gebäuden.

Medikamente:

Missbrauch von Schmerz-, Beruhigungs-, Schlaf- oder Anregungsmitteln führen zur Abhängigkeit. Schwere körperliche Schäden und Veränderungen der Gesamtpersönlichkeit sind die Folgen. Bei einer Überdosis entsteht ein tödliches Risiko.

Haushalt und soziale Lebenswelt

Schnüffelstoffe (wie Lacke, Benzin, Reinigungsmittel):

Die Folgen des Schnüffelns sind verheerend. Viele Organe (Gehirn, Niere, Leber, Herz) werden unheilbar geschädigt. Auch hier besteht ein Todesrisiko.

Haschisch:

Es wird aus indischem Hanf gewonnen und wird meist geraucht.

Diese Droge steigert das Wahrnehmungsvermögen. Je nach seelischer Grundstimmung des Menschen kommt es verstärkt zu Ausgelassenheit, Traurigkeit und Angst. Es treten keine körperlichen Entzugserscheinungen auf. Aber es kann zu starker seelischer Abhängigkeit kommen.

Heroin:

Heroin wird aus dem Saft der Schlafmohnkapsel gewonnen. Es ist ein starkes Schmerzmittel, das gespritzt wird und unangenehme Gefühle betäubt.

Durch diesen Drogenkonsum entsteht in kurzer Zeit eine große seelische und körperliche Abhängigkeit. Starke Entzugserscheinungen, wie Übelkeit, Muskelschmerzen und Angstzustände entstehen. Erst nach acht bis vierzehn Tagen ist der Körper entgiftet, die seelische Abhängigkeit zu überwinden dauert durchschnittlich eineinhalb Jahre.

Besondere Auswirkungen:
- Infektionsgefahren durch Spritzentausch (z. B. AIDS, Blutvergiftung, Gelbsucht).
- Abgleiten ins Drogenmilieu und Beschaffungskriminalität.

Kokain:

Das Kokain wird aus den Blättern des Cocastrauches gewonnen, wird geschnupft oder gespritzt. Eine Kokainvergiftung kann zur Bewusstlosigkeit und durch Atemlähmung zum Tod führen. Es kommt rasch zu einer seelischen Abhängigkeit. Durch Absetzen der Droge treten Depressionen und Angstzustände auf.

Designer-Drogen – z. B. Ecstasy:

Sie werden künstlich hergestellt. Die Wirkung und Ausbreitung sind nicht kontrollierbar. Auch diese Drogen bewirken schwere Gesundheitsschädigungen. Besonders dramatische Auswirkungen hat eine Überdosis (Tod).

3. Therapie

- Jedes Bundesland bietet eine Kummernummer an. Diese Beratungsstelle versucht bei Drogenproblemen rasch zu helfen.
- Bundesweit gibt es eine Vielfalt von Sozialeinrichtungen, die Hilfe für drogensüchtige Jugendliche anbieten. Der Süchtige muss sich freiwillig der Entziehungskur unterwerfen. Durch die Entziehungskur wird der Körper entgiftet und die seelische Abhängigkeit gelöst. Bedenke, dass nur 1/3 der Drogenabhängigen den Weg zurück schafft.
- Selbsthilfegruppen (z. B. AA = anonyme Alkoholiker) unterstützen sich gegenseitig während der Phase der Entwöhnung.

MERKE

- Im Kinder- und Jugendalter schaden Drogen besonders. Es kommt zu schweren Entwicklungsstörungen des Körpers und der Persönlichkeit.
- Lass' dich nicht zum Drogenkonsum verführen!
- Während der Schwangerschaft hat Drogenmissbrauch schwerwiegende Folgen für das werdende Kind (Missbildungen, geistige Behinderung).
- Drogen sind keine Problemlöser.

Haushalt und soziale Lebenswelt

▶ Lebensqualität aus lokaler und globaler Sicht

LERNZIEL	1	Den Zusammenhang zwischen Ernährungsweise, Umwelt und soziale Situation erkennen.
LERNZIEL	2	Einige gesundheitsgefährdende Einflüsse in der heutigen Zeit nennen.

1. Gesundheitssituation

Die heutige Gesundheitssituation bei uns und anderen Industrieländern ist von zwei Seiten zu sehen:

- Noch nie waren die Möglichkeiten zur „Gesundheit" so gut wie heute. Im vorigen Jahrhundert forderten Cholera- oder Pockenepidemien Hunderttausende von Toten, auch Lungenentzündung und Tuberkulose waren lebensgefährliche Krankheiten.
- Heute treten dagegen Gesundheitsprobleme in den Vordergrund, die mit Bewegungsmangel, Überernährung, Rauchen und hohem Alkoholkonsum in Zusammenhang stehen.

Für eine wirksame Krankheitsverhütung ist es wichtig, die jeweiligen Einflüsse zu kennen.

2. Gesundheitsgefährdende Einflüsse durch verändernde Lebensbedingungen

Folgende Punkte weisen auf eine Reihe gesundheitsgefährdender Faktoren hin:

- belastende Arbeitsbedingungen, Lärm, Leistungsdruck
- Störungen der zwischenmenschlichen Beziehungen, Konkurrenz
- schädliche Wohnbedingungen, z. B. Lärm
- ungenügender oder schlechter Schlaf
- ungünstige Kleidung
- Bewegungsmangel
- Fehlernährung; z. B. Überernährung, Vitamin- und Mineralstoffmängel
- Aufnahme von Schadstoffen über Nahrung, Wasser, Luft
- Rauchen, Alkohol- und Medikamentenmissbrauch, Drogen.

> **MERKE**
>
> Jeder einzelne Mensch ist für seine Gesundheit mitverantwortlich.
> Auch du. Jeder hat selbst Schritte zu seiner Gesunderhaltung zu setzen.
> Auch du.

3. Globale Ernährungssituation

Mehr als 840 Millionen Menschen in den sogenannten Entwicklungsländern sind chronisch unterernährt, darunter etwa 200 Millionen Kinder unter fünf Jahren. Die Folgen sind schwere Entwicklungsstörungen, die das Leben der Betroffenen sehr einschränken.

Ein weiteres Problem sind Infektionskrankheiten, die durch verunreinigtes Wasser oder Lebensmittel entstehen.

Armut gilt als Hauptursache für Hunger und Unterernährung in vielen Ländern. Weltweit müssen mehr als eine Milliarde Menschen mit einem täglichen Einkommen von unter 1 US-Dollar (ca. ATS 11,–) auskommen. Insgesamt lebt mehr als die Hälfte der Weltbevölkerung mit weniger als 2 US-Dollar pro Tag.

Obwohl weltweit genügend Nahrungsmittel produziert werden, herrscht in 82 Ländern Hunger und Unterernährung. Die Verteilung der Lebensmittel auf der Welt erfolgt leider sehr ungleich.

10 Menschen sitzen an einem Tisch. Sie teilen ihre Nahrung sehr ungleich.

Die drei offensichtlich Wohlgenährten schöpfen die größten Portionen und nehmen fast alles Fleisch, den Fisch, die Milch und die Eier. Sie essen längst nicht alles auf; die Reste wandern in den Abfallkübel

Den nächsten beiden gelingt es, wenigstens soviel zu bekommen, dass sie ausreichend ernährt sind, wenn auch vorwiegend mit Reis, Getreide, Bohnen und Mais.

Die übrigen fünf– die Hälfte der Tischgesellschaft – können ihren Grundbedarf nicht decken. Drei von ihnen füllen sich den Magen mit Brot und Reis, doch von der einseitigen Nahrung werden sie schwach und krank.

Die letzten beiden gehen hungrig weg. Der eine wird bald an einer Darminfektion sterben, der andere an einer Lungenentzündung, weil der Hunger ihre Widerstandskraft geschwächt hat.

Haushalt und soziale Lebenswelt

4. Ursachen von Armut

Die Armut ist nicht nur abhängig vom Einkommen, sondern steht auch in engem Zusammenhang mit sozialer Benachteiligung. Dazu zählen:

- fehlende Bildungsmöglichkeiten,
- ungerechte Landverteilung,
- gesellschaftliche Diskriminierung der Frauen,
- ungenügende Wohnverhältnisse,
- schlechte Gesundheitsversorgung.

Auch ungünstige Klimabedingungen, Bodenerosion und Verwüstung können Armut verstärken.

Die Bilder auf der nächsten Seite zeigen die vier großen Sehnsüchte der verarmten Menschen.

AUFGABEN

1. Finde zu jedem gesundheitsgefährdenden Einfluss einen Verbesserungsvorschlag.
2. Da Hunger kein Schicksal ist, sondern gemacht wird, muss zur Erklärung des Hungers eine „Rechtfertigung" gefunden werden. Diese Rechtfertigungen sind aber als „Märchen" einzustufen. Überlege die wahren Hintergründe der folgenden Aussagen.

Die Sehnsucht der Menschen

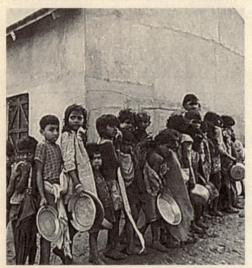
Sehnsucht nach Nahrung

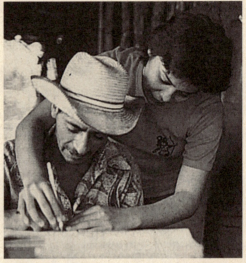
Sehnsucht nach Bildung

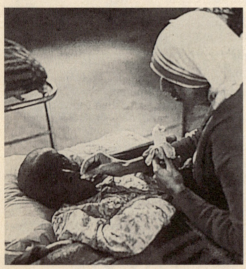
Sehnsucht nach Gesundheit

Sehnsucht nach Arbeit

Haushalt und soziale Lebenswelt

▶ Bedeutung der Sozialberufe für die Gesellschaft

Durch die Veränderung der Familiensituation von der Großfamilie hin zur Kleinfamilie müssen immer mehr Menschen außerhalb der Familie versorgt werden:

- Kranke im Krankenhaus
- alte Menschen im Altersheim, Pflegeheim
- Kinder und Jugendliche in Kinder- und Jugendheimen, Horten
- behinderte Menschen in Behindertenheimen
- Menschen nach schweren Unfällen in Rehabilitationsanstalten
- Drogenabhängige in verschiedenen Entzugsanstalten

Die Zahl der Arbeitsplätze in sozialen Berufen ist in den letzten Jahren sehr wesentlich gestiegen. Die Arbeit in den Sozialberufen kann sehr verschieden sein und erfordert von der Pflegeperson viel Einfühlungsvermögen und große Rücksichtnahme auf die besondere Situation des Betreuten.

Ohne den Einsatz zahlreicher engagierter Mitarbeiter und Mitarbeiterinnen wäre die soziale Versorgung der Mitmenschen nicht möglich. Daher ist es ganz wichtig, dass sich immer wieder junge Menschen dazu entschließen, einen Sozialberuf zu wählen.

In diesen Sozialberufen finden viele eine volle Lebenserfüllung:

Krankenpfleger/in, medizinisch-technische Fachkraft, Familienhelfer/in, Altenpfleger/in, Sozialarbeiter/in, Betreuer/in von Süchtigen.

AUFGABEN

1. Welche Möglichkeiten gibt es in deiner Umgebung, sich über diese Sozialberufe zu informieren?
2. Nimm eine persönliche Rangordnung der angeführten Sozialberufe vor und begründe deine Entscheidung.

5

Kulturelle Aspekte des Haushalts

Inhalt

Verhalten bei Tisch 169
Essraum und Tischinventar 171
Tischschmuck 175
Tischdecken bei verschiedenen Mahlzeiten 176
Servieren von Speisen und Getränken 179
Getränkeauswahl 180
Feste im Jahreskreis, Gestaltung einer Kinderparty 181
Buffet 183
Trends im Essverhalten 185
Gastsein hier und anderswo 186
Rezeptbeispiele der internationalen Küche 188
Berufe im Tourismusbereich 193

Kulturelle Aspekte des Haushalts

▶ *Verhalten bei Tisch*

LERNZIEL	1	*Grundsätze für das richtige Verhalten bei Tisch nennen.*
LERNZIEL	2	*Das Essen verschiedener Gerichte beschreiben.*

„Zeige mir, wie du isst, und ich sage dir, wer du bist."
Dieser Satz erklärt die Wichtigkeit eines korrekten Essverhaltens. Nicht nur in Gaststätten oder bei Einladungen, sondern auch in der Schule und zu Hause soll ein ordentliches Verhalten am Tisch eine Selbstverständlichkeit sein.

1. Verhaltensgrundsätze

Denke an folgende Hinweise:

- vor dem Essen die Hände waschen,
- auf gerade Körperhaltung achten, die Ellbogen nicht auf den Tisch legen,
- Schüsseln und Platten gegenseitig zureichen, Speisen mit dem Vorlegebesteck von der Platte nehmen und nur soviel, dass die anderen auch noch genug bekommen,
- zu essen erst beginnen, wenn alle bereits genommen haben,
- vor dem Trinken den Mund mit der Serviette abwischen,
- Besteck richtig verwenden, Messer nie zum Mund führen,
- geräuschlos essen, nicht schlürfen und schmatzen,
- möglichst ruhige, nette Tischgespräche führen, nicht streiten,
- wenn du satt bist, wird das Besteck parallel auf den Teller gelegt, mit den Griffen nach rechts.
- Bist du Gast:
  - pünktlich erscheinen; dem Anlass entsprechend gekleidet,
  - vielleicht als Aufmerksamkeit Blumen mitbringen,
  - sei höflich und vergiss nicht, dich zu bedanken.

2. Richtiges Essen einzelner Speisen

- **Brotscheiben und Kleingebäck:** Sie werden nicht mit dem Messer geschnitten, sondern gebrochen. Nur belegte Brote werden mit Messer und Gabel geteilt. Kleine Happen oder Brötchen werden mit der Hand gegessen.
- **Geflügel:** Es kann in die Hand genommen werden. Manchmal werden Erfrischungstücher zum Händereinigen gereicht.
- **Grillspieße:** Gegrilltes mit dem Besteck vorsichtig herunterstreifen und den Spieß auf den Tellerrand legen.
- **Pasta asciutta und ähnliche Spaghettigerichte:** Spaghetti werden mit der Gabel gewickelt. Dabei kann ein Löffel zu Hilfe genommen werden.
- **Fisch:** Er kann mit einem eigenen Fischbesteck gegessen werden. Gräten werden mit der Gabel vom Mund genommen und auf den Tellerrand gelegt.
- **Knödel:** Sie werden nicht mit dem Messer geschnitten, sondern mit Messer und Gabel geteilt.
- **Mehlspeisen:** Kleingebäck aus Germteig kann mit der Hand gebrochen und in kleinen Stücken gegessen werden. Für Schnitten und Torten wird das Dessertbesteck oder die Kuchengabel benützt.
- **Obst:** Rohes Obst gründlich waschen. Für Äpfel, Birnen und Pfirsiche wird das Dessertmesser (Obstmesser) verwendet. Anderes Steinobst und Trauben werden mit der Hand gegessen.
- **Kompott:** Die Kerne von Kirschen, Zwetschken u. a. werden auf den kleinen Löffel gegeben und dann auf den Tellerrand gelegt.
- **Kaffee, Tee:** Nach dem Umrühren den Löffel auf den Untertasse legen, dann erst trinken.

AUFGABEN

1. Entwirf mit deinen Mitschülern und Mitschülerinnen einen Sketch zum richtigen Verhalten bei Tisch.
2. Hast du bereits durch Reisen, aus Büchern oder im Fernsehen Tischsitten anderer Länder erfahren können. Berichte darüber.

Kulturelle Aspekte des Haushalts

▶ Essraum und Tischinventar

| LERNZIEL | 1 | Die Ausstattung des Essraums erklären und begründen. |
| LERNZIEL | 2 | Die Grundformen von Gläsern, Besteck und Porzellan kennen. |

1. Essraum

Der Raum soll gut gelüftet, temperiert und aufgeräumt sein.

- Der **Esstisch** muss einen festen Stand haben und groß genug sein (pro Person ca. 80 cm Tischlänge). Für eine größere Anzahl von Gästen werden mehrere Tische aneinandergereiht und in verschiedenen Tischformen zusammengestellt werden. Der Ehrenplatz (●) befindet sich in der Mitte der Tafel.

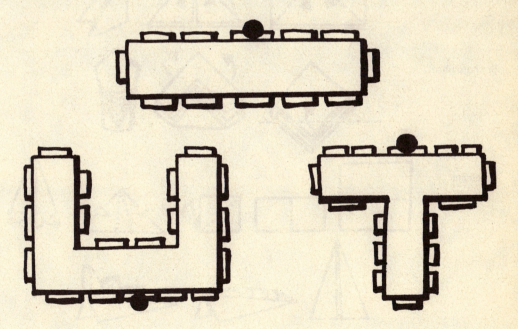

- **Sessel:** Sie müssen ein bequemes Sitzen ermöglichen und der Tischhöhe angepasst sein.
- **Anrichte (Abstelltisch):** Sie dient zum Bereitstellen von Reservegedeck, Vorlegebesteck, Servierservietten, Wasserkrug und zum Abstellen von fertigen kalten Speisen (z.B. Salate, Kuchen).

- **Tischwäsche:** Je nach Anlass des Essen werden weiße oder färbige Tischdecken mit dazupassenden Servietten aufgelegt. Für Frühstück und Jause können auch Sets (Platzdeckchen) aus Kunststoff, Stoff, Kork oder Stroh verwendet werden.
- Eine **Unterlage** aus Filz, Flanell oder Schaumgummi in der Größe des Tisches ist zweckmäßig. Sie verhindert das Klappern des Geschirrs, das Rutschen der Decke und schont den Tisch.
- Das sauber gebügelte **Tischtuch** wird mit dem Mittelbug nach oben aufgelegt. Es soll allseitig gleichmäßig ca. 20 bis 25 cm herunterhängen.
- Die **Servietten** werden auf den Teller oder links daneben gelegt. Für Festtische werden sehr gerne schöne Stoffserviettenformen gewählt. Beim Alltagstisch genügen einfach gefaltete Papierservietten.

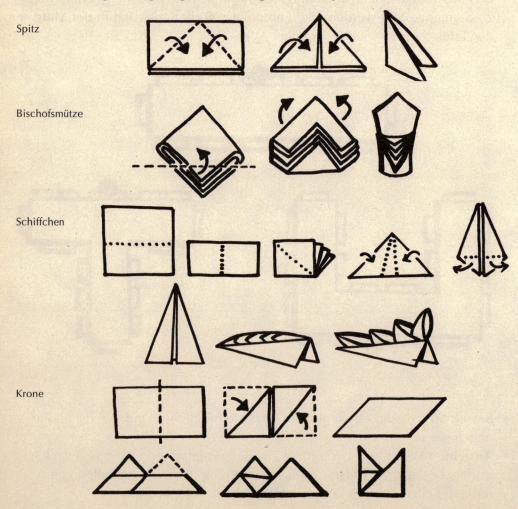

Spitz

Bischofsmütze

Schiffchen

Krone

Kulturelle Aspekte des Haushalts

2. Tischgeräte

- **Speisegeschirr:** Im Fachgeschäft wird eine große Auswahl an Servicen angeboten. Ein Service besteht im allgemeinen aus: Suppen-, Fleisch-, Dessertteller, Suppentopf, Fleischplatte, Schüsseln, Saucenschale, Tortenplatte, Kaffeetasse mit Untertasse, Kaffeekanne, Zuckerdose, Milchkännchen.
- **Gläser:** Eine gute Wahl beim Einkauf sichert eine vielfältige Verwendung. Für den einfachen Haushalt genügen folgende Formen.

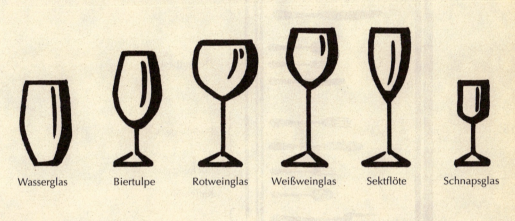

Wasserglas   Biertulpe   Rotweinglas   Weißweinglas   Sektflöte   Schnapsglas

---

AUFGABEN

Ein Service ist im allgemeinen für sechs Personen gedacht. Bestimmte Teile, z. B. Dessertteller, werden während eines Tagesablaufes wiederholt gebraucht. Nenne weitere solche Serviceteile, die mehrmals während des Tages benötigt werden. Welche Folgerungen ergeben sich daraus für die Anschaffung des Geschirrs?

- **Besteck:** Es soll schlicht und einfach in der Form sein. Beim Einkauf ist auf die Möglichkeit des Nachkaufs und die Pflege zu denken. Edelstahlbesteck ist zum Unterschied vom Silberbesteck einfach zu pflegen. Zur Grundausstattung gehören:

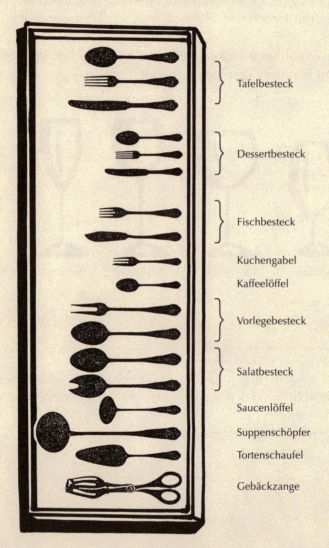

> **MERKE**
>
> Alle Tischgeräte sollen sauber und unbeschädigt, zweckmäßig und vielseitig verwendbar sein. Angeschlagenes Geschirr gehört aussortiert.

Kulturelle Aspekte des Haushalts

▶ Tischschmuck

LERNZIEL	1	Die Bedeutung des Tischschmucks bzw. der schönen Tischgestaltung erkennen.
LERNZIEL	2	Einige Beispiele für verschiedenen Tischschmuck bei besonderen Anlässen nennen.

Wir essen auch „mit den Augen". Daher ist auf eine nette Tischdekoration und auf exaktes Anrichten der Speisen zu achten. Im Alltag reicht sicherlich eine kleine Blumenvase. Bei besonderen Anlässen (z.B. Geburtstag, Muttertag) kann der Wert des Festes durch einen schön vorbereiteten Tischschmuck noch zusätzlich unterstrichen werden.

1. Vorschläge für Tischschmuck bei festlichen Anlässen

- **Ostern:** Osterstrauch, Osternestchen mit gefärbten Eiern
- **Muttertag:** Blumen, kleine gebastelte Geschenke; z.B. kleine Spanschachteln bemalt und mit Konfekt gefüllt
- **Geburtstag:** Blumen, Kerzen, gebastelte Geschenke
- **Nikolo:** rote Kerzen, Tannenzweige, rote Servietten, Erdnüsse, Äpfel
- **Advent:** Adventkranz, Bänder, Zweige, Kerzen
- **Weihnachten:** weihnachtliches Gesteck, Kerzen, Strohsterne
- **Neujahr:** Bänder, Glücksbringer wie Hufeisen, Glücksklee
- **Fasching:** bunte Servietten, Papierschlangen, Kasperlköpfe
- **Kinderfest:** Apfelmännchen, Tischkarten aus Lebkuchen

2. Grundsätze für die Auswahl des Tischschmucks

- Es dürfen keine Topfpflanzen oder stark riechende Blumen verwendet werden.
- Die Farben des Tischschmucks sollen zusammenpassen. Nur im Fasching kann der Tisch sehr bunt sein.
- Der Tisch darf nicht überladen wirken.
- Tischkarten geben die geplante Tischordnung vor (z. B. Hochzeiten).
- Menükarten informieren die Gäste über das vorgesehene Menü.

Tischdecken bei verschiedenen Mahlzeiten

LERNZIEL	1	Die Grundsätze des Tischdeckens erklären.
LERNZIEL	2	Gedecke für die verschiedenen Mahlzeiten zeichnen und beschreiben.

Zu einem schön gedeckten Tisch gehört ein sorgfältig aufgelegtes Gedeck.

1. Grundsätze für das Auflegen des Gedecks

- Der Teller wird fingerbreit vom Tischrand entfernt gedeckt. Der Abstand zwischen den Gedecken beträgt ca. 50 cm.
- Das Messer liegt rechts vom Teller mit der Schneide nach innen, der Suppenlöffel rechts vom Messer, die Gabel links neben dem Teller.
- Dessertgabel und Dessertlöffel werden griffbereit oberhalb des Tellers aufgelegt.
- Das Wasserglas steht rechts oben über der Messerspitze, die weiteren Gläser (z.B. Weinglas) werden nach links oben angeordnet.
- Die Serviette liegt einfach gefaltet auf dem Teller oder links neben dem Gedeck.

2. Gedeck für den Frühstückstisch

Durch gute Vorbereitung und richtige Zeiteinteilung ist es möglich, dass die Familienmitglieder in Ruhe und ohne Hast das Frühstück gemeinsam einnehmen. Um am Morgen Zeit zu sparen, kann der Tisch schon am Abend zum Teil vorbereitet werden. In der Tischmitte stehen Brot, Zucker, Butter, Marmelade, Honig in passenden Behältern bereit. Eine Warmhaltekanne leistet gute Dienste, wenn der Kaffee oder Tee für längere Zeit heiß bleiben sollte.

Frühstücksgedeck

1 Dessertteller, Serviette,
2 Dessertmesser,
3 Untertasse mit Kaffeetasse und Kaffeelöffel

Kulturelle Aspekte des Haushalts

3. Gedeck für das Mittag- und Abendessen

Es richtet sich nach den vorgesehenen Speisen, z. B. ob Suppe oder Vorspeise serviert wird.

Grundgedeck für Suppe, Hauptspeise, Nachspeise:

1 Suppenlöffel
2 Messer
3 Gabel
4 Dessertlöffel
5 Dessertgabel
a Wasserglas

Festliches Gedeck für kalte Vorspeise, Suppe, Hauptspeise, Nachspeise:

1 Suppenlöffel
2 Messer
3 Gabel
4 Dessertlöffel
5 Dessertgabel
6 Dessertmesser für Vorspeise
7 Dessertgabel für Vorspeise
a Wasserglas
b Weißweinglas
c Rotweinglas

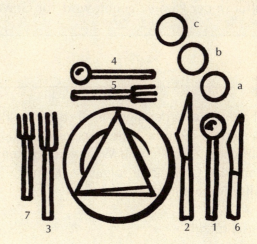

4. Kaffee- und Teejause

Zur Kaffeejause werden neben Kaffee vor allem Mehlspeisen gereicht; wie etwa Gugelhupf, Obstkuchen, verschiedene Torten, Vollkorngebäck.

1 Dessertteller
2 Kuchengabel
3 Serviette
4 Untertasse mit Kaffeetasse und Kaffeelöffel

Zur Teejause können sowohl pikante Speisen wie etwa Schinkenkipferl, belegte Brote, Salz- und Käsegebäck als auch süße Speisen (z. B. Nusskuchen, Teegebäck, Obsttörtchen) gereicht werden.

MERKE

Gemütliche Familienmahlzeiten fördern die Gemeinschaft der Familie. Tischkultur in der Familie geübt, wird zur Gewohnheit.

AUFGABEN

1. Mache eine Anforderungsliste für Besteck, Porzellan und Gläser für 10 Personen, die eine kalte Vorspeise, Hauptspeise und Nachspeise konsumieren, Wasser und Weißwein trinken.
2. Zeichne das Gedeck für folgendes Menü:
   Gefüllte Tomate auf Salat
   ✻
   Rahmschnitzel
   Spinatspätzle
   ✻
   Jogurttorte
3. Zeige deinen Mitschülern und Mitschülerinnen das Falten von drei Serviettenformen vor.

Kulturelle Aspekte des Haushalts

▶ Servieren von Speisen und Getränken

LERNZIEL	1	Einige allgemeine Serviergrundsätze erklären und anwenden.
LERNZIEL	2	Über das Getränkeservice Bescheid wissen.

Folgende Grundsätze erleichtern die Arbeit:

- Die linke Hand trägt, die rechte arbeitet. Das bedeutet: Von links werden die Speisen mit der linken Hand angeboten. Von rechts werden mit der rechten Hand Teller, Tassen eingestellt, die Getränke eingeschenkt.
- Das Servieren erfolgt geräuschlos, flink und sauber.
- Es wird beim Ehrengast begonnen und im Uhrzeigersinn weiterserviert.
- Eine Serviette schützt beim Servieren heißer Platten und Schüsseln.
- Vorgelegt wird von links mit der rechten Hand, mit Tafelgabel und Suppenlöffel.
- Nachserviert wird meist nur einmal. Dabei sind die Platten wieder neu anzurichten.
- Fällt ein Besteck zu Boden, wird ein neues Besteck, auf einem Teller oder Tablett liegend, gebracht.
- Salatteller werden links eingestellt.
- Die Qualität des Weines überprüft der Gastgeber mit einem Probeschluck. Anschließend wird von rechts den Gästen der Wein serviert. Der Flaschenhals darf nicht auf den Glasrand gelegt werden. Damit kein Tropfen abfällt, wird die Flasche über dem Glas ein wenig gedreht. Es wird 2/3 des Glases gefüllt. Ein Nachschenken erfolgt, wenn das Glas leer ist.
- Bier- und Sektgläser werden beim Eingießen mit der linken Hand schräg gehalten, um ein Überschäumen zu vermeiden.
- Kaffee und Tee werden entweder am Anrichtetisch eingegossen und von rechts eingestellt oder bei Tisch wird von rechts eingeschenkt.

Grundtechnik des Vorlegens

Abservieren:

- Begonnen wird erst, wenn alle Gäste mit dem Essen fertig sind.
- Schüsseln, Platten, Salz- und Pfefferstreuer werden zuerst abserviert.
- Die gebrauchten Teller werden von rechts mit der rechten Hand abserviert. Der erste Teller wird zur geordneten Ablage der Bestecke benützt, die anderen Teller werden auf dem linken Unterarm aufeinandergestellt.

Grundtechnik des Abservierens

▶ Getränkeauswahl

LERNZIEL	1	*Grundsätze zur Getränkeauswahl kennen.*
LERNZIEL	2	*Die richtige Serviertemperatur für einige Getränke anführen.*

Ein kleiner Vorrat an Getränken ist ideal, um auch unerwartete Gäste bewirten zu können. Die Auswahl der angebotenen Getränke richtet sich nach dem Gästewunsch. Auch der Wunsch nach alkoholfreien Getränken muss akzeptiert werden.

Getränkearten

- Der Aperitif dient zur Appetitanregung und kann z. B. aus Obst- oder Gemüsesaft, Wermut oder Campari bestehen.
- Zu Suppe wird im allgemeinen kein Getränk serviert. Für die Getränkeauswahl zur Hauptspeise gibt es einige Grundsätze:
  - Wasser kann zu jeder Mahlzeit gereicht werden
  - Bier passt zu kräftig gewürzten Speisen (Gulasch, Hausmannskost)
  - Wein wird nach folgenden Regeln serviert:
    Rotwein zu dunklem Fleisch (Rind, Wild; Serviertemperatur 15–18°C), Weißwein zu hellem Fleisch (Fisch, Geflügel, Kalb; Serviertemperatur 8–10°C).
- Spirituosen: Schnaps, Likör, Weinbrand werden nach dem Essen serviert oder zum Mocca (Kaffee) genossen.
- Alkoholfreie Getränke: Fruchtsäfte, Mineralwasser, Limonaden bieten eine Alternative zu den alkoholischen Getränken.

Kulturelle Aspekte des Haushalts

▶ Feste im Jahreskreis

| LERNZIEL | 1 | Verschiedene Feste im Jahreskreis aufzählen. |
| LERNZIEL | 2 | Die Bedeutung einer rechtzeitigen Planung eines Festes einsehen. |

Im Laufe eines Jahres gibt es verschiedene Anlässe, Feste zu feiern. Erst eine gut geplante Feier bringt Spaß und Freude. Daher ist es ganz wichtig, die Planung und Vorbereitungen rechtzeitig zu beginnen. Überlege dir dabei, warum gefeiert wird und wie du dich bei diesem bestimmten Fest verhältst.

1. Verschiedene Feste im Jahreskreis:

Familienfeste	Frühling - Sommer	Herbst - Winter
Geburtstage	Ostern	Erntedank
Namenstage	Pfingsten	Advent
Erstkommunion	Sportfest	Nikolo
Muttertag	Grillparty	Weihnachten
Firmung	Kirchweih	Silvester
Hochzeit		Fasching

AUFGABEN

1. Erstelle einen persönlichen Jahresfestkreis für dich und deine Familie.
2. Unterteile die Feste in laute und besinnliche Feste, in weltliche und kirchliche Feste.

2. Planung und Gestaltung einer Kinderparty

Du ladest sicher immer wieder gern Freunde und Freundinnen zu verschiedenen Anlässen ein. Vielleicht kannst du nach diesem Kapitel deine nächste Party selbst vorbereiten und organisieren.

Planung:

- **2–3 Wochen vorher:**
  - Tag und Art der Feier festlegen (Party im Haus oder Garten, Grillfest).
  - Anzahl der Gäste festlegen: Wen möchtest du einladen und wie viele kannst du einladen?
  - Einladungen gestalten (Zeit und Anlass angeben) und an die Gäste verteilen.
  - Spielideen sammeln und benötigte Sachen zusammenstellen.
- **1 Woche vorher:**
  - Dekoration vorbereiten,
  - Speisen- und Getränkeaufstellung machen, Zutaten besorgen,
  - Musik auswählen und zusammenstellen,
  - Speisen wie Brötchen, Kuchen können einige Tage vor der Party gebacken und tiefgekühlt werden.
- **am Tag des Festes:**
  - schmücken des Raumes, decken des Tisches,
  - Speisen und Getränke fertigstellen, anrichten und garnieren,
  - Gäste begrüßen und um die Gäste kümmern.

> **MERKE**
>
> Beginne rechtzeitig, damit du fertig bist, wenn die Gäste kommen.

Auswahl der Speisen:

Die Speisen sollen

- möglichst leicht zu essen sein, eventuell auch im Stehen,
- schön garniert und farbenfroh sein,
- nicht zu fettreich, zu süß und zu üppig sein.

Beispiele für geeignete Speisen:
siehe Kapitel „Speisen für Kinderjausen, Partyspeisen".

Kulturelle Aspekte des Haushalts

▶ Buffet

LERNZIEL	1	Die Vorteile eines Buffets aufzählen.
LERNZIEL	2	Grundsätze für die Vorbereitung eines Buffets kennen.

In der heutigen Zeit wird diese Art der Bewirtung sehr gerne gewählt, weil damit viele Vorteile verbunden sind. Kalte und warme Speisen, verschiedene Getränke und Desserts können Bestandteil eines Buffets sein.

1. Vorteile – Nachteile

- Auch in einer kleinen Wohnung kann ein Buffet aufgebaut werden.
- Alle Speisen und Getränke können schon vorher bereitgestellt werden.
- Die genaue Anzahl der Gäste muss nicht bekannt sein.
- Viele Gäste können sich in kurzer Zeit bedienen.
- Ein lockeres Zusammensein der Gäste ist möglich. Es gibt keine Sitzordnung.
- Der Gast kann sich jene Speisen und Getränke auswählen, die er gerne möchte.
- Sofern genügend Speisen und Getränke vorhanden sind, kann sich der Gast nach „Herzenslust" immer wieder bedienen.
- Die Vielfalt der Speisen erfordert jedoch viel Vorbereitungsarbeit. Auch die Kosten sind meist höher als bei einer Jause oder einem Menü.

2. Vorbereitung eines Buffets

- Überlege, wo der Buffettisch (Zusammenstellen mehrerer Tische) am besten aufgestellt wird. Besonders hübsch wird der Tisch, wenn er mit mehreren Tischtüchern (eventuell Leintüchern) eingekleidet wird.
- Der Stil des Buffets sollte dem Anlass entsprechen; z.B. festlich bei einer Taufe, bunt und lustig bei einer Faschingsparty.
- Die fertigen Speisen und Getränke werden nett angerichtet und übersichtlich auf dem Buffettisch angeordnet. Das passende Besteck zum Herunternehmen der Speisen von Platten und Schüsseln wird dazugelegt.

- Beim Zusammenstellen der Speisen und Getränke ist auf die verschiedenen Geschmacksrichtungen der Gäste Rücksicht zu nehmen. So sind üppige und leichte Speisen, Fleischspeisen und fleischlose Speisen, alkoholische und alkoholfreie Getränke anzubieten.
- Am Beginn des Buffettisches werden genug Teller (Dessertteller) für die Gäste bereitgestellt.
- Das Besteck und die Servietten können am Ende des Buffettisches bereitgelegt werden. Aber auch das Eindecken auf den Tischen ist möglich.
- Für das gebrauchte Geschirr, Besteck und die benützten Gläser sind genügend Abstellflächen vorzusehen.

Beachtenswertes für den Gast

- Wenn du zu einem Buffet eingeladen bist, bediene dich erst, nachdem der Gastgeber das Buffet eröffnet hat.
- Der Teller soll nicht überhäuft werden. Lass dich nicht von der Vielzahl der Speisen verführen.
- Nimm immer das nächstliegende Stück von der Platte. So bleibt die Platte auch für den nächsten Gast attraktiv.
- Wenn du fertig gegessen hast, stell deinen Teller selbst auf den vorgesehenen Abstellplatz.

AUFGABEN

1. Welche Gründe sprechen für ein Buffet, welche dagegen?
2. Überlege dir einen Anlass, zu dem du selbst ein kaltes Buffet anbieten könntest und wähle dazu sechs pikante und vier süße Speisen und drei passende Getränke aus.

Kulturelle Aspekte des Haushalts

▶ Trends im Essverhalten

LERNZIEL	1	Trends im Essverhalten kennen und deren Ursachen erklären.
LERNZIEL	2	Die ernährungsphysiologischen Wirkungen von Fastfood kritisch bewerten.

In der heutigen Zeit steht in manchen Familien nur sehr wenig Zeit für die Speisenzubereitung zur Verfügung. Nur mehr in wenigen Familien werden zu Mittag frische Lebensmittel zubereitet bzw. es wird gemeinsam gegessen. Für Berufstätige, aber auch für viele Schüler, Schülerinnen, Studenten und Studentinnen, gehört die Außer-Hausverpflegung zunehmend zum Alltag.

Die Gründe für diese Art der Verpflegung können vielfältig sein:
- Zu langer Weg zwischen Arbeitsplatz und Wohnung.
- Zu kurze Mittagspause, um heimfahren zu können.
- Berufstätigkeit beider Elternteile.
- Günstige Angebote fertiger Speisen am Arbeitsplatz, in der Schule.

Besonders beliebt ist das Einnehmen von einem Schnellimbiss – „Fastfood" bei einem Fleischer, Bäcker, Würstelstand, Fischgeschäft oder in einem Fastfood-Restaurant. Diese Speisen können rasch verzehrt werden. Oft ist nicht einmal ein Besteck notwendig.

Neben einigen Vorteilen, welche du sicherlich kennst, sind solche Speisen meist sehr energiereich, enthalten viele Zusatzstoffe, aber nur wenig Vitamine und Mineralstoffe. Ein Beispiel: Für den Energiewert einer einzigen Currywurst (470 kcal = 1.976 kJ) könntest du ein Kalbsschnitzel-natur mit Kartoffeln und Karottensalat und als Dessert eine Portion Erdbeeren zu dir nehmen.

Wenn du fit bleiben willst, versuche Fastfood nur als Abwechslung zwischendurch zu konsumieren. Lass diese Speiseform nicht Bestandteil deiner täglichen Ernährung werden.

AUFGABEN

1. Welche fünf Gründe fallen dir für die Beliebtheit von Fastfood ein?
2. Welche ernährungsphysiologischen und ökologischen Überlegungen sprechen gegen Fastfood?

▶ Gastsein hier und anderswo

LERNZIEL	1	Über die Entstehung von Ernährungsgewohnheiten Bescheid wissen.
LERNZIEL	2	Toleranz gegenüber anderen Ernährungsgewohnheiten zeigen.

1. Entstehung von Ernährungsgewohnheiten

Jede Kultur und jedes **Land** hat ganz typische Speisen und Getränke. Aber auch ein unterschiedliches Ess- und Trinkverhalten kann beobachtet werden. Wer staunt nicht über die Geschicklichkeit der Chinesen beim Essen mit Stäbchen oder bewundert die Teezeremonie der Japaner.

Diese Essgewohnheiten werden u.a. durch die Lebensmittel, welche in dem Land gedeihen und erzeugt werden, beeinflusst. Denke hierbei an die Bedeutung des Reises in Asien, des Brotes in Europa oder an die Hirse in Afrika. Prägend für die Vielfalt der Speisen sind auch die Möglichkeiten der Vorratswirtschaft.

Zusätzlich bestimmen auch religiöse Einflüsse das Essverhalten. Das Fastenverhalten in den verschiedenen Kulturen ist hierfür ein Beispiel. Früher wurde auch bei uns während der vierzigtägigen Fastenzeit kein Fleisch gegessen. Erst zum Osterfest gab es dann wieder einen Festtagsbraten. Im Fastenmonat Ramadan halten sich strenggläubige Moslems an ihr Fastengebot. Sie essen und trinken von Sonnenaufgang bis Sonnenuntergang nichts. Bekannt ist auch das Schweinefleischverbot der Juden und Moslems.

Die **persönlichen** Ernährungsgewohnheiten werden im Kindesalter geprägt. Sie werden von den Eltern oder anderen Familienmitgliedern übernommen. Hier spielt die Vorbildwirkung eine große Rolle. Die Vorlieben der Erwachsenen, Geschwister, das Esstempo, die Tischmanieren, aber auch das Naschen zwischendurch, werden von den Kindern nachgeahmt. Handelt es sich dabei um schlechtes Essverhalten, ist es später schwer, dieses wieder zu korrigieren.

Kulturelle Aspekte des Haushalts

2. Mein Nachbar verhält sich anders

Wenn du Mitschüler oder Mitschülerinnen hast, die von einer anderen Kultur geprägt sind, lass dir von ihnen über ihre kulturellen Besonderheiten erzählen. Denk dabei daran, dass auch sie ihr Verhalten von ihren Eltern übernommen haben.

3. Gastsein anderswo

War es früher nur durch Urlaubs-, Fernreisen möglich, fremde Esskulturen kennenzulernen, so findest du heute viele ausländische Spezialitätenrestaurants in deiner Umgebung. Das Essen wird zu einem besonderen Erlebnis, weil spezielle Lebensmittel, Gewürze verwendet oder besondere Zubereitungsarten angewendet werden.

Auf den nächsten Seiten findest du verschiedene Menüs aus anderen Ländern angeführt.

AUFGABEN

1. Denke über deine Ernährungsgewohnheiten nach und finde fünf positive und fünf negative Essgewohnheiten.
2. Hast du schon einmal in einem ausländischen Spezialitätenrestaurant gegessen? Wenn ja, an welche Besonderheiten erinnerst du dich noch?
3. Finde aus den folgenden Rezepten ungewöhnliche Lebensmittel heraus. Informiere dich über deren Kosten in einem Fachgeschäft. Und, wie ist es mit einem Kochversuch?

Chinesische Küche

Chinesische Hühnersuppe 4 Personen

ARBEITSGERÄTE	2 Suppentöpfe, Schneidbrett, Messer	
VORBEREITUNG	Pilze 20 min. einweichen	
100 g	Hühnerfleisch	- Fleisch 20 min. kochen, in Streifen schneiden;
1 l	Wasser, Salz	
10 g	Morcheln (getrocknet)	- eingeweichte Pilze in Streifen schneiden;
	Wasser zum Einweichen	
3 EL	Erdnussöl	- Öl erhitzen;
100 g	Karotten	- Karotten, Paprika würfelig schneiden, zugeben, kurz anrösten;
100 g	rote Paprika	
	Sojasauce, Salz, weißer Pfeffer	Hühnerfleisch, Suppe, Pilze, Gewürze dazugeben, aufkochen lassen;
1 TL	Maizena	- Maizena mit Wasser anrühren, in kochende Suppe einrühren, abschmecken.
	etwas Wasser	

Acht Schätze 4 Personen

ARBEITSGERÄTE	Schneidbrett, Kasserolle, Messer, Pfanne	
VORBEREITUNG	Pilze 10 min. einweichen	
100 g	Putenfleisch	- Fleisch in Streifen schneiden und würzen, 10 Minuten ziehen lassen;
100 g	Schweinefleisch	
100 g	Rindfleisch	- eingeweichte Pilze waschen, in Streifen schneiden;
4 EL	Sojasauce	
	Ingwer, Pfeffer - weiß, Knoblauchpulver	- grüne Paprika und Bambussprossen in Streifen schneiden;
15 g	getrocknete Pilze	- Zwiebel fein schneiden;
	Wasser z. Einweichen	- Öl erhitzen, Zwiebel anrösten;
100 g	grüne Paprika	- Fleisch zugeben, anrösten;
100 g	Bambussprossen	- Gemüse, Gewürze zugeben, aufgießen, 10 min. dünsten;
100 g	Sojakeimlinge	
4 EL	Erdnussöl	- Maizena und Weißwein glatt verrühren, Sauce binden;
1 St.	Zwiebel	
	Sojasauce, Salz, Zucker	- Erdnüsse in Öl leicht anrösten, Speise damit bestreuen;
1 EL	Maizena	
6 cl	Weißwein	
50 g	Erdnüsse	
1 TL	Öl	
	Reis als Beilage:	
150 g	Reis	- Reis in Salzwasser 20 min. dünsten;
0,3 l	Wasser, Salz	- mit Curry abschmecken.
1 TL	Curry	

Kulturelle Aspekte des Haushalts

Jugoslawische Küche

Tomatensuppe   4 Personen

ARBEITSGERÄTE	Suppentopf, Schneidbrett, Kasserolle	
VORBEREITUNG	Zwiebel schälen	
2 EL	Öl	- Zwiebel fein schneiden, in Öl anrösten, mit Mehl stauben, Tomatenmark zugeben;
1 St.	Zwiebel	
1 EL	Mehl	
4 EL	Tomatenmark	- mit Wasser aufgießen und dabei gut rühren, würzen und aufkochen lassen;
0,5 l	Wasser	
	Salz, Zucker	- Suppennudeln in Salzwasser kochen, in Suppe geben.
40 g	Suppennudeln	
1 l	Salzwasser	

Sarma (Krautrouladen)   4 Personen

ARBEITSGERÄTE	grosse Kasserolle, Schüssel, Auflaufform	
VORBEREITUNG	Reis dünsten, Auflaufform befetten, Rohr -180°C	
1 St.	Weißkraut	Kraut entblättern, harte Blattrippen herausschneiden, in Salzwasser ca. 10 min. kochen;
	Salzwasser	
80 g	Reis	
0,15 l	Salzwasser	- Zwiebel fein schneiden;
300 g	Faschiertes	- Knoblauch pressen;
1 St.	Zwiebel	- Faschiertes mit Zwiebel, Knoblauch, Gewürzen und Öl vermischen, Reis zugeben und gut durcharbeiten;
3 St.	Knoblauchzehe	
	Salz, Pfeffer, Paprika	
4 EL	Öl	- Fülle auf 8 Blätter verteilen und einrollen;
1/4 l	Wasser	
4 EL	Essig	- befettete Auflaufschüssel mit nicht benötigten Krautblättern auslegen; Rouladen eng daraufflegen, mit Wasser begießen;
1 TL	Zucker	
	Beilage:	
	Weißbrot	- im Rohr bei 180°C ca. 30 min. garen; Zucker und Essig vermischen, Rouladen damit begießen, 20 min. garen.

Cupavac   8 Personen

ARBEITSGERÄTE	Rührschüssel, Mixer, Kasserolle, Tortenform
VORBEREITUNG	Tortenform befetten, Rohr – 180°C

4 St.	Eier	- Eier, Zucker, Öl und Milch sehr schaumig rühren;
240 g	Zucker	
4 EL	Öl	- Mehl mit Backpulver versieben, unterheben;
0,1 l	Milch	
120 g	Mehl	- Masse in Tortenform füllen, 30 min. backen, Kuchen auskühlen lassen, portionieren;
1 EL	Backpulver	
200 g	Schokolade	
0,1 l	Milch	- für die Schokoladesauce: Schokolade, Milch, Butter und Vanillezucker in einer Kasserolle verrühren, aufkochen lassen;
50 g	Butter	
2 EL	Vanillezucker	
200 g	Kokosflocken	
		- Schokoladesauce überkühlen
		- lassen;
		- Tortenstücke in Schokoladesauce wenden, dann in Kokosflocken wälzen;

Türkische Küche

Grüne Linsensuppe (Yesil-mercimek corbasi)   4 Personen

ARBEITSGERÄTE	Schneidbrett, Messer, zwei Suppentöpfe
VORBEREITUNG	Linsen waschen, 1 Stunde in ½ l Wasser einweichen

100 g	grüne Linsen	- Linsen im Einweichwasser weichkochen;
1/2 l	Wasser	
1 St.	Zwiebel	- Zwiebel fein schneiden;
20 g	Butter	- in Butter andünsten;
20 g	Mehl	- Mehl zugeben, leicht anrösten;
1/2 l	Fleischbrühe	- mit Fleischbrühe aufgießen, aufkochen lassen, würzen;
	Lorbeer, Knoblauch, Sz.	
		- gekochte Linsen zugeben.

Kulturelle Aspekte des Haushalts

Hühnerfleischspießchen (Sis Kebap)   4 Personen

ARBEITSGERÄTE	Schneidbrett, Messer, Schaschlikspieße
VORBEREITUNG	Spieße mit Öl bepinseln

400 g	Hühnerfilet	- Hühnerfilet, Zwiebel, grüner Paprika
1 St.	Zwiebel	in 2 cm Würfel schneiden;
1 St.	grüner Paprika	- Fleisch, Zwiebel, Paprika abwechselnd
	Paprikapulver, Thymian,	auf Spieße stecken;
	Pimentpulver, Salz,	- Spieße würzen;
	Pfeffer - weiß	- Spieße in Öl braten oder grillen

Türkischer Reis (Pirinic pilavi)   4 Personen

ARBEITSGERÄTE	Kasserolle
VORBEREITUNG	

30 g	Butter	- Reis in Butter leicht anrösten
150 g	Langkornreis	- mit Suppe aufgießen
0,3 l	Suppe	- Reis weichdünsten
	Salz, Pfeffer - weiß	- fertigen Reis mit zerlassener Butter und
30 g	Butter	Gewürzen vollenden

Hirtensalat (Coban salatasi)   4 Personen

ARBEITSGERÄTE	Salatschüssel, Schneidbrett, Messer
VORBEREITUNG	Gemüse waschen; Zwiebel schälen

3 St.	Tomaten	- Tomaten in Spalten schneiden;
1 St.	Zwiebel	- Zwiebel halbringelig schneiden;
1 St.	Gurken	- Gurken in 1 cm große Würfel
2 St.	grüner Paprika	schneiden;
1 St.	Peperoni	- Paprika und Peperoni entkernen,
je 1/2 Bd.	Petersilie, Minze	nudelig schneiden;
	Marinade, Zitronensaft	- Petersilie und Minze hacken;
		- alle Zutaten mischen, marinieren,
		abschmecken.

Apfelrollen (Elmali kurabiye) — 8 Personen

ARBEITSGERÄTE	Nudelbrett, Nudelwalker, Kasserolle, Reibeisen
VORBEREITUNG	Nüsse reiben, Rohr – 200°C

250 g	Mehl	- Mehl, Backpulver auf Brett sieben;
1/2 KL	Backpulver	- Butter einschneiden, abbröseln
160 g	Butter	- Zucker, Vanillezucker, Jogurt zugeben;
80 g	Zucker	alles zu Teig verkneten, kaltstellen;
1 EL	Vanillezucker	- Äpfel entkernen, schälen, reiben, kurz
1 EL	Jogurt	dünsten;
2 St.	Äpfel	- Zucker, Zimt, Nüsse zugeben;
40 g	Zucker	- Teig dünn ausrollen, Kreise mit 10 cm
	Zimt	Durchmesser ausstechen, mit Fülle
150 g	geriebene Haselnüsse	belegen;
		- Kreise einrollen, mit der Nahtstelle nach unten auf das Blech legen;
		- Apfelrollen ca. 30 min. backen;
		- Apfelrollen bezuckern.

Kulturelle Aspekte des Haushalts

▶ *Berufe im Tourismusbereich*

Wenn du einmal in ein Restaurant essen gehst oder im Urlaub das Frühstück serviert bekommst, freust du dich darüber, freundlich bedient zu werden. Im Tourismusbereich ist eine Vielzahl von Berufen anzutreffen, die sich alle um das Wohl und die Zufriedenheit der Gäste kümmern.

- In der Rezeption arbeiten unter der Aufsicht des Portiers Hotel- und Gastgewerbeassistent/in oder Hotelkaufmann/frau.
- Im Büro verrichten Sekretärinnen und Buchhaltungskräfte ihre Arbeit.
- Im Speisesaal hat der Restaurantfachmann, die Restaurantfachfrau bereits den Tisch für die Gäste gedeckt. Sie beraten die Gäste über die richtige Speisen- und Getränkeauswahl und servieren. Manchmal bereiten sie am Tisch des Gastes selbst Speisen zu, z. B. eine flambierte Nachspeise.
- In der Küche übernimmt der Küchenchef die Verantwortung über die Lebensmittelbestellung, die Zubereitung und das Anrichten der Speisen. Aber auch die Kontrolle der Lagerbestände gehört meistens zu seinen Aufgaben. Ihm zur Seite stehen einige gelernte Köche, Lehrlinge und weitere Mitarbeiter.
- Auf der Etage sorgt die Gouvernante mit den ihr zugewiesenen Zimmermädchen für Ordnung und Sauberkeit in den Gästezimmern.
- Wäscherinnen und Büglerinnen versorgen die anfallende Wäsche.
- Der Hausmeister übernimmt neben verschiedenen kleinen Reparaturen im Haus, so manchen Dienst bei den Gästen.

Den Weg zu diesen Berufen ebnet dir eine Lehre, der Besuch einer berufsbildenden mittleren oder höheren Schule mit einem Tourismusschwerpunkt.

AUFGABEN

1. Diskutiere über Vor- und Nachteil einer Beschäftigung im Tourismus.
2. Erkundige dich über Ausbildungsmöglichkeiten in deiner näheren Umgebung.

6

Technologie des Haushalts

Inhalt

Ergonomische Grundsätze und Arbeitsplatzgestaltung 197
Unfallvermeidung im Haushalt 201
Erste Hilfe im Haushalt und in der Schule 203
Hausapotheke 205
Arbeitsbereich Küche 207
Technische Haushaltsgeräte 209
Bewertung und Reinigung von Küchengeräten 217
Materialien und ihre Pflege 220
Hygiene bei der Verarbeitung von Lebensmitteln 224
Lebensmittelverarbeitung 225
Zusammenstellung von Speisenfolgen 230
Messen, Wiegen und Schätzen von Lebensmitteln 232
Verwendung des Rezeptteiles 233
Fachausdrücke 234
Rationelle Küchenwirtschaft 235

Technologie des Haushalts

▶ Ergonomische Grundsätze und Arbeitsplatzgestaltung

LERNZIEL	1	Einige ergonomische Grundsätze anführen.
LERNZIEL	2	Über kraftsparende Körperhaltungen Bescheid wissen.

1. Ergonomie

Die Ergonomie ist die Lehre vom menschen- und körpergerechten Arbeiten. Sie umfasst folgende Gestaltungsbereiche.

Ergonomie		
Mensch	Arbeitsumgebung	Betriebsmittel
• körpergerechte Arbeitsgestaltung	• Raumausstattung	• Nutzung der Betriebsmittel
• Arbeitsleistung	• Umgebungseinflüsse (Licht, Lärm, Wärme)	• Gestaltung der Betriebsmittel

Der Kräfteverbrauch des Menschen ist bei verschiedenen Arbeiten und sogar bei einzelnen Körperhaltungen unterschiedlich groß.

0 % Liegen   4 % Sitzen   16 % Stehen   36 % Bücken   56 % Steigen

2. Kraftsparende Körperhaltungen

- **Langes Stehen** auf einer Stelle ist ermüdend und begünstigt u.a. die Entstehung von Krampfadern. Daher sind möglichst viele Arbeiten wie Bügeln, Schälen von Lebensmitteln ... im Sitzen auszuführen.

- **Beim Sitzen** ist darauf zu achten, dass der Oberkörper aufrechtgehalten werden kann. Ein höhenverstellbarer Stuhl ist empfehlenswert.

Falsche Sitzhaltung

Richtige Sitzhaltung

- **Lang anhaltendes Bücken** belastet die Wirbelsäule. Aufgrund dessen ist es sinnvoll, manchmal in die Hocke zu gehen. Reinigungsarbeiten auf dem Boden sind mit Geräten auszuführen, die einen ausreichend langen Stiel haben, um eine ständig gebückte Haltung zu vermeiden.

Falsche Körperhaltung

Richtige Körperhaltung

- **Das Hochheben** von Körben, Kartons ... erfolgt körperschonend auf folgende Weise: zuerst in die Hocke gehen und den Gegenstand mit beiden Händen bei aufrechtem Oberkörper gleichmäßig hochheben.

Technologie des Haushalts

- **Ein schwerer Gegenstand** wird mit beiden Händen vor dem Körper getragen. Mehrere schwere Gegenstände werden gleichmäßig auf beide Arme verteilt.

Falsches Hochheben   Richtiges Hochheben   falsch   richtig

3. Arbeitsplatzgestaltung

Ein sauberer, rationell und körpergerecht gestalteter Arbeitsplatz macht das Arbeiten einfacher, kräftesparender und somit angenehmer. Bei der Gestaltung sind folgende Punkte zu beachten:

- gute Beleuchtung und Belüftung,
- richtiger Arbeitsstuhl und richtige Arbeitstischhöhe,
- praktische, gut anfassbare und bequeme Betriebsmittel (Schäler, Messer, Bügeleisen ...),
- Arbeitsfluss: von links nach rechts arbeiten (Linkshänder: von rechts nach links),
- Betriebsmittel, die ständig gebraucht werden, im kleinen Greifraum geordnet liegen lassen,
- Betriebsmittel, die selten gebraucht werden, im großen Greifraum anordnen.

Richtige Arbeitshöhe:

Den Unterarm anwinkeln

15 cm nach unten messen

> **AUFGABEN**
>
> 1. Zeichne einen ideal eingerichteten Arbeitsplatz für das Entkernen und Schälen von 20 St. Äpfeln.
> 2. Erkläre folgende Skizzen und zeige die Greifräume deinen Mitschülern und Mitschülerinnen vor.

Kleiner Greifraum:

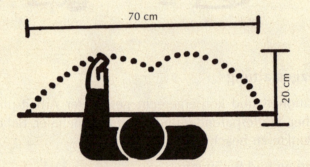

Großer Greifraum:

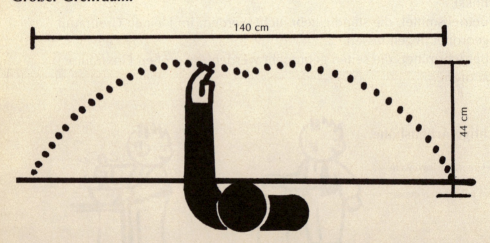

Technologie des Haushalts

▶ Unfallvermeidung im Haushalt

| LERNZIEL | 1 | Die Wichtigkeit der Unfallvermeidung einsehen. |
| LERNZIEL | 2 | Einige Unfallgefahren aufzählen und deren Vermeidung erklären. |

Ein Großteil aller Unfälle geschieht im Haushalt. Die Gefahren im Haushalt sind vielfältig: Stürze, Verbrennungen, Vergiftungen, Schnittverletzungen, Stromunfälle. Viele davon könnten durch Beachten einfacher Sicherheitsregeln vermieden werden. Unfallverhütung bedeutet, Gefahren erkennen und durch überlegtes Handeln und Arbeiten vermeiden.

Unfallgefahren im Haushalt:

- **Stoß und Fall:** verursacht durch Rangeln, Stoßen, Schubsen – „Übermut tut selten gut".
- **Ausrutschen** auf verunreinigten Böden mit Öl, Wasser oder sonstigen Abfällen, Unfälle durch ungeeignetes Schuhwerk.
- **Verletzung durch Abstürze,** wenn Tisch und Stuhl, ein kippendes Stockerl oder ein wegrollender Sessel statt standfester Trittleiter benützt werden.
- **Schnittwunden,** Stichverletzungen durch unsachgemäßes Hantieren und unsachgemäße Aufbewahrung von Schneidwerkzeugen. Große Messer nicht in die Abwasch legen, sondern sofort nach dem Gebrauch abwaschen und wieder an ihren Platz zurückräumen. Allesschneider mit Haltegriff, Fleischwolf mit Stößel in Betrieb nehmen.
- **Verbrühungen:** durch Dampf beim Öffnen von Dampfdruckkochtöpfen, Backrohren; daher richtig öffnen.
- **Verbrennungen:** heiße Pfannen vor dem Abwaschen abkühlen lassen.
- **Explosionsgefahr:** Sicherheitsvorschriften bei Gasherden beachten.
- **Brandgefahr:** durch überhitztes Fett, nicht ausgeschaltete Herdplatten, glimmende Zigarettenstummeln.
- **Verätzungen, Vergiftungen:** Reinigungsmittel nie in Getränkeflaschen füllen, Flaschen deutlich kennzeichnen, außerhalb der Reichweite von Kindern aufbewahren.
- **Stromunfälle:** verursacht durch schadhafte Kabel, Geräte, Steckdosen, durch Kontakt mit Strom und Wasser. Kindersicherungen in den Steckdosen anbringen, Elektrogeräte nicht selber reparieren, vor der Reinigung ausstecken.

AUFGABEN

1. Schau dich kritisch in der Schule/Schulküche um.
   Zähle Unfallgefahren auf und mache Vorschläge zur Vermeidung.
2. Folgende Zeichnungen zeigen dir, dass die Verwendung von hochprozentigen Chemikalien Gefahren für die Gesundheit und eine Belastung für die Umwelt bringen.
   Diskutiere über den Einsatz solcher Reinigungsmittel.

Ätzend

Verätzung
der inneren (Atemwege, Lunge) und äußeren Organe (Haut, Augen) durch:
- Säuren (z. B. Salzsäure)
- Salze
- Alkalien

Reizend

Reizung
der Augen, Atemwege und Lunge durch:
- Säuredämpfe (z. B. Essigsäure)
- Ammoniak
- Chlordämpfe

Giftig

Vergiftung
(akute und langfristige Erkrankungen, z. B. Allergien) durch:
- organische Lösungsmittel
- Desinfektionsmittel
- Bleichmittel

Technologie des Haushalts

▶ *Erste Hilfe im Haushalt und in der Schule*

LERNZIEL	1	Die Bedeutung der Ersten Hilfe erkennen.
LERNZIEL	2	Einige Erste-Hilfe-Maßnahmen bei verschiedenen Situationen erklären.

Die Erste Hilfe besteht darin, geringfügige Verletzungen bestmöglich zu versorgen, bei Verletzungen größeren Ausmaßes sofort ärztliche Hilfe anzufordern. Bis zum Eintreffen des Arztes ist durch richtige Maßnahmen (z. B. richtige Lagerung, Verbände, künstliche Beatmung) die Arbeit des Arztes vorzubereiten und zu unterstützen. Dabei ist Ruhe zu bewahren.

In der Nähe des Telefons sind die wichtigsten Telefonnummern gut sichtbar anzubringen:

- **Feuerwehr:** 122
- **Polizei:** 133
- **Rettung:** 144
- **Giftzentrale:** 0222/434343
- **Hausarzt:** ....

MERKE

Um im Ernstfall richtig helfen zu können, hast du in einem Erste-Hilfe-Kurs die Möglichkeit, dir das notwendige Wissen und Können anzueignen.

1. Stromunfälle

Der Verhütung von Stromunfällen durch entsprechende Aufklärung bzw. Beachtung der Vorschriften kommt vorbeugend größte Bedeutung zu.

Erste Hilfe: Unterbrechen des Stromkreises, ausschalten des Gerätes oder der Sicherung, überprüfen der Lebensfunktionen (Bewusstsein, Atmung, Kreislauf), sofortige Alarmierung der Rettung.

2. Wunden

Den Patienten sofort niedersetzen lassen, um weitere Verletzungen durch Umfallen aufgrund einer Kreislaufschwäche zu vermeiden.

- Mechanische Wunden, z. B. Schnitt-, Schürf-, Stichwunden:
  Erste Hilfe: keimfreien Verband anlegen; bei größeren Wunden Rettung alarmieren.
- Chemische Wunden, z. B. Verätzungen mit Säuren, Laugen, Chemikalien:
  Erste Hilfe: sofort eine intensive Spülung der Haut mit Wasser durchführen, keimfreien Verband anlegen, Rettung alarmieren.
- Verbrennungen:
  Erste Hilfe: verbrannten Körperteil sofort unter kaltes, fließendes Wasser halten. Brandwunden mit keimfreien beschichteten Wundverbänden locker bedecken. Bei größeren Verbrennungen Rettung verständigen.

3. Vergiftungen

An eine Vergiftung muss gedacht werden, wenn bei einem bisher gesunden Menschen plötzlich schwere Krankheitserscheinungen auftreten wie: Bewusstseinsstörungen, Rauschzustände, Bewusstlosigkeit, Übelkeit, Erbrechen, Durchfall, Hautveränderungen (Blässe, Rötung, Blauverfärbung), Pupillenveränderung, Atem- und Kreislaufstörungen.

Erste Hilfe: Bei vorhandenem Bewusstsein ist der Patient zum Erbrechen zu bringen. Sofortige Alarmierung der Rettung, eventuell Anruf in der Giftzentrale, Sicherstellung der vermutlich giftigen Substanz (Giftreste, Tabletten, WC-Reiniger) und der Rettung mitgeben.

4. Stumpfe Verletzungen, z.B. Verdacht auf Knochenbruch.

Erste Hilfe: Der verletzte Körperteil darf keineswegs belastet werden und soll ruhig gestellt werden. Der Patient ist zu zudecken und die Rettung ist zu verständigen.

> **MERKE**
>
> Bei Verdacht auf Wirbelsäulenverletzung darf die Lage des Verletzten niemals verändert werden.

Technologie des Haushalts

▶ *Hausapotheke*

Die Hausapotheke erfüllt ihren Zweck dann, wenn sie übersichtlich alles Notwendige enthält, was im Ernstfall gebraucht wird. Sie muss versperrbar und für Kinder unzugänglich sein.

1. Inhalt

- **Verbandsmaterial:** Heftpflaster in verschiedenen Größen, sterile Mulltupfer, Mullbinden, Pflasterstreifen (zum Fixieren), beschichtete Wundkompressen (haften nicht auf der Wunde), Stülpverband (für Fingerverletzungen), Verbandpäckchen (Wundauflage ist auf einer Mullbinde befestigt), Sprühpflaster (schnelle Hilfe bei kleinen, schwach blutenden Verletzungen), elastische Binde mit Verbandklammern, Dreiecktuch, Sicherheitsnadeln, Watte (zum Polstern und Reinigen der Haut).
- **Geräte:** Schere, Pinzette, Fieberthermometer, Wärmeflasche.

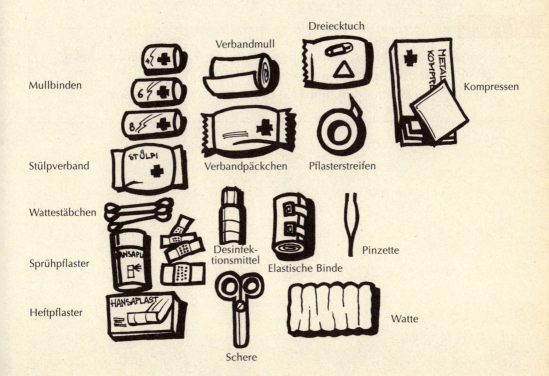

- **Arzneimittel:** Brand- und Wundgel, Mittel gegen Kopf- und Halsschmerzen, Mittel bei Magen- und Darmstörungen, Wunddesinfektionsmittel, Insektengelee, essigsaure Tonerde, Franzbranntwein.
- **Verschiedene Teearten:** zur Linderung akuter und chronischer Erkrankungen.

2. Beachtenswertes

- Alle Medikamente mit Beipackzettel und gut verschlossen aufbewahren. Das Ablaufdatum ist zu beachten.
- Nicht mehr gebrauchte Medikamente in der Apotheke oder bei der entsprechenden Sammelstelle der Gemeinde abgeben.
- Medikamente können süchtig machen. Daher nur im Notfall einnehmen. Lieber auf „Hausmittel" zurückgreifen.
- Es kann auch eine Allergie gegen Medikamente bestehen. In schlimmsten Fällen kann dies sogar lebensbedrohlich sein.
- „Äußerlich" zu verwendende Präparate deutlich kennzeichnen.

AUFGABEN

1. Kontrolliere zu Hause und in der Schule die Haus-/Schulapotheke. Welche Änderungen sind notwendig?
2. Welche Maßnahmen ergreifst du bei einer Brandverletzung?

Technologie des Haushalts

▶ Arbeitsbereich Küche

LERNZIEL	1	Einige Küchenarten aufzählen und beschreiben.
LERNZIEL	2	Die Arbeitsbereiche einer Küche erklären.

Die Küche ist der wichtigste Arbeitsraum in der Wohnung. Ihre Einrichtung muss richtig geplant werden, um kraft- und zeitsparendes Arbeiten zu ermöglichen.

1. Küchenarten

- **Kochnische:** Sie findet sich in Kleinwohnungen. Es ist kein abgeschlossener Raum, sondern meist nur eine verbaute Wand mit den wichtigsten Einrichtungen.
- **Arbeitsküche:** Sie dient nur der Küchenarbeit. Es ist kein Essplatz vorhanden.
- **Essküche:** Hier ist auch ein Essplatz eingerichtet.
- **Wohnküche:** Sie stellt eine Kombination von Küche und Wohnzimmer dar.

2. Arbeitsbereiche

- **Vorratsbereich:** Die Lebensmittel werden im Kühlschrank, Gefrierschrank und in Vorratsschränken aufbewahrt.
- **Vorbereitungsbereich:** Die Lebensmittel werden auf einer Arbeitsfläche (eventuell mit Sitzgelegenheit) geschält, geschnitten, gerührt usw. Die dazu notwendigen Arbeitsgeräte werden in naheliegenden Schubladen bzw. Schränken aufbewahrt.
- **Koch-, Garbereich:** Die Lebensmittel werden durch Hitze gegart, z. B. am Herd, im Backrohr oder im Grillgerät. Dazu werden verschiedene Töpfe und Pfannen gebraucht.
- **Spülbereich:** Das gebrauchte Geschirr wird in einer Spüle mit Abtropffläche bzw. im Geschirrspüler gereinigt.
- **Aufbewahrungsbereich:** Das gereinigte Geschirr wird in die vorgesehenen Schubladen und Schränke verräumt.

3. Richtiges Einrichten

Die richtige Lage der Küche und die ergonomische Planung der Einrichtung ersparen viele Wege. Der Arbeitsablauf bestimmt die Anordnung der Kücheneinrichtung. Eine bedeutende Hilfe stellt die fachmännische Beratung in den Küchenfachgeschäften dar.

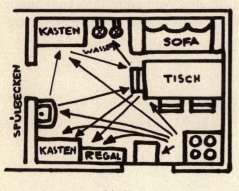

falsch

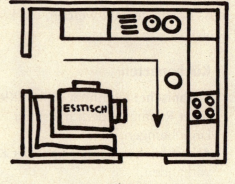

richtig

Alle Geräte werden in Schubladen und Schränke so eingeräumt, dass sie vom Arbeitsplatz aus leicht erreichbar sind. Besonders praktisch sind Schränke mit Rollenzügen und Drehvorrichtungen (Eckschrank). Gute Ordnung in den Schränken erspart Suchen und damit Arbeit und Zeit.

AUFGABEN

1. Nenne für jede Küchenart je einen Vorteil und einen Nachteil. In welcher Küche würdest du am liebsten arbeiten. Begründe deine Entscheidung.
2. Skizziere deine „Traumküche" und erkläre deinen Mitschülern/Mitschülerinnen die Einrichtung.

Technologie des Haushalts

▶ Technische Haushaltsgeräte

LERNZIEL	1	Wesentliche Punkte für den Einkauf von Haushaltsgeräten nennen.
LERNZIEL	2	Über den rationellen Einsatz von Waschmaschine, Bügelgeräten, Geschirrspülmaschine Bescheid wissen.

1. Checkliste für den Einkauf

Planung	Information	Auswahl
ökologische Aspekte	vergleichende	Größe
Familiensituation	Warentests	Ausstattung
(notwendig)	Produktinformation	Verbrauchswerte
Arbeitssituation (Zeit)	Prospekt, Katalog	Umwelteinflüsse
Platzbedarf	Fachgeschäft	Handhabung
Installation	Versandhandel	Sicherheit
Kapitalbedarf	Verbraucher-,	Verständlichkeit der
Folgekosten	Energieberatungsstelle	Gebrauchsanweisung
		Kundendienst

2. Waschmaschine

Der Kauf einer Waschmaschine erfolgt am besten im Fachgeschäft. Hier wird eine gute Beratung angeboten. Es gehört meistens zum Kundendienst, dass die Waschmaschine geliefert, aufgestellt wird und die Funktionen erklärt werden.

Durch die Beachtung einiger Grundsätze bei der Wäschepflege kann die Lebensdauer der Textilien verlängert und Geld gespart werden.

- **Lagerung verschmutzter Wäsche:** Sie wird luftig und trocken gelagert. Andernfalls besteht die Gefahr von Schimmelbildung (= Stockflecken). Vor dem Waschen werden die Taschen geleert, Reißverschlüsse und die Knöpfe der Bettwäsche geschlossen.
- **Sortieren der Wäsche:** Es erfolgt nach den Pflegekennzeichen, welche aufgrund der Textilkennzeichnungsverordnung an jedem Wäschestück angebracht sind.

Waschen

Kochwäsche   Heißwäsche   Feinwäsche   Handwäsche   nicht waschen

Die Zahlen im Waschbottich entsprechen den maximalen Waschtemperaturen, die nicht überschritten werden dürfen.

Bügeln

starke Einstellung z. B. Baumwolle, Leinen   mittlere Einstellung z. B. Wolle, Seide   schwache Einstellung z. B. Perlon, Nylon   nicht bügeln

- **Waschmittelauswahl:** Phosphatfreie Waschmittel sind zu bevorzugen. Es gibt Baukasten-Systeme, bei denen die einzelnen Waschmittelzutaten selbst zusammengestellt werden können. Dadurch kann auf unnötige, meist umweltbelastende Hilfsstoffe verzichtet werden. Der Kauf von Nachfüllpackungen verringert den Verpackungsmüll.
- **Dosierung:** Auf den Waschmittelpaketen werden Dosieranleitungen angegeben. Mit dem Messbecher lässt sich sparsam dosieren. Bei nur leicht verschmutzter Wäsche genügt auch die Zugabe einer geringeren Waschmittelmenge. Die Verwendung eines Weichspülers ist nicht notwendig.
- **Programmwahl:**
  – Vorwäsche nur bei wirklich stark verschmutzter Wäsche wählen (z. B. Berufswäsche). Ein zusätzlicher Wasser-, Strom-, Waschmittelverbrauch und zusätzliche Umweltbelastung wird durch den möglichen Verzicht auf Vorwäsche vermieden.
  – Kochprogramm nur bei unbedingter Notwendigkeit einsetzen (z. B. bei Säuglingswäsche). Meistens reichen für einen guten Wascherfolg 60 bis 70° C aus.
  – Kurz- oder Sparprogramm für gering verschmutzte Wäsche wählen.
  – Schonwaschgänge nur selten verwenden, weil hier bis zu viermal mehr Wasser verbraucht wird.
  – Beschickung: Das vorgeschriebene Füllgewicht der Maschine darf nicht überschritten werden. Die Waschmaschine nur optimal gefüllt in Betrieb nehmen.

Technologie des Haushalts

> **MERKE**
>
> Sehr empfindliche Wäschestücke, wie Seide oder reine Wolle, werden von Hand gewaschen.

- **Trocknen:** Die Wäsche wird möglichst gleich nach dem Waschen zum Trocknen aufgehängt. Dazu wird die Wäsche gut ausgeschüttelt, gleichartige Stücke werden nebeneinander aufgehängt. Das Lufttrocknen ist vorteilhaft, weil es zum Unterschied zum Wäschetrockner keinen Strom verbraucht.

AUFGABEN

1. Schreibe in 6 Punkten auf, wie du das Waschen von Buntwäsche mit der Waschmaschine vorbereitest und durchführst.
2. Welche Vor- und Nachteile bringt der Einsatz eines Wäschetrockners aus ökologischen und arbeitstechnischen Überlegungen?
3. Finde zu der folgenden Darstellung der richtigen Programmwahl, Temperaturwahl und Dosierung Beispiele.

Richtige Programmwahl
- Art der Wäsche
- Verschmutzung
- Menge

Richtige Temperaturwahl
- Pflegekennzeichnung
- Art der Wäsche (z. B. Krankenwäsche)
- Verschmutzung

Richtige Dosierung
- Wasserhärte
- Angabe der Packung
- Verschmutzung
- bei Komponentenwaschmitteln richtige Auswahl

3. Bügelgeräte und Bügelbehelfe

Je nach Familiengröße, Wäscheanfall und persönlichen Vorlieben stehen folgende Bügelgeräte zur Auswahl:

- **Reglerbügeleisen:** Die gewünschte Temperatur kann je nach Art der Wäsche eingestellt werden.
- **Dampfbügeleisen:** Das Bügeln von Leinen oder Baumwolle wird durch den ausströmenden Dampf erleichtert. Kleidungsstücke aus Wolle können besonders einfach gepflegt (= aufgedämpft) werden.
- **Bügelmaschine:** Sie ist für größere Haushalte geeignet. Das Bügeln geformter Wäschestücke (z. B. Herrenhemd) erfordert etwas Geschicklichkeit und Übung.
- **Bügelpresse:** Es gilt das Gleiche wie für die Bügelmaschine.
- **Bügeltisch:** Er wird mit Bügeldecke und -tuch versehen. Der Lichteinfall und die Arbeitshöhe sind zu beachten.
- **Bügelbrett:** Der Vorteil liegt darin, dass es überall rasch aufgestellt und in der Höhe leicht variierbar ist.

Zum sparsamen Umgang mit der Energie und der langen Haltbarkeit des Bügelgerätes ist folgendes zu beachten:

Wäsche nach Pflegesymbolen sortieren   Auf richtige Bügelfeuchte achten   Die volle Walzenbreite der Bügelmaschine nutzen

Nachwärme nutzen   Nach der Bügelarbeit Tank beim Dampfbügeleisen immer entleeren   Wäsche erst nach dem Bügeln zusammenlegen

AUFGABE

Lies dir die Bügeltips durch und versuche mindestens eine Begründung zu den einzelnen Tips zu finden.

Technologie des Haushalts

4. Geschirrspüler

Für größere Familien ist die Anschaffung eines Geschirrspülers kein Luxus mehr. Durch den Geschirrspüler wird viel Zeit und Arbeit gespart. Bei richtiger Nutzung kann im Vergleich zum Spülen von Hand sogar Wasser gespart werden.

Tips für die richtige Verwendung:

- Das Geschirr wird von den Speiseresten befreit und in den herausziehbaren Körben untergebracht. Beim Einordnen ist zu beachten, dass Teile nicht aneinanderstoßen und klappern.
- Das Besteck wird mit den Griffen nach unten in die Körbchen gegeben.
- Die Reinigungsmittel werden nach den Angaben des Herstellers dosiert.
- Der Geschirrspüler sollte immer nur ausreichend gefüllt in Betrieb genommen werden.
- Im Sparprogramm wird rund ein Drittel weniger Energie und Wasser verbraucht.
- Für die Maschine zu stark verschmutzte Teile nicht mehrmals in der Maschine, sondern einmal von Hand waschen.
- Nicht geeignet für die Spülmaschine sind sehr kostbare Gläser, Silber, Porzellan mit Golddekor und Holzgegenstände.

AUFGABEN

1. Welche Vorteile und Nachteile hat der Geschirrspüler aus ökologischer und arbeitstechnischer Sicht: für einen Single-Haushalt, für einen Fünf-Personen-Haushalt?
2. Nenne fünf Punkte, wie du das Spülen von Hand richtig vorbereitest.

5. Kühl- und Gefriergeräte

- Im **Kühlschrank** werden Lebensmittel kühl gelagert und so vor dem Verderben geschützt. Die Größe und Wahl des Kühlschrankes richtet sich nach der Familiengröße und nach dem vorhandenen Platz.
- Im **Gefriergerät** werden die Lebensmittel tief gekühlt und sind so für längere Zeit konserviert. Der Kauf eines Gefriergerätes ist vor allem dann zu empfehlen, wenn eigene Vorräte an Tiefkühllebensmittel und Tiefkühlspeisen angelegt werden. Während die Tiefkühltruhe einen größeren Nutzraum hat, schaffen die einzelnen Schubladen des Tiefkühlschrankes einen besseren Überblick.

Umweltbewusster Einsatz von Kühl- und Gefriergeräten:

- *Kühlen Platz wählen!*
- *Richtige Innentemperatur beachten!*
- *Regelmäßig reinigen! (Reifansatz!)*
- *Lebensmittel sorgfältig verpacken bzw. abdecken.*
- *Nicht unnötig lange geöffnet halten!*
- *Keine heißen Gerichte in Kühlgeräte stellen!*

Technologie des Haushalts

6. Herd

- **Elektroherde:** In den meisten Haushalten sind Elektroherde zu finden. Sie sind mit verschiedenen Kochplatten oder Kochfeldern ausgestattet. Wichtig ist, dass die Gebrauchsanleitung gelesen und eingehalten wird.

Nutzung von Kochstellen:

Richtige Einstellung
- rechtzeitiges Zurückschalten
- richtige Einstellung bei Automatikplatten
- Nachwärme nutzen

Richtiges Garen
- gut wärmeleitender ebener Boden
- gut schließender Deckel
- passende Größe

Richtiges Kochgeschirr
- reduzierte Flüssigkeit
- bei langer Gardauer Verwendung von Dampfdrucktopf

- **Gasherde** können heute auf alle Gasarten (Stadtgas, Flüssiggas, Erdgas) eingestellt werden. Der Unterschied zum Elektroherd liegt darin, dass die Gasflamme sofort auf Höchstleistung „arbeitet". Die Ankochphase fällt hiermit weg.
- **Backrohr:** Durch einen Schalter wird die gewünschte Temperatur eingestellt, ein Thermostat regelt die Hitze. In modernen Backrohren kann unter verschiedenen Leistungen gewählt werden:
  - Ober- und Unterhitze: Es kann nur ein Blech eingeschoben werden, ein Vorheizen ist nötig. Für hohe Kuchen die Unterschiene verwenden, Bleche auf der Mittelschiene einschieben.
  - Umluft: Ein Ventilator verteilt die Wärme im Backrohr. Es können mehrere Bleche auf einmal eingeschoben werden. Ein Vorheizen ist nicht unbedingt erforderlich.

7. Mikrowellengerät

Mikrowellen bringen Moleküle in Schwingung. Dabei entsteht Reibungswärme, die das Erwärmen bzw. Garen von Lebensmitteln verursacht. Dies bewirkt, dass die Speisen in kürzester Zeit erhitzt und gegart werden.

Mikrowellen durchdringen Kunststoff, Glas und Porzellan. Geschirr aus diesen Materialien eignet sich für den Mikrowellenherd. Dagegen reflektiert Metall die Mikrowellen.

MERKE

Nie Metallgeschirr, Besteck oder Teller mit Gold- oder Silberrand in das Mikrowellengerät stellen.

AUFGABEN

1. Zähle 5 Fehler auf, die bei der Nutzung von Kochplatten gemacht werden.
2. Informiere dich über die Funktionen der Schulküchenherde.
3. Welche Vor- und Nachteile bringt der Mikrowellenherd?

Technologie des Haushalts

▶ Bewertung und Reinigung von Küchengeräten

| LERNZIEL | 1 | Den rationellen Einsatz verschiedener Küchengeräte erklären. |
| LERNZIEL | 2 | Die Vorteile und die Verwendung des Dampfdruckkochtopfes beschreiben. |

1. Kochgeschirr

Beim Einkauf ist auf gute und stabile Qualität und auf folgende Punkte zu achten:

- Der Topfboden ist für Elektroherdgeschirr völlig eben (plangeschliffen; z. B. Sandwichboden).
- Der Topfboden soll gerundet in die Topfwand übergehen. Dies ermöglicht ein leichteres Rühren und Reinigen.
- Gute Kochtöpfe verfügen über einen Schüttrand, gutschließende Deckel und wärmeisolierte Griffe.

Bei der Reinigung ist zu beachten:

- Kochgeschirr sofort nach dem Kochen von Speisenresten reinigen und mit Wasser füllen, damit die verbleibenden Speisenreste nicht eintrocknen.
- Angebranntes nicht herauskratzen, sondern zuerst einweichen.
- Edelstahlgeschirr kann gründlich gereinigt werden mit einem Brei aus Schlämmkreide und Spiritus. Es muss gut nachgespült und poliert werden.

2. Dampfdruckkochtopf

Das Garen von Lebensmitteln erfolgt

- schneller: Die Garzeit wird um ca. 50 % bis 70 % verringert.
- sparsamer: Durch die kürzere Garzeit wird weniger Energie verbraucht.
- schonender: Durch die kürzere Garzeit und durch wenig Wasser kommt es zu geringeren Auslaugeverlusten.

Bei der Verwendung ist auf folgende Punkte zu achten:

- Immer die Gebrauchsanweisung beachten.
- Ventil und Gummiring vor der Verwendung kontrollieren.
- Topf maximal zu 2/3 füllen.
- 1–2 Tassen Wasser zum Gargut geben.
- Deckel richtig schließen.
- Topfinhalt bei großer Hitze ankochen, dann Platte zurückschalten.
- Der Beginn der Garzeit wird berechnet, wenn der 2. Ring sichtbar wird.
- Nach Beendigung der Garzeit Topf abkühlen: Topf unter fließendem kalten Wasser abkühlen, bis das Ventil in die ursprüngliche Lage zurückgegangen ist.
- Dampfdruckkochtopf nie gewaltsam öffnen.
- Ventil und Dichtungsring immer gründlich reinigen.

3. Handrührgerät

Fast in allen Haushalten übernimmt das Handrührgerät (Mixer) das Schlagen, Rühren oder Kneten von Teigen. Es ist schnell betriebsbereit und auch preisgünstig in der Anschaffung. Ein zusätzlicher Pürierstab ersetzt ein Püriergerät. Bei der Verwendung ist zu berücksichtigen:

- Zuerst Schneebesen oder Knethaken richtig einsetzen, erst dann einschalten.
- Nie mit langen Haaren den Mixer betätigen, Unfallgefahr!
- Nach Beendigung der Tätigkeit ausschalten, ausstecken, nun die Mixstäbe herausnehmen.
- Nach der Verwendung Handrührgerät feucht abwischen und die Mixstäbe abspülen.

Technologie des Haushalts

4. Küchenmaschine

Für größere Haushalte wird sich die Anschaffung einer Küchenmaschine rentieren, weil sie größere Mengen verarbeiten kann. Neben der Grundausstattung gibt es eine Reihe von Zusatzgeräten: Fleischwolf, Kaffeemühle, Getreidemühle, Saftpresse usw.

Gute Markengeräte garantieren den Ersatzteilnachkauf. Dies ist bereits beim Einkauf zu beachten. Bei einer Haushaltsgründung sollte folgende Überlegung angestellt werden:

Entscheide ich mich für ein Gerät mit vielen Zusatzgeräten oder entscheide ich mich für mehrere Einzelgeräte? Die Entscheidung wird von der Familien-, Küchengröße und von den Vorlieben der Speisenherstellung beeinflusst.

mixen, schneiden, hacken, reiben

5. Weitere elektrische Küchengeräte

Grillgeräte, Toaster, Eierkocher, Kaffeemaschine, Saftpresse, Waffeleisen, ...

Die Anschaffung ist nur dann empfehlenswert, wenn die Geräte auch wirklich häufig benützt werden und eine Arbeitserleichterung bringen. Auch der damit verbundene Energieverbrauch soll beachtet werden.

6. Arbeitsgeräte

Schüssel, Rühr-, Schneide- und Reibgeräte, Geräte zum Pressen, Küchenbesteck ...

> **AUFGABEN**
>
> 1. Erstelle eine Liste aller Küchengeräte, die in einem Singlehaushalt benötigt werden.
> 2. Finde Vor- und Nachteile zum Einkauf einer Küchenmaschine mit vielen Zusatzgeräten.

▶ Materialien im Haushalt und ihre Pflege

LERNZIEL	1	Wesentliche Punkte für den Einkauf von Textilien, keramischen Erzeugnissen, Glas-, Metall- und Holzwaren erklären.
LERNZIEL	2	Die Pflege und Reinigung verschiedener Materialien kennen und anwenden.

1. Textilien

Sie finden Anwendung in Form von

- **Bettwäsche** (Polster-, Bettbezüge, Leintücher),
- **Tischwäsche** (Tischtücher, Servietten),
- **Küchenwäsche** (Geschirrtücher, Staubtücher),
- **Frotteewäsche** (Hand-, Bade-, Gästehandtücher, Waschlappen).

Gute Qualität soll beim Einkauf bevorzugt werden. So sind etwa Naturfasern, wie z. B. Baumwolle, Schafwolle, gesünder als Kunstfasern. Aufgrund der Textilkennzeichnungsverordnung wird die Zusammensetzung der Textilfaser angegeben.

2. Keramische Erzeugnisse

Kaffee-, Tee- und Speisegeschirr, eventuell auch Ziergegenstände sind vorwiegend aus Porzellan. Aber auch Steingut (z.B. Fondueteller) und Steinzeug (z. B. Glühweinservice) werden für Küchengeschirr verwendet.

Bei der Anschaffung spielen folgende Punkte eine Rolle:

- Form (schlicht, zeitlos, modern)
- Nachkaufgarantie
- geschirrspülmaschinenfest
- Standfestigkeit (von Vasen, Kannen, Tassen)
- Stapelmöglichkeit

Die Reinigung keramischer Erzeugnisse erfolgt durch regelmäßiges Spülen.

3. Glaswaren

Glas wird für Flaschen, Trinkgläser, Schüsseln, Vasen, Teller oder feuerfestes Kochgeschirr verwendet.

Je nach den verwendeten Rohstoffen wird unterschieden:

- Natronglas: Daraus werden billige Glaswaren hergestellt.
- Kalkkristallglas: Für schöne Trinkgläser, Ziergegenstände, Spiegelglas wird dieses Glas verwendet.
- Bleikristallglas: Hauptsächlich werden geschliffene, sehr wertvolle und schöne Glasgegenstände aus diesem teureren Material hergestellt.
- Feuerfestes Glas: Teetassen, feuerstes Koch- und Backgeschirr verlangt diesen Rohstoff.

Ergänzend zu den Einkaufsüberlegungen von Keramikgeschirr ist beim Glaseinkauf zu beachten:

- Reinigung (sehr schmale Gläser lassen sich schwer polieren)
- Kennzeichnung (Bleikristall muss durch ein Etikett gekennzeichnet sein)
- Klang (bei wertvollen, schönen Tafelgläsern ausprobieren)

Die Reinigung erfolgt durch regelmäßiges Spülen und Nachpolieren. Eingebrannte Stellen im feuerfesten Glas werden zuerst eingeweicht, dann mit flüssigem Scheuermittel abgerieben und gut gespült.

Fenster und Spiegel werden mit Spülmittellösung oder mit Wasser, in das etwas Essig oder Spiritus gegeben wird, gereinigt.

4. Metallwaren

Koch-, Anrichtegeschirr, Besteck, Reiben, Kuchenformen sind aus Metall gefertigt.

Am besten eignet sich Edelstahl, weil er sehr widerstandsfähig und haltbar ist. Emailgeschirr sieht beim Kauf sehr farbenfroh aus, durch Stoß kann jedoch die Emailglasur leicht absplittern.

Haushaltsgegenstände aus Silberlegierungen, wie z. B. Ziergegenstände, Silberbesteck, Anrichtegeschirr, sind teuer in der Anschaffung und schwer zu pflegen.

Achte beim Einkauf auf folgende Punkte:
- Kochgeschirr (Töpfe, Kasserollen, Pfannen) aus Edelstahl bevorzugen,
- Kochgeschirr mit gut passenden Deckeln wählen,
- auf zweckmäßige, einfache Formen achten,
- auf Nachkaufgarantie schauen.

Beschichtete Bleche, Kuchenformen oder Pfannen erleichtern die Pflege. Diese wird auch unterstützt durch das rasche Einweichen nach der Verwendung. Anschließend mit Spülmittellösung reinigen, spülen und gleich abtrocknen.

Um Emailgeschirr nicht zu zerkratzen, darf nicht mit zu harten Reinigungsgegenständen, z. B. Stahlwolle, die Reinigung durchgeführt werden.

Angelaufene Gegenstände aus Silber werden mit einem Brei aus Schlämmkreide und Spiritus abgerieben, gut gespült und dann poliert.

5. Holzwaren

Holz findet Verwendung für Jausenbrettchen, Nudelwalker, Nudelbrett, Kochlöffel. Da Holz porös ist, nimmt es leicht Gerüche an bzw. es saugt Farbstoffe oder Flüssigkeiten leicht auf. Bei der richtigen Verwendung soll daher berücksichtigt werden:
- Holzbrett vor der Verwendung anfeuchten,
- geschnittene Lebensmittel nicht auf dem Holzbrett liegen lassen,
- Geflügel nicht auf Holzbrett vorbereiten (Salmonellengefahr!).

Technologie des Haushalts

Reinigung der Holzgegenstände:

- von Hand spülen; jedoch nicht längere Zeit im Spülwasser liegen lassen,
- lufttrocknen; jedoch nicht auf einem Heizkörper, weil das Holz dadurch Risse bekommen kann.

Nur gut getrocknete Holzgegenstände in Schubladen und Fächer einräumen. Andernfalls entsteht ein muffliger Geruch.

6. Kunststoffwaren

Aus Kunststoff werden hergestellt: Teller, Tassen, Rührschüsseln, Messbecher, Küchenbesteck. Beim Einkauf sind folgende Punkte zu beachten:

- auf zweckmäßige Formen achten,
- Qualitätsware bevorzugen; billigere Ware ist oft aus sprödem, leicht zerbrechlichem Kunststoff hergestellt,
- Rührschüsseln mit Gummirand auf der Standfläche verhindern das Rutschen.

Zur Reinigung genügt meistens ein Spülen. Die glatte Oberfläche wird erhalten, wenn keine groben Reinigungsgeräte oder Scheuermittel verwendet werden. Gespülte Geräte gut trocknen.

AUFGABEN

1. Versuche mit deinen Mitschülern und Mitschülerinnen eine Grundausstattung für einen Zwei-Personen-Haushalt an Textilien und Metallwaren zu erstellen.
2. Erkundige dich in einem Fachgeschäft über die Preise von Kaffee- und Speiseservice in verschiedener Qualität.
3. Würdest du für den Alltag Silberbesteck verwenden? Begründe deine Entscheidung.

▶ Hygiene bei der Verarbeitung von Lebensmitteln

| LERNZIEL | 1 | Wesentliche Punkte der Hygiene erklären. |
| LERNZIEL | 2 | Die Wichtigkeit der Hygienerichtlinien einsehen. |

Bei der Vor- und Zubereitung von Lebensmitteln spielt eine saubere, exakte Arbeitsweise eine große Rolle. Nur so kann der Gesundheitswert der Speisen und Getränke erhöht und Lebensmittelvergiftungen vermieden werden.

Folgende Punkte sind für die **persönliche** Hygiene zu beachten:

- Hände vor der Speisenzubereitung gründlich reinigen,
- saubere Kleidung tragen, auf die richtige Kopfbedeckung nicht vergessen,
- Verletzungen an den Händen wasserdicht verbinden,
- nie in die Speisen husten, niesen,
- nach dem Naseputzen und Toilettenbesuch die Hände waschen.

Folgende Punkte sind für die **küchentechnische** Hygiene zu beachten:

- saubere Geschirrtücher verwenden, d. h. häufig waschen,
- Speisen immer mit einem sauberen Löffel kosten,
- zum Abtupfen von Fleisch oder Fisch Küchenkrepp verwenden,
- Eischalen nach dem Aufschlagen nicht ausputzen (Salmonellen können auf der Schale und deren Innenseite sein), Hände danach reinigen,
- Verminderung der Salmonellengefahr bei der Geflügelvorbereitung:
  - In einem Gefäß auftauen lassen; abfließendes Auftauwasser auffangen und wegschütten, es darf keine Lebensmittel berühren.
  - Auf Kunststoffbrettern oder Porzellan vorbereiten; andere Lebensmittel nicht am selben Brett und mit gleichem Messer vorbereiten.
  - Gut durchgaren; bei einer Gartemperatur von 75 °C werden die Salmonellen abgetötet.
- Gemüse und Obst gründlich reinigen,
- Speisen mit passendem Besteck oder Einweghandschuhen anrichten und portionieren,
- verderbliche Lebensmittel im Kühlschrank aufbewahren.

Technologie des Haushalts

> **AUFGABEN**
>
> 1. Nenne 4 Punkte, die du bei der Zubereitung eines Brathuhnes beachtest!
> 2. Zeige deinen Mitschülern und Mitschülerinnen das richtige Kosten einer Suppe vor.

▶ *Lebensmittelverarbeitung*

LERNZIEL	1	Einige Vor- und Zubereitungstechniken für LM nennen und anwenden.
LERNZIEL	2	Vor- und Nachteile verschiedener Gartechniken erklären.

1. Vorbereitungsarbeiten

- **Putzen:** Wertlose, harte oder welke Teile der Lebensmittel werden entfernt.
- **Waschen:** Die Lebensmittel
  - unzerkleinert waschen,
  - möglichst kurz und gründlich waschen,
  - unter fließendem Wasser reinigen,
  - nie im Wasser liegen lassen.
- **Schälen:** Die Schale der Lebensmittel wird entfernt. Möglichst dünn schälen, weil unmittelbar unter der Schale wertvolle Wirkstoffe enthalten sind.
- **Zerkleinern:** Dies soll kurz vor der Weiterverwendung erfolgen.

> **AUFGABEN ZU DEN FOLGENDEN SEITEN**
>
> 1. Nenne zu verschiedenen Lebensmitteln eine typische Zerkleinerungsart.
> 2. Erkläre den Unterschied zwischen Kochen und Dünsten.
> 3. Finde je 3 Speisen, die gebraten, gegrillt oder fritiert werden. Worauf achtest du dabei?

2. Zerkleinern

Schneiden	Reiben	Raspeln/Raffeln
Die LM werden in Stücke, Scheiben, Würfel, Streifen geschnitten.	Die LM werden durch die Reibe (fein) in feine Teile zerrieben.	Die LM werden durch die Raspel in streifenartige Teilchen geraspelt.
z. B. Karottenwürfel	z. B. Kren	z. B. Kohlrabi

Hacken	Mahlen	Pürieren/Passieren
Die LM werden mit senkrechten Schneidbewegungen in feinste Teilchen zerhackt.	Durch die Einstellung des Mahlgrades der Mühle (Kaffee-, Getreidemühle) kann grobes bis feines Mahlgut erzielt werden.	Durch Zerdrücken, Zerstampfen weicher, roher oder garer LM wird ein einheitlicher Brei hergestellt.
z. B. Nüsse, Petersilie	z. B. Weizenmehl	z. B. Erbsenpüree

Technologie des Haushalts

3. Mischen von Zutaten

(Auf-)Schlagen	Vermengen	Unterheben
Durch kräftiges Schlagen wird Luft in flüssige oder weiche LM eingearbeitet.	Mehrere LM werden miteinander vermengt.	Vorsichtig, damit die Luftlockerung erhalten bleibt, werden aufgeschlagene Massen in andere Speisen untergehoben.
z. B. Schlagobers	z. B. Obstsalat	z. B. Biskuit

Rühren in der Schüssel	Rühren im Topf	Kneten
Durch intensives Mischen werden mehrere LM zu einer weichen bis festen Masse vermischt.	Durch intensives Rühren kann ein Ansetzen der Zutaten im Topf verhindert werden.	Die Zutaten werden unter Druck zu einem weichen bis festen Teig verarbeitet. Wenig Luft wird eingearbeitet.
z. B. Abtrieb	z. B. Grießbrei	z. B. Nudelteig

4. Garmachungsarten

Mit Garen werden alle Kochverfahren bezeichnet, die mit Wärme erfolgen. Das Kochgut wird gar (= fertig). Die Wirkungen des Garvorganges sind:

- Abtötung von Mikroorganismen und Keimen,
- Verdaulichkeit und Verwertbarkeit wird verbessert,
- Duft- und Geschmacksstoffe (z. B. Röstprodukte beim Braten) entwickeln sich.

MERKE

- Kochgut kommt in die **kochende** Flüssigkeit
- Bratgut kommt in das **heiße** Fett
- Backgut kommt in das **heiße** Rohr

Kochen	Dünsten	Dämpfen
100 °C	95–100 °C	100–123 °C
Garen in viel Flüssigkeit.	Garen im eigenen Saft oder in wenig Flüssigkeit bzw. Fett.	Garen im Wasserdampf mit und ohne Druck.
viel Wasser, Gargut ist bedeckt	wenig Wasser	wenig Wasser
Kochgut zudecken; offen gekocht werden: Spätzle, Teigwaren (kleben nicht an) Beim Kochen entstehen Auslauge- und Vitaminverluste!	Richtiges Dünsten erfordert: gut schließenden Deckel, fallweises Nachgießen von Flüssigkeit.	Wenig Wasser in den Topf geben; Siebeinsatz trennt das Dämpfgut vom Wasser; gut schließenden Deckel verwenden; geringeres Auslaugen.

Technologie des Haushalts

Braten in der Pfanne	Braten im Rohr	Backen/Überbacken
120–180 °C	150–250 °C	150–250 °C
Garen mit wenig Fett, Röststoffbildung	Garen mit wenig Fett, oder trockener Heißluft	Garen und Bräunen durch trockene Heißluft
Öle, Butterschmalz verwenden; erhitztes Fett darf nicht rauchen = gesundheitsschädlich.	Rohr rechtzeitig vorheizen, für große Fleischstücke. Öfters mit Bratensaft übergießen.	Rohr rechtzeitig vorheizen, richtige Temperaturwahl ist wichtig. Für Teige, Massen, Gebäcke.

Grillen	Fritieren	Mikrowelle
300 °C	170–180 °C	
Garen durch Hitzestrahlung	Garen im heißen Fett	Garen durch Kurzwellen
Grillen auf dem Rost, am Spieß; schonende, schnelle Garung; für Gemüse, zartes Fleisch, Wurst, Fisch. Achtung: entweichendes Fett brennt.	Sehr energiereiche Garungsart; Fett nur 1 bis 2-mal verwenden; in Ölsammelstellen entsorgen.	Sie ermöglicht ein sehr schnelles Erhitzen und Garen kleiner Mengen. Jedoch kann nichts gebräunt, gebraten, überkrustet werden.

▶ Zusammenstellung von Speisenfolgen

LERNZIEL	1	Wesentliche Punkte für das Zusammenstellen von Speisenfolgen aufzählen.
LERNZIEL	2	Die richtige Reihenfolge der Speisen bei der Menüerstellung einhalten.

Bei jeder Speisenfolge, insbesondere bei Festmenüs, sollen die Speisen zusammenpassen und harmonisch aufeinander abgestimmt sein. Dies kann durch das Einhalten folgender Gesichtspunkte erreicht werden:

- Das Menü dem Anlass entsprechend gestalten (z. B. Hochzeit, Geburtstag).
- Das Menü auf die Gäste abstimmen (z. B. Kinder, Jugendliche, ältere Menschen).
- Die Lebensmittel der Jahreszeit entsprechend auswählen (z. B. Spargel im Frühling, Kirschen im Sommer).
- Durch die Speisenzusammenstellung alle wichtigen Nahrungsbestandteile berücksichtigen (z. B. genügend Vitamine). Somit auch immer Salat oder Rohkost einbauen.
- Bei der Menüerstellung sollen auch küchentechnische Feinheiten berücksichtigt werden:
  - keine Speisen mit gleicher Zutat (z. B. Nudelsuppe, Hörnchen als Beilage),
  - keine Speisen mit gleicher oder ähnlicher Farbe (z. B. Karotten – Tomaten),
  - keine Speisen mit gleicher Zubereitungsart (z. B. Wiener Schnitzel, Pommes frites),
  - keine gleiche Benennung der Speisen (z. B. nicht Grießnockerl als Suppeneinlage, Topfennockerl als Nachspeise).
- Das Menü in der richtigen Speisenfolge anführen und servieren:
  - Kalte Vorspeise
  - Suppe
  - Warme Vorspeise
  - Hauptspeise
  - Nachspeise

Technologie des Haushalts

Vorschläge für Festtagsmenüs

Frühling	
Vogerl-Kresse-Salat	Nr. 189
✦	
Hühnerschnitzel	Nr. 92
Karotten-Schweizer Art	Nr. 164
Risipisi	Nr. 141
✦	
Erdbeer-Windbeutel	Nr. 269

Herbst	
Grießknöderlsuppe	Nr. 42
✦	
Rindschnitzel auf Wildbret Art	Nr. 72
Blaukraut	Nr. 168
Prinzesskartoffeln	Nr. 150
✦	
Zimtreis auf Fruchtsauce	Nr. 315 Nr. 307

Sommer	
Gemüsecocktail	Nr. 32
Sesambrötchen	Nr. 216
✦	
Grünkernbraten	Nr. 124
Zucchinisauce	Nr. 154
Gegrillte Tomaten	Nr. 174
✦	
Bananensplit	Nr. 318

Winter	
Brokkolicremesuppe	Nr. 53
✦	
Kalbsröllchen	Nr. 74
Hirse	Nr. 142
Chinakohlsalat	Nr. 188
✦	
Schokoladenrolle	Nr. 271

AUFGABEN

1. Du gehst sicher öfters an einem Gasthaus oder Restaurant vorbei. Schreibe dir ein Menü der Tagesspeisenkarte auf und überlege dir, ob die angeführten Richtlinien eingehalten wurden.
2. Erstelle ein Wochentags- und ein Festtagsmenü. Benütze hierzu den Rezeptteil.

Messen, Wiegen und Schätzen von Lebensmittelmengen

1. Messen, statt abwiegen

1 EL Mehl	=	10 g
1 EL Grieß	=	15 g
1 EL Reis	=	15 g
1 EL Brösel	=	10 g
1 EL Zucker	=	15 g
1 EL Honig	=	20 g
1 EL Öl	=	10 g
1 EL Stärke	=	10 g
4 EL	= ¹⁄₁₆ l =	6 cl
1 Becher	= ¼ l =	25 cl

2. Schätzen

1 St. Butter	=	250,0 g
Die Hälfte	=	125,0 g
Ein Viertel	=	62,5 g
1 kg Mehl	=	1000 g
½ kg Mehl	=	500 g
¼ kg Mehl	=	250 g

Hinweis: Zum Abwiegen größerer Mengen benötigst du eine Küchenwaage. Bevor du zu wiegen beginnst, muss der Zeiger auf „0" sein. Eventuell ist ein Nachstellen notwendig.

3. Mengen pro Person
- Suppe: ¼ l Flüssigkeit ergibt ⟶ 0,2 Liter fertige Suppe
- Hauptspeisen:

Mehl, Reis, Teigwaren	50– 60 g	Faschiertes	80–100 g
Fleisch	100–120 g	Fisch	120–150 g
Gerichte mit Fleisch	80–100 g	Eintopf	150–200 g

- Beilagen:

Kartoffeln	120–200 g	Polenta	40– 50 g
Reis, Teigwaren	40– 50 g	Gemüse	120–150 g

BEACHTE

Die größeren Mengen sind für starke Esser anzuwenden bzw. wenn keine Nachspeise gereicht wird.

4. Beispiel einer Materialeinsatzberechnung S. 99.

Technologie des Haushalts

▶ *Verwendung des Rezeptteiles*

- Das Inhaltsverzeichnis gibt dir eine Hilfe beim Suchen eines Rezeptes.
- Alle Rezepte sind für **4 PERSONEN.**
  Die Mengen für mehr oder weniger Portionen lassen sich leicht daraus ableiten. Dabei ist zu beachten, dass es starke und schwache Esser gibt. Ebenfalls muss berücksichtigt werden, wie viele Gänge zu einer Mahlzeit gereicht werden.
- Die Mengenangaben bei den Mehlspeisen sind meist so bemessen, dass sie auch für 6–8 Personen als Nachspeise genügen.
- Zutaten, welche in Klammer angeführt werden, können zur Verbesserung beigegeben werden.
- Die Flüssigkeitsmengen können nicht exakt angegeben werden, weil die Mehlart oder die Eigröße die Konsistenz beeinflussen.
- Bei den meisten Rezepten kann Mehl durch Weizen- oder Dinkelvollkornmehl ersetzt werden. Vollkornmehl oder Schrot kannst du selbst mit einer Getreidemühle aus Weizen oder Dinkel mahlen. Schrot kann auch mit einer Kaffeemühle hergestellt werden.
- Es werden folgende Abkürzungen verwendet:

min.	= Minuten	KL	=	Kaffeelöffel
g	= Gramm	Ku.	=	Kugel
kg	= Kilogramm	Ms.	=	Messerspitze
cl	= Zentiliter	St.	=	Stück
l	= Liter	GT	=	Grundteig
Bd.	= Bund	Pfw.	=	Pfeffer - weiß
Bl.	= Blatt	Pk.	=	Päckchen
EL	= Esslöffel	Sz.	=	Salz

- Es werden folgende Symbole verwendet:

☻ Mit diesem Symbol werden alle Vollwertrezepte gekennzeichnet.

MERKE

Du kannst aber auch viele andere Rezepte zu Vollwertrezepten abändern, indem du Mehl mit Vollkornmehl, Zucker mit Honig ersetzt und weniger Fett verwendest.

⏱ Mit diesem Symbol werden Rezepte mit kurzer Zubereitungszeit gekennzeichnet.

▶ Fachausdrücke

- **Abbröseln:** Butter wird in das Mehl eingeschnitten, darin fein verteilt bis eine lockere, bröselige Masse entsteht.
- **Abschrecken:** Teigwaren, Nockerl werden nach dem Kochen mit Wasser übergossen.
- **Abtrieb:** Butter flaumig rühren, mit Dotter (Ei) und Zucker gut abrühren.
- **Binden:** Suppen, Saucen, Gemüse werden dadurch sämiger und energiereicher. Das Binden erfolgt durch:
  - Einmach: In heißer Butter Mehl leicht anrösten, mit kaltem Wasser unter ständigem Rühren aufgießen, verkochen lassen.
  - Bechamel: Ist eine Einmach, die mit Milch aufgegossen und mit verschiedenen Gewürzen verbessert wird.
  - Stauben: Bei gedünstetem Gemüse, Fleisch u. a. wird Mehl (mit Sieb) über das Gericht gestaubt.
  - Mehlteigerl: Etwas Mehl wird mit kalter Flüssigkeit glatt abgerührt und in die Speise eingekocht.
- **Blanchieren:** Mit kochendem Wasser Lebensmittel übergießen oder darin kurz kochen.
- **Croutons:** Röstschnitten
- **Dressieren:** Zurichten, Formen (Geflügel, Fleisch mit Spagat binden, Teigmassen mit Dressiersack spritzen).
- **Faschieren:** Durch die Fleischmaschine (-wolf) treiben.
- **Garnieren:** Verzieren von Platten oder Speisen.
- **Gelatine:** Geliermittel zum Festigen verschiedener Speisen.
- **Glasieren:** Torten oder Mehlspeisen mit Überzug versehen.
- **Gratinieren:** Gerichte mit Käse bestreuen oder mit Sauce überziehen und im Rohr überbacken.
- **Marinade:** Gewürzte Salatsauce.
- **Panieren:** Lebensmittel in Mehl, versprudeltem Ei und Brösel wenden, in heißem Fett backen.
- **Schaummasse:** Dotter oder Ei mit Zucker sehr schaumig rühren.
- **Spicken:** Einziehen von Speck- oder Gemüsestreifen in Fleisch.
- **Wurzelwerk:** Karotten, Lauch, Petersilienwurzel, Selleriewurzel und Zwiebel.
- **Ziehen lassen:** Langsames Garwerden von Speisen in kochend heißem Sud, der aber nicht wallen darf (z. B. Fische, Knödel).

Technologie des Haushalts

▶ Rationelle Küchenwirtschaft

| LERNZIEL | 1 | *Die Wichtigkeit der rationellen Küchenwirtschaft einsehen.* |
| LERNZIEL | 2 | *Einige Tips für das Sparen von Zeit, Kraft und Geld anführen.* |

Du bist sicherlich daran interessiert, die Speisenzubereitung rasch und unkompliziert vorzunehmen. Die folgenden Tips werden dich dabei unterstützen.

- Der wichtigste Grundsatz: Zuerst denken und planen, dann arbeiten.
- Im vorhinein planen, für einige Tage einkaufen.
- Rationelle Einrichtung der Küche: Kurze Wege, alles in Reichweite des Arbeitsplatzes.
- Praktische, zeitsparende, einsatzbereite Arbeitsgeräte: Schnellkochtopf, Gemüsehobel, Küchenmaschine ...
- Überlegt und konzentriert arbeiten, Arbeitsplatz rationell vorbereiten.
- Arbeit und Zeit richtig einteilen: Rohr rechtzeitig einschalten, Salzwasser früh genug aufstellen; bei den Rezepten erfolgt ein Hinweis auf diese Vorarbeiten.
- Ordnung halten: Abfälle sofort beseitigen, Arbeitsplatz immer sauber halten.
- Lebensmittel mit langer Garzeit am Vortag zubereiten: Getreide dünsten, Kuchen vorbacken.
- Speisenreste möglichst am nächsten Tag verwenden; dabei mit Fantasie neue Speisenzusammenstellungen entwickeln.
- Arbeitsaufwendige Speisen in größerer Menge zubereiten, einen Teil davon einfrieren: Brot, Kuchen, Knödel.
- Tiefgekühlte Lebensmittel können zeitsparend eingesetzt werden.
- Denke bei der Verwendung von Speisen in Dosen und sonstigen Fertigprodukten, dass sie stets teurer und wirkstoffärmer als selbst hergestellte Speisen sind.

AUFGABEN

1. Wozu kannst du gedünstete Gemüsereste verwenden?
2. Zähle Speisen auf, welche gut tiefgekühlt werden können?

7

Rezepte

Inhalt

Teigarten - Grundrezepte 239
Speisen und Getränke für Kinder 248
Getränke 254
Kalte Vorspeisen 255
Suppen 258
Hauptspeisen mit Fleisch 267
Fleischlose Hauptspeisen 287
Speisen mit Fisch 294
Beilagen 297
Saucen 301
Gemüse 304
Pilze 308
Salate 309
Pikante Kleingerichte 314
Brote 317
Mehlspeisen 319
Bäckereien 326
Kuchen 330
Gebäck 337
Torten 341
Diabetiker Mehlspeisen 346
Süßspeisen 348
Eisspeisen 352
Getränke 354
Konservieren von Obst 356

TIPS für die Verwendung des Rezeptteiles: siehe Seite 233

Rezepte | Teigarten

▸ Teigarten – Grundrezepte

Grundrezepte sind der Schlüssel zur Kochkunst. Jedes Grundrezept hat bestimmte Grundzutaten, Grundmengen und Grundregeln für die Zubereitung. Je nach der Wahl der verbesserten Zutaten, je nach der Verwendung verschiedener Getreideerzeugnisse, je nach der Formgebung und nach der Art des Garens entstehen aus dem gleichen Grundrezept die verschiedensten Gerichte.

Alle Teige können auch mit Weizen- oder Dinkelvollkornmehl zubereitet werden. Eventuell ist etwas mehr Flüssigkeit erforderlich. Ein Stehenlassen des Teiges (= Quellen) ist von Vorteil. Anstelle von Zucker sind Honig oder Vollrohrzucker zu empfehlen.

Teigarten			
Frittaten-, Palatschinkenteig	GT 1	Kartoffelteig	GT 8
Schmarren-, Omelettenteig	GT 2	Germteig (Hefeteig)	GT 9
Backteig	GT 3	Brotteig	GT 10
Nockerlteig	GT 4	Backpulverteig	GT 11
Spätzleteig	GT 5	Mürbteig	GT 12
Nudelteig	GT 6	Biskuitteig	GT 13
Strudelteig	GT 7	Brandteig	GT 14

1 Frittaten- und Palatschinkenteig

ARBEITSGERÄTE	Rührschüssel, Schneebesen, Pfanne, Küchenfreund	
120 g	Mehl - glatt	- Mehl salzen, mit etwas Milch glattrühren;
	Salz	- restliche Milch und Ei zugeben;
1 St.	Ei	- Teig ca. 20 min. stehen lassen (= quellen);
1/4 l	Milch	- etwas Öl in der Pfanne erhitzen;
	Öl z. Backen	- einen Schöpfer Teig eingießen und durch Schwenken der Pfanne dünn verteilen;
		- Teig auf Unterseite backen, umdrehen, zweite Seite goldgelb backen.

TIP: Gebackene Frittaten eignen sich gut zum Tiefkühlen und können somit für die Schnellküche verwendet werden.

MERKE
Frittaten: mit pikanter Fülle (z. B. Spinat) oder als Suppeneinlage.
Palatschinken: mit süßer Fülle (z. B. Marmelade).

2 | Schmarren- und Omelettenteig

ARBEITSGERÄTE		2 Rührschüsseln, Schneebesen, Mixer, Pfanne, Küchenfreund
120 g	Mehl - glatt	- Mehl salzen, mit etwas Milch glattrühren;
	Salz	- restliche Milch und Dotter zugeben;
0,2 l	Milch	- Teig ca. 20 min. quellen lassen;
2 St.	Dotter	- Eiklar zu Schnee schlagen und in den Teig unter-
2 St.	Eiklar	heben;
	Öl z. Backen	- etwas Öl in der Pfanne erhitzen, Teig 1 cm dick eingießen;
		- Omelette beiderseits goldgelb backen

MERKE

Omelette: füllen (z. B. Marmelade) und zusammenklappen.
Schmarren: Omelette mit zwei Gabeln auseinanderreißen.

3 | Backteig

ARBEITSGERÄTE		2 Rührschüsseln, Schneebesen, Mixer, Kasserolle
120 g	Mehl - glatt	Als Flüssigkeit kann Milch, Weißwein oder Bier
	Salz	verwendet werden;
1/8 l	Flüssigkeit	- Zubereitung wie Omelettenteig;
1 EL	Rum	- die vorbereiteten Lebensmittel durch den Backteig
2 St.	Dotter	ziehen und in heißem Öl (oder 250 g Kokosfett)
2 St.	Eiklar	herausbacken (= fritieren);
1/4 l	Öl z. Backen	- fritierte Speisen gut abtropfen lassen.

4 | Nockerlteig

ARBEITSGERÄTE		Rührschüssel, Kochlöffel, große Kasserolle, Sieb
VORBEREITUNG		1,5 l Salzwasser zum Kochen bringen, Butter zerlassen
250 g	Mehl - griffig	- Mehl, Salz, Mich, Ei und zerlassene Butter zu
	Salz	glattem Teig verrühren;
0,2 l	Milch	- aus dem Teig mit einem Löffel Nockerl formen;
40 g	Butter	- Nockerl ins kochende Salzwasser einlegen und
1-2 St.	Eier	ca. 8 min. kochen;
1,5 l	Salzwasser	- Nockerl abseihen und abschwemmen.

Rezepte | Teigarten

5 | Spätzleteig

ARBEITSGERÄTE	Rührschüssel, große Kasserolle, Spätzlesieb, Siebschöpfer
VORBEREITUNG	1,5 l Salzwasser zum Kochen bringen

250 g	Mehl - griffig	- Alle Zutaten rasch zu Teig verrühren;
	Salz	- Teig partienweise durch ein Spätzlesieb
0,2 l	Wasser	(= großgelochtes Sieb) in kochendes Salzwasser
1 St.	Ei	drücken;
1,5 l	Salzwasser	- Spätzle nach 3 min. mit Siebschöpfer herausnehmen, abschwemmen.

6 | Nudelteig

ARBEITSGERÄTE	Nudelbrett, Nudelwalker, Teigkarte

250 g	Mehl - glatt	- Mehl auf Nudelbrett sieben, in der Mehlmitte eine Grube formen;
1 St.	Ei	- Ei, Öl, Wasser in die Grube geben, mit Mehl von
1 EL	Öl	der Mitte aus mit Löffel verrühren;
6-8 cl	Wasser	- Nudelteig sehr gut kneten bis er glatt ist;
		- Teig mit feuchtem Geschirrtuch zudecken, ca. 20 min. rasten lassen;
		- Nudelteig auf bemehltem Nudelbrett sehr dünn ausrollen;
		- Teigblätter etwas übertrocknen lassen, dann zu verschiedenen Nudeln, Fleckerl, Lasagneblätter schneiden.

TIP Für farbenfrohe Teigwaren werden folgende Zutaten beigemengt:

etwas passierter Spinat	⟶	grüne Nudeln
etwas Tomatenmark	⟶	rote Nudeln
etwas Bohnensaft	⟶	rosa Nudeln
etwas Curry	⟶	bräunliche Nudeln

Nudelteig kann sehr gut auf Vorrat zubereitet werden. In diesem Falle wird er nicht gesalzen.

7 Strudelteig

ARBEITSGERÄTE	Rührschüssel, Kochlöffel (Mixer), Nudelbrett
VORBEREITUNG	36 °C handwarmes Wasser

150 g	Mehl - glatt	- Mehl in Rührschüssel sieben, salzen;
	Salz	- Öl, Wasser, Essig zugeben, zu Teig verrühren;
1 EL	Öl	- Teig sehr gut abschlagen (mit Kochlöffel oder
1 TL	Essig	Knethaken des Rührgerätes) bis er sich von der
0,1 l	Wasser	Schüssel löst;
		- Teiglaibchen formen, bemehlen, zugedeckt ca. 20 min. rasten lassen;
		- Teig tellergroß ausrollen, mit Öl bestreichen,
		- Teig sehr dünn ausziehen; Backrohr einschalten – 200 °C,
		- 2/3 des Teiges mit Fülle belegen, restlichen Teil mit zerlassener Butter betropfen;
		- Breitseiten etwas einschlagen, Teig von der belegten Seite her einrollen;
		- Strudel bei 200 °C backen.

8 Kartoffelteig

ARBEITSGERÄTE	Kelomat, Kartoffelpresse, Nudelbrett
VORBEREITUNG	Kartoffeln dämpfen

500 g	Kartoffeln - mehlig	- Gedämpfte Kartoffeln schälen und auf ein bemehltes Nudelbrett pressen, salzen;
	Salz	- Butter in kleinen Flöckchen darauf verteilen;
20 g	Butter	- Mehl und Grieß locker dazu mischen, Grube
100 g	Mehl - griffig	formen;
30 g	Grieß	- Ei in die Grube geben, von der Mitte aus
1/2 St.	Ei	verrühren und kurz zusammenkneten;
		- Teig beliebig formen und garen.

TIP Kartoffelteigspeisen können gut tiefgekühlt werden. Z. B. Knödel einzeln schockgefrieren, anschließend in Tiefkühlsäckchen füllen.

Gartechniken:
- in kochendes Salzwasser einlegen, 5–15 min. ziehen lassen,
- in heißem Fett backen, anschließend gut abtropfen lassen,
- auf befettetes Blech legen, mit Ei bestreichen und im Rohr backen.

Rezepte | Teigarten

9 | Germteig

Hinweis: Teiglockerungsmittel ist die Germ oder Hefe. Sie kann entweder als frische Germ (1 Würfel = 40 g) oder als Trockenhefe (1 Packerl entspricht einem Würfel) verwendet werden.

ARBEITSGERÄTE	*Rührschüssel, Kasserolle, Kochlöffel (Mixer), Nudelbrett*	
250 g	Mehl - griffig	- Mehl in Schüssel sieben, salzen, Germ dazubröseln;
	Salz	
20 g	Germ	- Butter in Kasserolle zerlassen, von der Kochplatte nehmen, mit Milch aufgießen, Zucker und Ei zugeben, versprudeln;
30 g	Butter	
0,1 l	Milch	
30 g	Zucker	- dieses Flüssigkeitsgemenge (soll lauwarm sein) zum Mehl geben, verrühren;
1 St.	Ei	
		- Teig mit Kochlöffel (Knethaken des Rührgerätes) ca. 10 min. abschlagen bis er sich von der Schüssel löst;
		- Teig mit Mehl bestreuen, an einem warmen Ort (Wärmeschrank – 35 °C, im warmen Wasserbad, am Kachelofen) gehen lassen bis er ca. doppeltes Volumen erreicht;
		- aufgegangenen Teig beliebig formen und garen.

Gartechniken:
- im Backrohr bei 180–200 °C backen,
- im heißen Fett backen und gut abtropfen lassen.

10 | Brotteig

ARBEITSGERÄTE	*Rührschüssel, Kochlöffel (Mixer), Nudelbrett*
VORBEREITUNG	*Brotgewürze hacken oder mahlen, Blech befetten oder mit Backpapier belegen.*

TIP *Germteig eignet sich auch zum Tiefkühlen. Das Gebäck hierfür nur hellbraun backen. Nach dem Auftauen nochmals kurz backen. Dies ergibt ein knuspriges, ofenfrisches Gebäck.*

MERKE

Backprobe = Klopfprobe: Du nimmst ein Brot aus dem Rohr und klopfst mit dem Finger auf die Unterseite des Brotes. Klingt das Brot „hohl", ist es gar.

a)	**Weißbrot**	
250 g	Mehl - griffig	- Mehl in Schüssel geben, Salz bzw. sonstige gehackte Brotgewürze zugeben;
1/2 KL	Salz	
20 g	Germ	- Germ dazubröseln, Wasser dazugeben;
0,2 l	Wasser - 36°	- Teig verrühren und 10 min. mit Kochlöffel (Knethaken des Rührgerätes) abschlagen.
b)	**Vollkornbrot**	- Teig mit Mehl bestreuen und an einem warmen Ort gehen lassen bis er doppeltes Volumen erreicht hat,
250 g	Weizenvollkornmehl	
je 1/2 KL	Salz, Anis, Fenchel, Kümmel	- gegangenen Teig formen, mit Wasser bestreichen, - Gebäck bei 200–220 °C backen.
20 g	Germ	
0,2 l	Wasser - 36°	

11 | Backpulverteig

a) Gerührter Backpulverteig

ARBEITSGERÄTE	2 Rührschüsseln, Mixer, Kochlöffel
VORBEREITUNG	Butter aus dem Kühlschrank geben, Mehl sieben, Backform befetten und bemehlen, Rohr - 180-200 °C

100 g	Butter	- Zimmerwarme Butter sehr flaumig rühren;
120 g	Staubzucker	- Zucker und Dotter zugeben und sehr gut rühren (= Abtrieb);
3 St.	Dotter	
1/8 l	Milch	- Milch und die Hälfte des gesiebten Mehls mit Hilfe des Köchlöffels unterrühren;
250 g	Mehl - glatt	
1/2 Pk.	Backpulver	- restliches Mehl mit Backpulver sieben;
3 St.	Eiklar	- Eiklar zu Schnee schlagen;
		- Schnee und Mehl leicht unterheben;
		- Masse sofort in vorbereitete Backform füllen und bei 180 °C bis 200 °C backen.

MERKE

- Staubzucker sieben, Mehl und Backpulver mischen und sieben.
- Formen bzw. Bleche befetten und bemehlen oder Backpapier verwenden.
- Hohe Kuchen bei 180 °C, Blechkuchen bei 200 °C backen.
- Backprobe: Mit einem Stäbchen in den Kuchen einstechen. Bleibt kein Teig mehr am Stäbchen hängen, ist der Kuchen durchgebacken.
- Kuchen aus Backpulverteig können gut tiefgekühlt werden.

Rezepte | Teigarten

b) Gekneteter Backpulverteig

ARBEITSGERÄTE	Rührschüssel, Mixer, Nudelbrett, Teigkarte	
VORBEREITUNG	Blech vorbereiten, Rohr – 200 °C	
100 g	Butter	- Abtrieb aus Butter, Zucker und Ei herstellen;
120 g	Staubzucker	- die Hälfte des Mehles mit Milch mit dem
1 St.	Ei	Kochlöffel einrühren;
3 EL	Milch	- das restliche Mehl mit dem Backpulver auf ein
250 g	Mehl - glatt	Nudelbrett sieben, den Teig beimengen und kurz
1 KL	Backpulver	zusammenkneten;
		- Teig beliebig formen, bei 200 °C backen.

12 Mürbteig

ARBEITSGERÄTE	Nudelbrett, Messer, Sieb, Teigkarte, Blech	
VORBEREITUNG	Eier trennen, Rohr – 200 °C	
250 g	Mehl - glatt	- Mehl auf Nudelbrett sieben;
160 g	Butter	- Butter ins Mehl einschneiden und mit Mehl
80 g	Staubzucker	abbröseln, Zucker dazusieben;
2 St.	Dotter	- Grube formen, Dotter in die Grube geben,
		verrühren und rasch zu Teig kneten;
		- Teig ca. 20 min. im Kühlschrank rasten lassen;
		- Teig ausrollen, beliebig formen, auf Blech legen;
		- Gebäck bei ca. 200 °C kurz backen.

MERKE

- Staubzucker und Mehl sieben.
- Rasch und kühl arbeiten, damit die Butter nicht weich wird.
- Bleche brauchen für Mürbteig nicht befettet werden.
- Mürbteiggebäck hell backen und gleich vom Blech nehmen.
- Mürbteig ist sehr fettreich. Daher nur in kleinen Mengen essen.

12a Topfenmürbteig

ARBEITSGERÄTE	Nudelbrett, Messer, Sieb, Teigkarte, Blech	
VORBEREITUNG	Rohr – 220 °C	
250 g	Mehl - glatt	- Mehl auf Nudelbrett sieben, salzen;
	Salz	- Butter ins Mehl einschneiden und mit dem Mehl
200 g	Butter	abbröseln, Topfen rasch dazukneten;
250 g	Topfen	- Teig ca. 20 min. kalt rasten lassen;
		- Teig ausrollen, beliebig formen und auf Blech
		legen; Gebäck bei 220 °C anbacken, bei 180 °C
		fertig backen.

13 | Biskuitteig

a) Kaltgerührtes Biskuit

ARBEITSGERÄTE	2 Rührschüsseln, Mixer, Kochlöffel
VORBEREITUNG	Form vorbereiten, Rohr einschalten – 180 °C

1 St.	Dotter	- Dotter und Zucker dickschaumig schlagen;
30 g	Staubzucker	- Eiklar zu Schnee schlagen, etwas Zucker
1 St.	Eiklar	einschlagen;
30 g	Mehl - glatt	- Schnee und gesiebtes Mehl partienweise unterheben;
		- Teig in Backform füllen, bei 180 °C backen.

Vollkorn-Biskuit

1 St.	Dotter	- Dotter, Wasser, Honig sehr schaumig schlagen
2 EL	Wasser	(ca. 10 min.);
20 g	Honig	- Eiklar zu Schnee schlagen;
1 St.	Eiklar	- Schnee und Vollkornmehl partienweise vorsichtig
40 g	Weizenvollkornmehl	unterheben;
		- Teig in Form füllen, bei 180 °C backen.

b) Verkehrtes Biskuit

ARBEITSGERÄTE	Rührschüssel, Mixer, Kochlöffel
VORBEREITUNG	Form vorbereiten, Rohr einschalten

1 St.	Eiklar	- Eiklar zu Schnee schlagen, Staubzucker
30 g	Staubzucker	einschlagen;
1 St.	Dotter	- Dotter und gesiebtes Mehl vorsichtig unterheben;
30 g	Mehl - glatt	- Teig in Form füllen, bei 180 °C backen.

c) Hartwerdendes Biskuit

ARBEITSGERÄTE	Rührschüssel, Kochlöffel
VORBEREITUNG	Blech vorbereiten, Rohr einschalten

1 St.	Ei	- Zutaten nur kurz mit Kochlöffel verrühren;
50 g	Zucker	- Masse sehr dünn auf vorbereitetes Blech in
50 g	Mehl - glatt	bestimmten Formen (z.B. Kreise) streichen;
		- Teig bei 220 °C kurz backen;
		- Gebäck in heißem Zustand beliebig biegen.

MERKE

- Die Mengenangabe für 1 Ei muss je nach Bedarf vervielfältigt werden.
- Staubzucker und Mehl sieben.
- Biskuitteig nicht stehen lassen. Eingeschlagene Luft entweicht sonst.
- Backform befetten und bemehlen. Nur 2/3 der Form füllen.
- Biskuitmasse kann auch auf Blechpapier aufgestrichen und gebacken werden (Biskuitrolle).
- Biskuitteig kann sehr gut tiefgekühlt werden. Er kann daher auf Vorrat zubereitet werden.

Rezepte | Teigarten

14 | Brandteig

ARBEITSGERÄTE	kleine Kasserolle, Kochlöffel, Rührschüssel, Schneerute
VORBEREITUNG	Eier versprudeln

1/8 l	Wasser	- Wasser, Salz, Butter zum Kochen bringen;
	Salz	- Mehl auf einmal dazugeben und so lange rühren,
30 g	Butter	bis sich ein Ballen bildet, der sich von der
80 g	Mehl - glatt	Kasserolle löst;
2 St.	Eier	- Teig in eine Rührschüssel umfüllen, handwarm
		überkühlen lassen;
		- versprudelte Eier löffelweise in den Teig ein-
		rühren, dazwischen immer wieder den Teig
		glattrühren;
		- Teig 20 min. rasten lassen, formen und garen.

Gartechniken:
- Brandteig auf befettetes Blech dressieren, bei 220 °C anbacken (10 min.) und bei 180 °C fertig backen. Achtung: Rohr ca. 15 min. nicht öffnen.
  Gebäck sehr gut durchbacken. Es soll sich vom Blech lösen und sehr leicht sein.
- Brandteig formen und in heißem Fett fritieren.
- Brandteig formen und in kochendem Salzwasser garen.

Speisen und Getränke für Kinderfrühstück, Kinderjause, Partyspeisen

Frühstücksspeisen

1 Flocken-Früchte-Müsli 🕐 🙂

ARBEITSGERÄTE	Schüssel, Reibeisen, Löffel	
VORBEREITUNG	Zitrone auspressen	
120 g	Haferflocken	- Haferflocken (oder Dinkel-, Hirseflocken) mit dem Jogurt (oder Kefir, Sauermilch) vermischen, 10 min. quellen lassen;
3/8 l	Jogurt	
300 g	Äpfel	
100 g	Birnen	- Äpfel, Birnen (oder anderes Obst) grob raffeln;
	Honig	- Obst, etwas Honig, Zitronensaft und Zimt zu den eingeweichten Flocken mengen;
	Zitronensaft	
	Zimt	- Müsli in Cremegläser portionieren und mit Haselnüssen, Beeren verzieren.
1 EL	Haselnüsse	
	ev. Beeren	

2 Haferfrischkornmüsli 🕐 🙂

ARBEITSGERÄTE	Schüssel, Kaffeemühle, Obstbrett, Messer, Löffel	
VORBEREITUNG	Schlagobers schlagen, Zitrone auspressen, Bananen schälen	
120 g	Hafer (=Nackthafer)	- Hafer mit Getreide- oder Kaffeemühle schroten, mit Jogurt vermischen;
3/8 l	Jogurt	
1-3 KL	Honig	- Birnen in Stücke, Bananen in Scheiben schneiden;
2 St.	Birnen	
2 St.	Bananen	- Obst, Zitronensaft, Zimt und Honig zum Jogurt-Hafer-Gemisch rühren;
	Zitronensaft	
	Zimt	- Müsli in Cremegläser füllen und mit gehackten Haselnüssen, Schlagoberstupfen und Birnenspalten verzieren.
30 g	Haselnüsse	
1/8 l	Schlagobers	
1 St.	Birne	

3 Süßer Apfelaufstrich 🕐 🙂

ARBEITSGERÄTE	Schüssel, Reibeisen, Obstbrett, Messer, Löffel	
VORBEREITUNG	Banane schälen	
1/4 kg	Topfen	- Einen Apfel raffeln, einen Apfel in Spalten schneiden, Banane zerdrücken;
1/8 l	Sauerrahm	
1 St.	Apfel	- geraffelten Apfel, Banane, Sauerrahm und Topfen verrühren; auf Brote streichen, mit Apfelspalten verzieren.
1 St.	Banane	
1 St.	Apfel	

Rezepte | Kinderspeisen, -getränke

4 | Mandelaufstrich ⏱ ☺

ARBEITSGERÄTE	Nussreibe, Schüssel, Schneerute	
VORBEREITUNG	Zitrone auspressen	
100 g	Mandeln	- Mandeln schwellen: Mandeln in kochendes
1/2 St.	Zitrone	Wasser geben, abseihen, schälen;
2 EL	Honig	- Mandeln fein mahlen;
2 EL	Vanille	- Butter flaumig rühren;
50 g	Butter	- alle Zutaten zur Butter geben und gut verrühren.
2 EL	Kakao oder Carob	
1 KL	Getreide-löskaffee	

Speisen für Kinderjausen

5 | Pikanter Grünkernaufstrich ☺

ARBEITSGERÄTE	Kasserolle, Kochlöffel, Brett, Messer, Rührschüssel, Schneerute	
VORBEREITUNG	Grünkern schroten (Kaffeemühle), Butter herrichten	
1/8 l	Gemüse-brühe	- Gemüsebrühe zum Kochen bringen, Grünkernschrot einkochen, solange rühren bis
60 g	Grünkern	ein dicker Brei entsteht;
50 g	Butter	- Grünkernbrei auskühlen lassen;
1 St.	Zwiebel - klein	- Zwiebel, Petersilie, Schnittlauch fein schneiden;
1 St.	Knoblauch-zehe	- Butter flaumig rühren; ausgekühlten Grünkernbrei und alle anderen Zutaten zugeben, pikant abschmecken;
2 EL	Petersilie, Schnittlauch	- Aufstrich entweder auf Brote streichen oder zu Nockerl oder zu kleinen Kugeln formen, die in
1 EL	Zitronensaft Salz, Pfeffer, Muskat	Sesam gewälzt werden.

6 | Frühlingsaufstrich ⏱ ☺

ARBEITSGERÄTE	Schüssel, Brett, Messer, Schneerute	
VORBEREITUNG	Eier hartkochen, abschrecken, schälen	
0,25 kg	Topfen	- Gekochte Eier und Kräuter hacken;
1/8 l	Sauerrahm Salz, Pfeffer	- Topfen, Sauerrahm, gehackte Eier und Kräuter verrühren und würzen;
2 EL	Kräuter	- Schnittlauch fein schneiden;
1 St.	Ei	- Radieschen in dünne Scheiben schneiden;
4 St.	Radieschen	- Aufstrich auf Brote streichen, mit Radieschen-
1/2 Bd.	Schnittlauch	scheiben und Schnittlauch verzieren.

7 | Pikanter Topfenaufstrich 🕐 😊

ARBEITSGERÄTE	Brett, Messer, Schüssel, Kochlöffel
VORBEREITUNG	Paprika waschen, Schnittlauch fein schneiden

250 g	Topfen	- Essiggurken, Zwiebel, Schinken fein schneiden;
1/8 l	Sauerrahm	- die eine Hälfte der Paprikaschoten kleinwürfelig
	Salz, Pfeffer,	schneiden, die andere in Streifen;
	Paprika	- die kleinwürfeligen Paprikaschoten und die
je 1 St.	Paprika - rot und grün	anderen Zutaten verrühren, pikant abschmecken, auf Brote streichen;
2 St.	Essiggurken	- mit Paprikastreifen verzieren.
ev. 1 Bl.	Schinken	
1/2 St.	Zwiebel	
1/2 Bd.	Schnittlauch	

8 | Schlemmerbrot 🕐 😊

ARBEITSGERÄTE	Brett, Gabel, Messer, Schüssel

100 g	Camembert	- Camembert fein zerdrücken, Zwiebel fein
1/2 St.	Zwiebel	schneiden;
120 g	Topfen	- für die Verzierung Gurke in Scheiben und Paprika
2 EL	Sauerrahm	in Streifen schneiden;
	Salz, Pfeffer	- Zutaten verrühren, abschmecken;
	Knoblauch	- den Aufstrich auf Brote streichen, Brote mit
1/2 St.	Gurke	Gurkenscheiben und Paprikastreifen verzieren.
1/2 St.	Paprika - rot	

Partyspeisen – pikant

9 | Bunte Käsekugeln 🕐 😊

ARBEITSGERÄTE	Brett, Messer, Kochlöffel

150 g	Doppelrahmfrischkäse	- Schafskäse zerdrücken;
		- Doppelrahmkäse, Topfen, Schafskäse und
150 g	Topfen	Gewürze verrühren, 2 cm Kugeln formen;
50 g	Schafskäse	- Schnittlauch fein schneiden, Paprika feinwürfelig
	Kümmel - gemahlen	schneiden;
		- die einzelne Kugel in Schnittlauch, Sesam oder
	Sz., Pfw.	Paprika wälzen;
1 Bd.	Schnittlauch	- eventuell auf Spießchen stecken.
3 EL	Sesam	
1/2 St.	Paprika - rot	

Rezepte | Kinderspeisen, -getränke

10 | Gefüllte Gurkenstücke

ARBEITSGERÄTE	Schüssel, Schneerute, Spritzsack mit Tülle, Messer, Gabel	
VORBEREITUNG	Gurke waschen	
1 St.	Gurke	- Gurke eventuell schälen, längs halbieren, aushöhlen, in ca. 5 cm lange Stücke schneiden;
100 g	Österkron	
250 g	Topfen	- Österkron mit Gabel fein zerdrücken;
	Salz, Pfw.	- Topfen mit Gewürzen und Österkron verrühren;
1 St.	Paprika - rot	- Aufstrich mit Dressiersack in die Gurken füllen;
1/2 Bd.	Petersilie	- Paprika würfelig schneiden, Petersilie fein hacken;
		- Gurken mit Paprikawürfel und Petersilie verzieren.

11 | Gefüllte Tomaten

ARBEITSGERÄTE	Brett, Messer, Schüssel, Löffel	
VORBEREITUNG	Tomaten waschen, Blütenansätze ausschneiden	
4 St.	Tomaten	- Kappen der Tomaten abschneiden, aushöhlen;
250 g	Hüttenkäse	- Schinken, Schnittlauch fein schneiden;
2 Bl.	Schinken	- Hüttenkäse mit Schinken, Schnittlauch vermischen, Mischung in Tomaten füllen;
1 EL	Schnittlauch	
		- Tomatenkappe schräg aufsetzen.

TIP *Tomaten können auch mit verschiedenen Topfenaufstrichen oder pikanten Salaten gefüllt werden.*

12 | Rohkostbrötchen

ARBEITSGERÄTE	Brett, Messer, 2 Schüsseln, Reibeisen	
VORBEREITUNG	Salatblätter waschen, Zitrone pressen	
1 St.	Vollkornbaguette	- Brot in dünne Scheiben schneiden;
60 g	Butter	- Butter flaumig rühren und mit Ketchup verrühren. Brotscheiben damit bestreichen und mit einem Stückchen Salatblatt belegen;
2 EL	Tomaten-Ketchup	
3 Bl.	Kopfsalat	- Karotten und Äpfel schälen, raffeln, mit Mayonnaise, Sauerrahm und Gewürzen vermischen;
500 g	Karotten	
2 St.	Äpfel	
3 EL	Mayonnaise	- Petersilie fein hacken;
1 EL	Sauerrahm	- Rohkost auf die Brötchen verteilen und mit Petersilie verzieren.
	Salz, Zu.	
1 EL	Zitronensaft	
1/2 Bd.	Petersilie	

13 | Gemüsespieße 🕐 😊

ARBEITSGERÄTE	Messer, Brett, Spießchen
VORBEREITUNG	Gemüse waschen, putzen

100 g	Radieschen	- Gemüse in ca. 1,5-2 cm Würfel schneiden;
100 g	Gurke	- Gemüsewürfel abwechselnd auf einen Spieß stecken;
1 St.	Paprika - grün	
100 g	Karotten	- Spieße auf einen, mit Alufolie umwickelten Krautkopf fixieren;
		- Gemüsespieße mit verschiedenen Dips (Nr. 29) anbieten.

Weitere Vorschläge für pikante Partyspeisen siehe pikante Kleingerichte Nr. 204 ff.

Partyspeisen – süß

14 | Heidelbeercreme 🕐 😊

ARBEITSGERÄTE	Pürierstab, Schüssel, Löffel

150 g	Heidelbeeren	- einen EL Heidelbeeren zum Verzieren beiseite geben, den Rest und die Bananen pürieren;
2 St.	Bananen	- alle anderen Zutaten dazumischen;
4 EL	Honig	- Creme in Gläser füllen, kaltstellen;
	Vanillezucker	- Creme mit Heidelbeeren verzieren.
1 EL	Rum	
1/4 l	Jogurt	
1/8 l	Sauerrahm	

15 | Topfenfondue 🕐 😊

ARBEITSGERÄTE	Brett, Messer, 2 Schüsseln, Mixer, Schneerute
VORBEREITUNG	Obst waschen, entkernen

250 g	Topfen	- Topfen mit Milch, Honig und Vanillezucker glattrühren;
4 EL	Milch	
2 EL	Honig	- Obers schlagen und unter die Creme heben; Creme in Schüssel füllen;
1 EL	Vanillezucker	
1/8 l	Obers	- Obst in mundgerechte Stücke schneiden und in den Schälchen anrichten;
600 g	Obst (Äpfel, Birnen, Bananen, Kirschen, Erdbeeren...)	- mit Fonduegabeln werden die Obststücke aufgespießt und in die Topfencreme getaucht.

Rezepte | Kinderspeisen, -getränke

16 | Schokoladenfondue ⏱

ARBEITSGERÄTE	Kasserolle, Schüssel, Brett, Messer
VORBEREITUNG	Wasserbad zum Kochen bringen, Obst waschen

1/8 l	Obers	- Obers, Milch und Schokolade im Wasserbad
3 EL	Milch	schmelzen, gut verrühren, in Fonduetopf füllen;
200 g	Schokolade	- Obst, Gebäck in mundgerechte Stücke schneiden,
500 g	Obst	in Schälchen anrichten;
8 St.	Biskotten	- Obst und Gebäck auf Fonduegabeln spießen und
4 St.	Zwieback	in die warme Schokoladensauce tauchen.

17 | Obstspießchen ⏱ ☺

ARBEITSGERÄTE	Messer, Brett, Spießchen
VORBEREITUNG	Topfencreme Nr. 15 zubereiten, Obst waschen

- Suche dir selbst mehrere Obstsorten aus;
- schneide das Obst in Würfel, stecke die Würfel auf Spieße, fixiere die Spieße auf einer Orange oder Grapefruit;
- serviere dazu Topfencreme (Nr. 15).

18 | Bratapfeligel ☺

ARBEITSGERÄTE	Schüssel, Kaffeelöffel, Auflaufform
VORBEREITUNG	Äpfel waschen, Mandeln reiben, Rohr vorheizen – 180 °C

4 St.	Äpfel	- Geriebene Mandeln mit Honig, Zimt vermischen;
20 g	Mandeln - gerieben	- Kerngehäuse aus den Äpfeln stechen, Äpfel mit Mandelmasse füllen;
2 KL	Honig	- Äpfel in die befettete Auflaufform (oder auf
	Zimt	Backblech) setzen, Mandelstifte in die Äpfel
40 g	Mandelstife	stecken (= Igelstacheln), mit Butterflöckchen
10 g	Butter	bestreuen;
		- bei 180 °C ca. 20 min. backen.

▶ Getränke

ARBEITSGERÄTE	Pürierstab, Zitronenpresse, große Schüssel, Schneerute
VORBEREITUNG	Orangen auspressen, Früchte pürieren

19 Erfrischungs-Himbeer-Mix

200 g	Himbeeren, frisch-püriert
1/4 l	Orangensaft, frisch gepresst
2-4 EL	Honig
3 Pr.	Zimt
1/4 l	Jogurt
1/4 l	Mineralwsser

Alles mischen, in Gläser füllen, mit Himbeere verzieren.

20 Bananen-Erdbeer-Shake

200 g	Erdbeeren, püriert
2 St.	Bananen, püriert
2 EL	Zitronensaft
2 EL	Honig
1/2 l	Jogurt
1/4 l	Milch

Alles mischen, in Gläser füllen, mit Erdbeerscheibe verzieren.

21 Fitness-Drink

1/4 l	Orangensaft, frisch gepresst
2 St.	Bananen, püriert
8 EL	Sanddornsaft, ungesüßt
1/2 l	Buttermilch
4 TL	Honig

Zutaten mixen, portionieren.

22 Buttermilch-Orangendrink

1/2 l	Buttermilch
1/4 l	Orangensaft, frisch gepresst
20 g	Mandelblättchen, leicht geröstet

Zutaten mixen, portionieren, mit Mandelblättchen bestreuen.

23 After-Sport-Drink

0,2 l	Fruchtsaft (Apfel-, Orangensaft ...)
0,8 l	Mineralwasser
4 St.	Orangenscheiben

Mischen, portionieren, mit Orangenscheiben verzieren.

24 Kinderbowle

400 g	Obst (Beeren, Kiwi, Pfirsiche ...)
1/2 l	Traubensaft
1 St.	Zitrone-Saft
1 EL	Honig
1 l	Mineralwasser

Obst beliebig schneiden, mit Trauben-, Zitronensaft, Honig mischen, 1 Std. kaltstellen, aufgießen.

TIP	Milchmixgetränke sind keine Durstlöscher!

Rezepte | Kalte Vorspeisen

▶ Kalte Vorspeisen

25 | Waldorfsalat 🕐 😊

ARBEITSGERÄTE	Schäler, Reibeisen, Schüssel
VORBEREITUNG	Walnüsse grob hacken, Äpfel entkernen, Zitrone pressen

300 g	Sellerie	- Sellerie und Äpfel schälen, reiben;
200 g	Äpfel	- mit den restlichen Zutaten vermischen;
1 St.	Zitrone	- Kopfsalatblätter waschen;
50 g	Walnuss-kerne	- Dessertteller oder Cocktailschalen mit den Salatblättern belegen, Salat darauf anrichten,
6 EL	Mayonnaise	mit Walnusskernen verzieren.
1/8 l	Sauerrahm	
	Salz, Zucker	
4 St.	Kopfsalat-blätter	

26 | Apfel-Karotten-Rohkost 🕐 😊

ARBEITSGERÄTE	Schäler, Reibeisen, Schüssel
VORBEREITUNG	Zitrone und Orange auspressen

300 g	Äpfel	- Äpfel, Karotten schälen, mittelfein reiben,
300 g	Karotten	mit Zitronensaft und Orangensaft und den
1 St.	Zitrone	restlichen Zutaten vermischen;
1 St.	Orange	- Rohkost anrichten und mit Kokosflocken
1 EL	Honig	bestreuen.
2 EL	Weißwein	
2 EL	Kokos-flocken	

27 | Griechischer Salat 🕐 😊

ARBEITSGERÄTE	Brett, Messer, Schüssel
VORBEREITUNG	Gemüse waschen, putzen

400 g	Tomaten	- Gemüse beliebig schneiden, mit Olivenöl, Essig,
1 St.	Gurke	Salz marinieren, Oliven dazumischen;
je 1 St.	Paprika, rot und grün	- Schafkäse würfelig schneiden; - Salat anrichten und mit Basilikum und Schafkäse
1 St.	Zwiebel	bestreuen.
ca. 10 St.	Oliven	
6 EL	Olivenöl	
	Essig, Salz	
120 g	Schafkäse	
	Basilikum	

28 Rote Rüben Rohkost 🌱☺

ARBEITSGERÄTE	Reibeisen, 2 Schüsseln, Messer	
VORBEREITUNG	Banane zerdrücken, Orange auspressen	
400 g	Rote Rüben	- Rote Rüben (Rohnen) und Äpfel schälen und
200 g	Äpfel	mittelfein raffeln, mit zerdrückter Banane
1/3 St.	Banane	vermischen;
0,2 L	Sauermilch	- für die Salatsauce Sauermilch, Kren, Orangensaft,
etwas	Kren	Gewürze vermischen und damit Salat marinieren;
4 EL	Orangensaft	- Walnüsse schneiden;
	Salz, Pfw.	- Rohkost auf Salatblätter (z.B. Kopf-, Eis-,
	Koriander	Vogerlsalat) anrichten, mit den gehackten
	Salatblätter	Walnüssen bestreuen.
20 g	Walnüsse	

29 Gemüse mit Dips 🌱☺

ARBEITSGERÄTE	Messer, Brett, Schüsselchen, 2 Schüsseln	
VORBEREITUNG	Kräuter hacken, Knoblauch pressen	
600 g	Gemüse	- Gemüse stiftelig schneiden,
	(Karotten,	- Dips in Schüsselchen anrichten.
	Gurken,	- Gemüse mit der Gabel oder Holzspießchen
	Paprika ...)	in eine Sauce tauchen.
	Kräuterdip	
1/8 l	Sauerrahm	- Alle Zutaten miteinander verrühren
1/8 l	Jogurt	
2 EL	Mayonnaise	
2 EL	Kräuter, gehackt	
	Sz., Pfw., Knoblauch	
1 KL	Essig	
	Pikanter Dip	
1/4 l	Sauerrahm	- Alle Zutaten miteinander verrühren
	Sz., Pfw., Knoblauch	
1 EL	Kräuter, gehackt	
1 EL	Tomatenketchup	
1 EL	Paprika - rot, gehackt	
1 EL	Paprika - grün, ge-	

Rezepte | Kalte Vorspeisen

30 | Getreidesalat rustikal ☺

ARBEITSGERÄTE	Kasserolle, Messer, Brett, 2 Schüsseln
VORBEREITUNG	Getreide in 0,4 l Wasser dünsten (30–50 min.)

200 g	Getreide	Getreide: Weizen, Reis, Buchweizen, Hafer
je 1 St.	Paprika, rot und grün	- Getreide auskühlen lassen; - Gemüse, Schnittlauch fein schneiden;
2 St.	Tomaten	- Getreide und Gemüse vermischen;
1 Bd.	Schnittlauch	- Marinade aus Öl, Essig, Knoblauch, Kräutersalz
5 EL	Öl, kaltgepresst	herstellen;
	Essig, Knobl. Kräutersalz	- Salat marinieren und mit Hüttenkäse bestreuen.
250 g	Hüttenkäse	

31 | Blaukraut-Früchte-Rohkost ☻ ☺

ARBEITSGERÄTE	Hobel, Messer, Brett, 2 Schüsseln
VORBEREITUNG	Blaukraut putzen

400 g	Blaukraut	- Blaukraut hobeln;
1 St.	Apfel	- Apfel, Banane, Orange schälen, klein schneiden;
1 St.	Banane	- Zitrone und Orange auspressen, mit Zucker, Salz
1 St.	Orange	und Öl vermischen;
1/2 St.	Zitrone	- Blaukraut und Obst vermengen, marinieren;
1/2 St.	Orange	- Walnüsse halbieren, Salat damit belegen.
	Salz, Zucker	
1 EL	Öl	
4 St.	Walnüsse	

32 | Gemüse-Cocktail ☺

ARBEITSGERÄTE	Kasserolle, Messer, Brett, 2 Schüsseln
VORBEREITUNG	Kohlrabi und Karotten in Salzwasser dünsten.

Gemüse		**Dressing**	
1 St.	Kohlrabi	1/4 l	Sauerrahm
2 St.	Karotten		Salz, Pfeffer - weiß
	Salzwasser	1 EL	Kräuter, gehackt
1 St.	Paprika, grün	1 KL	Essig
4 Bl.	Salatblätter	1/2 Bd.	Schnittlauch

- Gegärte Kohlrabi und Karotten schälen, würfelig schneiden;
- Paprika würfelig schneiden;
- Cocktailschalen mit Salatblätter auslegen, geschnittenes Gemüse einfüllen, mit Dressing überziehen;
- mit Schnittlauch bestreuen.

- Schnittlauch schneiden; 1 KL zum Verzieren zurückhalten;
- alle Zutaten vermischen und abschmecken.

▶ Suppen

Obwohl eine Rohkost am Beginn der Mahlzeit gesundheitsförderlicher wäre, sind Suppen als Einleitung eines Menüs noch immer beliebt. Es gibt eine große Vielfalt von klaren und gebundenen Suppen.

Klare Suppen werden meist mit einer Einlage serviert. Vom Gesundheitsstandpunkt ist die Gemüsebrühe der Rindsuppe vorzuziehen.

Die Einlage soll sich immer von der Suppe abheben. Bei einer dunklen Einlage wird daher eine helle Suppe gewählt, bei der hellen Einlage eine dunkle Suppe.

Gebundene Suppen sind aufgrund ihrer Zutaten energiereicher und ausgiebiger.

33 | Gemüsebrühe ☺

ARBEITSGERÄTE	Messer, Brett, 2 Suppentöpfe, Spitzsieb
VORBEREITUNG	Wurzelwerk putzen, waschen; Zwiebel schälen

a) Helle Gemüsebrühe

1 St.	Zwiebel	*Wurzelwerk: je 1 St. Karotte, Petersilienwurzel,*
1/2 St.	Lauch	*1/4 Sellerieknolle.*
1 Bd.	Wurzelwerk	*Gewürze: Pfefferkörner, Neugewürzkörner,*
	Gewürze	*Muskatblüte.*
	Suppengrün	*Suppengrün: Petersilie, Lauch, Sellerieblätter.*
1 l	Wasser	*- Gemüse grob schneiden, in kaltem Wasser*
	Salz	* zustellen, Gewürze, Suppengrün zugeben;*
1/2 St.	Gemüse-	*- Suppe 1-2 Std. köcheln lassen;*
	suppenwürfel	*- Suppe abseihen, mit Salz und Suppenwürze*
1/2 Bd.	Schnittlauch	* abschmecken;*
		- mit geschnittenem Schnittlauch bestreuen.

b) Dunkle Gemüsebrühe

Zutaten wie bei heller Gemüsebrühe. Wurzelwerk und Zwiebel in 1 KL Öl gut anrösten, mit Wasser aufgießen. Weitere Zubereitung siehe oben.

Rezepte | Suppen

34 | Rindsuppe

ARBEITSGERÄTE	Messer, Brett, 2 Suppentöpfe, Spitzsieb
VORBEREITUNG	Wurzelwerk putzen, waschen; Zwiebel schälen

a) Helle Rindsuppe

1 l	Wasser	Wurzelwerk: je 1 St. Karotte, Petersilienwurzel, 1/4 Sellerieknolle.
200 g	Rindfleisch mit Knochen	Suppengrün: Petersilie, Lauch, Sellerieblätter, Liebstöckl.
1 Bd.	Wurzelwerk	
1 St.	Zwiebel	Gewürze: Pfefferkörner, Lorbeerblatt, Neugewürzkörner, Muskatblüte
1 Bd.	Suppengrün	
	Gewürze	- Wurzelwerk grob schneiden;
	Salz	- kaltes Wasser mit Wurzelwerk, Rindfleisch, Knochen, halbierter Zwiebel, Suppengrün und Gewürzen zustellen;
1/2 St.	Suppenwürfel	
1/2 Bd.	Schnittlauch	- Suppe 1-2 Std. kochen lassen, abseihen;
		- Suppe mit Salz, Suppenwürfel abschmecken, mit geschnittenem Schnittlauch bestreuen.

b) Dunkle Rindsuppe

Zutaten wie bei heller Rindsuppe. Wurzelwerk und Zwiebel in 1 KL Öl gut anrösten, mit Wasser aufgießen. Weitere Zubereitung siehe oben.

Klare Suppen mit Einlagen

35 | Eintropfsuppe

ARBEITSGERÄTE	Schnabelhäferl, Schneerute, Suppentopf
VORBEREITUNG	Suppe zum Kochen bringen

30 g	Mehl	- Tropfteig: Mehl mit Salz und Ei glatt verrühren;
	Salz	- den Teig in die kochende Suppe mit Hilfe eines Schnabelhäferls eintropfen lassen.
1 St.	Ei	
0,8 l	Suppe	

36 | Grießeintropfsuppe

ARBEITSGERÄTE	Schnabelhäferl, Schneerute, Suppentopf
VORBEREITUNG	Suppe zum Kochen bringen

1 St.	Ei	- Grieß mit Gewürzen und Ei glatt verrühren;
30 g	Grieß	- den Teig in die kochende Suppe mit Hilfe eines Schnabelhäferls eintropfen lassen.
	Salz	
	Muskatnuss	
0,8 l	Suppe	

37 Nudelsuppe 🕐

ARBEITSGERÄTE	Kasserolle, Sieb, Suppentopf	
VORBEREITUNG	Salzwasser zum Kochen bringen	
60 g	Suppen-nudeln (oder Nudel-teig-GT 6)	- Suppennudeln in kochendem Salzwasser 5 min. kochen, abseihen und in die fertige Suppe geben; - Suppe mit geschnittenem Schnittlauch bestreuen.
1 l	Salzwasser	
0,8 l	Suppe	
1/2 Bd.	Schnittlauch	

TIP *Tiroler Nudelsuppe*
In der Nudelsuppe 2 Paar Frankfurter 5 min. ziehen lassen, in Scheiben schneiden und in der Suppe servieren.

38 Suppe mit Leberspätzle

ARBEITSGERÄTE	Schüssel, Schneidbrett, Messer, Spätzlesieb, Kasserolle	
VORBEREITUNG	Leber faschieren, Salzwasser kochen	
120 g	Rindsleber	- Gewürze: Salz, Pfeffer, Majoran, Muskat
1 St.	Ei	- Zwiebel fein schneiden, in Öl anrösten;
1/2 Bd.	Petersilie	- Petersilie hacken;
1 EL	Öl	- alle Zutaten miteinander vermischen, 10 min.
1 St.	Zwiebel	ziehen lassen;
	Gewürze	- Masse durch ein Spätzlesieb ins kochende
4 EL	Semmel-brösel	Salzwasser drücken, einmal aufkochen lassen, abseihen und in die fertige Suppe geben.
1 EL	Mehl - griffig	
1 l	Salzwasser	
0,8 l	Suppe	

39 Suppe mit Leberknödel

ARBEITSGERÄTE	Schüssel, Messer, Brett, Pfanne	
VORBEREITUNG	Leber faschieren, Semmel in Wasser einweichen, Salzwasser zum Kochen bringen	
100 g	Rindsleber	- Gewürze: Salz, Pfeffer, Majoran, Knoblauch,
1 St.	Semmel	Petersilie;
1 St.	Ei	- eingeweichte Semmel ausdrücken, passieren oder
1/2 St.	Zwiebel	fein zerdrücken;
1 EL	Öl	- Zwiebel fein schneiden, in Öl anrösten;
	Gewürze	- alle Zutaten vermischen und würzen;
2 EL	Semmel-brösel	- aus der Masse kleine Knödel formen, in kochendem Salzwasser 5-10 min kochen;
1 EL	Mehl - griffig	- Knödel in die fertige Suppe einlegen.
1 l	Salzwasser	
0,8 l	Suppe	

Rezepte | Suppen

40 Suppe mit Grünkernnockerln 😊

ARBEITSGERÄTE	Kasserolle, Kochlöffel, 2 Kaffeelöffel, Suppentopf
VORBEREITUNG	Grünkern zu feinem Schrot mahlen (Kaffeemühle)

0,2 l	Gemüse-brühe	- Gemüsebrühe, Butter, Salz, Muskat zum Kochen bringen;
40 g	Butter	- Grünkernschrot einrühren, solange rühren bis ein dicker Brei entsteht;
	Salz, Muskat	
120 g	Grünkern-schrot	- Brei überkühlen lassen und Ei einrühren;
1 St.	Ei	- aus der Masse mit zwei Kaffeelöffeln Nockerl formen, Nockerl in leicht kochender Gemüsebrühe 10 min. ziehen lassen.
1 l	Gemüse-brühe	

41 Suppe mit Grießnockerln

ARBEITSGERÄTE	Schüssel, Schneerute, Kasserolle, 2 Kaffeelöffel
VORBEREITUNG	Petersilie hacken, Salzwasser kochen

50 g	Butter	- Butter flaumig rühren, Ei, Grieß und Gewürze zugeben;
1 St.	Ei	
100 g	Grieß	- Masse 15 min. ziehen lassen;
	Salz, Muskat	- mit zwei Kaffeelöffel Nockerl formen und in das kochende Salzwasser einlegen;
1/2 Bd.	Petersilie	
1 l	Salzwasser	- Nockerl 15-20 min. ziehen lassen;
0,8 l	Suppe	- Nockerl in die fertige Suppe einlegen.

TIP Grießnockerl können gut mit Vollkorngrieß zubereitet werden.

42 Suppe mit Grießknödeln

ARBEITSGERÄTE	kleine und große Kasserolle, Rührschüssel, Schneerute
VORBEREITUNG	Salzwasser kochen

0,2 l	Milch	- Milch zum Kochen bringen, Grieß einkochen, solange rühren bis ein dicker Brei entsteht, Grießbrei auskühlen lassen.
80 g	Grieß	
	Salz, Muskat	
30 g	Butter	- Abtrieb aus Butter und Ei herstellen, Grießbrei und Gewürze zugeben;
1 St.	Ei	
1 l	Salzwasser	- aus der Masse kleine Knödel formen, in das kochende Salzwasser einlegen und 5 min. ziehen lassen.
0,8 l	Suppe	

TIP Die Masse kann mit angerösteten Speckwürfeln verbessert werden → Speckgrießknödel.

43 Suppe mit Frittaten

ARBEITSGERÄTE	Rührschüssel, Schneerute, Pfanne, Küchenfreund
VORBEREITUNG	Frittatenteig – S. 239 zubereiten, Frittaten backen.
GT 1	
0,8 l	Suppe

- Gebackene Frittaten in der Mitte halbieren, zusammenrollen und nudelig schneiden;
- geschnittene Frittaten auf einen Teller anrichten und zur Suppe servieren.

44 Suppe mit Brandteigkrapferln

ARBEITSGERÄTE	kleine Kasserolle, Kochlöffel, Rührschüssel, Schneerute
VORBEREITUNG	Brandteig – S. 247 zubereiten, Backblech befetten, Rohr – 220 °C
GT 14	
0,8 l	Suppe

- Teig in Spritzsack mit gezackter Tülle füllen, kleine Tupfen auf befettetes Blech spritzen;
- Brandteigkrapferl bei 220 °C anbacken, bei 180 °C fertig backen (ca. 10 min.);
- Krapferl zur Suppe servieren.

45 Suppe mit Biskuitschöberln

ARBEITSGERÄTE	Rührschüssel, Mixer, Backblech, Messer, Brett
VORBEREITUNG	Petersilie hacken, Rohr einschalten – 200 °C, Blech befetten
2 St.	Eiklar
2 St.	Dotter
	Salz, Muskat
1/2 Bd.	Petersilie
40 g	Mehl
0,8 l	Suppe

- Eiklar zu Schnee schlagen;
- andere Zutaten leicht unterheben;
- Masse auf Blech streichen - 2 cm dick;
- Masse bei 200 °C ca. 10 min. backen;
- Biskuit in Rhomboide schneiden und zur Suppe servieren.

TIP: Schinkenschöberl: 50 g gehackten Schinken dem Biskuitteig beimengen.

46 Suppe mit Milzschnitten

ARBEITSGERÄTE	Pfanne, Schüssel, Brett, Messer, Blech
VORBEREITUNG	Rohr einschalten – 200 °C, Semmeln in dünne Scheiben schneiden
1 EL	Öl
1/2 St.	Zwiebel
100 g	Milz
1 St.	Ei
	Salz, Pfeffer
1/2 Bd.	Petersilie
2 St.	Semmeln
0,8 l	Suppe

- Zwiebel fein schneiden, in Öl anrösten;
- Milz mit einem Messerrücken schaben (= aus dem Bindegewebe herausstreifen);
- Petersilie hacken;
- Milz, Zwiebel, Ei, Gewürze, Petersilie vermischen, auf Semmelscheiben streichen;
- Milzschnitten auf ein Blech legen und bei 200 °C ca. 10 min. backen.

Rezepte | Suppen

47 | Suppe mit Käseröstschnitten 🕐

ARBEITSGERÄTE	Rührschüssel, Schneerute, Reibeisen
VORBEREITUNG	Käse reiben, Salzstangerl in Scheiben schneiden, Rohr – 200 °C

30 g	Butter	- Butter flaumig rühren, Käse, Ei und Gewürze
50 g	Emmentaler	dazurühren;
1 St.	Ei	- Masse auf Salzstangerlscheiben streichen;
	Salz, Muskat	- Scheiben auf Backblech legen, bei 200 °C
	Paprika	ca. 10 min. backen;
2 St.	Salzstangerl	- Röstschnitten zur fertigen Suppe servieren.
0,8 l	Suppe	

⬆ **TIP** Karottencroutons: Anstelle von 50 g Emmentaler werden 100 g geriebene Karotten dazugerührt.

Gebundene Suppen

48 | Knoblauch-Dinkelsuppe 🕐 ☺

ARBEITSGERÄTE	Messer, Brett, Suppentopf, Schneerute, Schüsserl
VORBEREITUNG	Knoblauchzehen pressen, Petersilie hacken

20 g	Butter	- Zwiebel fein schneiden, in heißer Butter glasig
1 St.	Zwiebel	werden lassen, mit Gemüsebrühe aufgießen,
0,8 l	Gemüse-brühe	zum Kochen bringen;
60 g	Dinkelmehl	- Dinkelmehl mit Schlagobers glatt verrühren und in die kochende Suppe einrühren, Suppe
1/8 l	Schlagobers	aufkochen lassen, Gewürze und gepressten
	Salz	Knoblauch dazugeben;
2-3 St.	Knoblauch-zehen	- Suppe mit gehackter Petersilie bestreuen.
1/2 Bd.	Petersilie	

49 | Karfiolsuppe

ARBEITSGERÄTE	2 Suppentöpfe, Schneerute, Messer
VORBEREITUNG	Salzwasser kochen, Karfiol putzen und waschen

1 St.	Karfiol	- Karfiol in Röschen teilen, in kochendem
1 l	Salzwasser	Salzwasser bissfest kochen, abseihen;
40 g	Butter	- Mehl in Butter leicht anrösten, mit überkühltem
40 g	Mehl - glatt	Karfiolsud aufgießen und glattrühren, Suppe zum
0,8 l	Karfiolsud	Kochen bringen, würzen, Karfiolröschen zugeben;
	Salz	- Suppe mit gehackter Petersilie bestreuen
1/2 Bd.	Petersilie	

50 | Spinatsuppe

ARBEITSGERÄTE		Kasserolle, Suppentopf, Pürierstab, Schneerute
VORBEREITUNG		frischen Spinat putzen, waschen, Salzwasser kochen
250 g	Spinat	- 2/3 des Spinates in Salzwasser dünsten, mit dem
1/2 l	Salzwasser	rohen Spinat pürieren;
40 g	Butter	- Mehl in Butter leicht anrösten, mit kalter Milch
40 g	Mehl - glatt	aufgießen, verrühren;
1/4 l	Milch	- Einmach verkochen lassen, würzen und pürierten
	Salz, Pfeffer	Spinat zugeben;
	Knoblauch,	- Suppe eventuell mit gerösteten Semmelwürfeln
	Muskat,	bestreuen;
1 St.	Semmel	- ev. mit Schlagoberstupfen verzieren.

TIP: Anstelle von frischem Spinat kann auch TK-Cremespinat verwendet werden.

51 | Tomatensuppe

ARBEITSGERÄTE		2 Kasserollen, Brett, Messer, Passiergerät, Schneerute
VORBEREITUNG		Tomaten in Spalten schneiden
1 EL	Öl	- Zwiebel fein schneiden, in Öl anrösten,
1 St.	Zwiebel	Tomatenspalten zugeben, dünsten;
400 g	Tomaten	- Mehl in Butter leicht anrösten, mit kaltem Wasser
40 g	Butter	aufgießen und glattrühren, zum Kochen bringen;
40 g	Mehl - glatt	- Tomaten zur Einmach passieren;
1/2 l	Wasser	- Petersilie, Basilikum hacken;
	Salz, Zucker	- Suppe würzen und mit gehackten Kräutern
1/2 Bd.	Petersilie	bestreuen;
1/2 Bd.	Basilikum	- ev. mit Schlagoberstupfen verzieren.

52 | Zucchinicremesuppe

ARBEITSGERÄTE		Suppentopf, Brett, Messer, Pürierstab, Schüssel
VORBEREITUNG		Zucchini putzen, blättrig schneiden, Knoblauch pressen
20 g	Butter	- Zwiebel fein schneiden, in heißer Butter glasig
1 St.	Zwiebel	werden lassen, geschnittene Zucchini und
2 St.	Knoblauch	gepressten Knoblauch zugeben, mit Gemüsebrühe
500 g	Zucchini	aufgießen;
1/2 l	Gemüsebrühe	- Zucchini in der Gemüsebrühe weichkochen,
40 g	Dinkelmehl	pürieren;
1/8 l	Schlagobers	- Dinkelmehl mit Schlagobers glattrühren, in die
1/2 Bd.	Kräuter	kochende Suppe einrühren;
		- Suppe aufkochen, mit gehackten Kräutern bestreuen.

Rezepte | Suppen

53 | Brokkolicremesuppe

Die Zubereitung erfolgt wie die Zucchinicremesuppe. Anstelle der Zucchini wird Brokkoli verwendet.

54 | Gemüsesuppe

ARBEITSGERÄTE	Brett, Messer, Suppentopf, Schüsserl, Schneerute	
VORBEREITUNG	Alle Gemüse putzen, beliebig klein schneiden.	
400 g	Gemüse	Gemüse: Alle Gemüsesorten können hierfür
1 EL	Öl	verwendet werden;
1 St.	Zwiebel	- Zwiebel fein schneiden, in Öl anrösten, die anderen
1/2 l	Wasser	Gemüse dazugeben, mit Wasser aufgießen;
1 EL	Mehl - glatt	- Gemüse bissfest kochen;
1/8 l	Sauerrahm	- Mehl mit Sauerrahm glattrühren (= Mehlteigerl);
	Salz,	- Mehlteigerl in kochende Suppe einrühren,
	Pfeffer - weiß	aufkochen lassen, würzen;
1/2 Bd.	Petersilie	- Suppe mit gehackter Petersilie bestreuen.

55 | Lauchsuppe ⏱

ARBEITSGERÄTE	Brett, Messer, Suppentopf, Reibeisen	
VORBEREITUNG	Lauch putzen, feinnudelig schneiden, Kartoffeln schälen	
2 EL	Öl	- Öl erhitzen, Lauch darin andünsten, mit Suppe
2 St.	Lauch	aufgießen, würzen;
1/2 l	Suppe	- Suppe 10 min. kochen lassen;
	Salz, Pfw.	- Kartoffeln raffeln und zur Suppe geben;
	Majoran	- Suppe nochmals 10-15 min. kochen lassen,
2 St.	Kartoffeln	abschmecken.

56 | Zwiebelsuppe

ARBEITSGERÄTE	Brett, Messer, Suppentopf, Reibeisen, feuerfeste Suppentassen	
VORBEREITUNG	Käse reiben, Zwiebel schälen, Rohr einschalten - 200 °C	
2 EL	Öl	- Zwiebel ringelig schneiden, in Öl glasig dünsten,
400 g	Zwiebel	mit Mehl stauben und mit Gemüsebrühe und
20 g	Mehl - glatt	Weißwein aufgießen;
1/2 l	Gemüse-brühe	- Suppe würzen und 10 min. kochen lassen;
1/8 l	Weißwein	- Schlagobers in die Suppe einrühren;
	Salz, Pfw.	- Suppe in Suppentassen füllen;
6 cl	Schlagobers	- Brotscheiben mit geriebenem Käse bestreuen,
2 Sch.	Toastbrot	auf die Suppe legen und im Rohr bei 200 °C
60 g	Emmentaler	überbacken.

57 | Kartoffelsuppe

ARBEITSGERÄTE	Brett, Messer, Suppentopf, Schüsserl, Schneerute	
VORBEREITUNG	Kartoffeln schälen, würfelig schneiden, Petersilie hacken	
1 EL	Öl	- Zwiebel fein schneiden, in Öl anrösten,
1 St.	Zwiebel	Kartoffelwürfel zugeben, mit Wasser aufgießen,
400 g	Kartoffeln	Gewürze zugeben;
1/2 l	Wasser	
	Salz, Pfw.	- Kartoffeln in der Suppe weichkochen;
	Majoran,	- Mehl mit Sauerrahm glattrühren, in die kochende
	Lorbeerblatt	Suppe einrühren;
1 KL	Essig	- Suppe aufkochen lassen;
		- mit gehackter Petersilie bestreuen.
1 EL	Mehl- glatt	
1/8 l	Sauerrahm	
1/2 Bd.	Petersilie	

58 | Gulaschsuppe

ARBEITSGERÄTE	Brett, Messer, Suppentopf, Schüsserl, Schneerute	
VORBEREITUNG	Rindfleisch würfelig schneiden	
2 EL	Öl	- Zwiebel fein schneiden, in Öl anrösten;
200 g	Zwiebel	- Fleischwürfel zugeben, anrösten, Paprikapulver,
200 g	Rindfleisch	Essig und Gewürze zugeben;
	(Schulter)	- mit Wasser aufgießen, 1/2 Std. kochen lassen;
1 EL	Paprika -	- Kartoffeln schälen, würfelig schneiden, in die
	edelsüß	Suppe geben;
1 EL	Essig	- Suppe nochmals ca. 15 min. kochen lassen;
	Salz, Pfw.	- Mehl mit etwas Wasser glattrühren und in die
1/2 l	Wasser	kochende Suppe einrühren;
1 EL	Mehl - glatt	- Suppe aufkochen lassen und abschmecken.
2 St.	Kartoffeln	

Rezepte | Hauptspeisen – Fleisch

▶ Hauptspeisen mit Fleisch

In einer gesunden, vollwertigen Ernährung besteht das Bestreben, Fleischspeisen nicht zu oft einzusetzen. Zu hoher Fleischkonsum kann zu Erkrankungen, z.B. Gicht, führen. Zu bedenken ist aber auch, dass für ein Kilogramm Fleisch ca. sieben Kilogramm Futtergetreide notwendig ist! Die richtige Ernährungsweise legt auf Gemüse-, Getreide-, Kartoffel- oder Hülsenfruchtspeisen einen größeren Wert. Ein bis zwei Fleischmahlzeiten pro Woche sind sicher ausreichend.

Gerichte mit Faschiertem

59 | Faschierte Laibchen ⏱

ARBEITSGERÄTE	Messer, Brett, Pfanne, 2 Schüsseln
VORBEREITUNG	Semmeln in Wasser einweichen, Zwiebel schälen

450 g	Faschiertes	- Zwiebel fein schneiden, in Öl anrösten;
2 St.	Semmeln	- eingeweichte Semmeln ausdrücken und zerbröseln;
1 EL	Öl	- Petersilie fein hacken;
1 St.	Zwiebel	- Faschiertes mit allen Zutaten gut vermischen,
1 St.	Ei	würzen, zu Laibchen formen;
2 EL	Brösel	- Laibchen in heißem Öl beidseitig braten.
1/2 Bd.	Petersilie	
	Salz, Pfw.	
	Majoran	
4 EL	Öl z. Braten	
Beilagen:	Kartoffelpüree, Salat	

60 | Faschierter Braten (Hackbraten)

ARBEITSGERÄTE	Messer, Brett, Pfanne, 2 Schüsseln, Bratenform, Kasserolle
VORBEREITUNG	Semmeln einweichen, Rohr – 180 °C, Form befetten

Zutaten	Nr. 59	Zubereitung wie bei Faschierten Laibchen.
	Sauce:	- Faschierte Masse zu einer Rolle formen, in eine
1 St.	Zwiebel	befettete Bratenform geben;
1/4 l	Suppe	- im Rohr bei 180 °C ca. 30 min. braten.
2 EL	Mehl	Für die Sauce:
1/8 l	Sauerrahm	- Zwiebel fein schneiden, in Öl anrösten, mit Suppe
1 EL	Tomatenmark	aufgießen;
	Sz., Pfw.,	- Mehl und Sauerrahm glatt verrühren, in die
	Senf	kochende Sauce eingießen;
		- Sauce aufkochen lassen, würzen.
Beilagen:	Kartoffelpüree, Petersilienkartoffeln, Salat	

61 Gefüllter Hackbraten

ARBEITSGERÄTE	Messer, Brett, Pfanne, 2 Schüsseln, Bratenform
VORBEREITUNG	Eier hartkochen, abschrecken, schälen; Rohr – 180 °C

Zutaten		
	Nr. 60	- Zutaten wie beim faschierten Braten. Die Zubereitung erfolgt nach Rezept Nr. 60
1 St.	Schweinsnetz	- Hälfte der faschierten Masse auf ein Schweinsnetz geben;
3 St.	Eier	
4 St.	Essiggurken	- ganze Eier, Essiggurken, Speckstreifen in die Mitte darauflegen;
100 g	Speck	
		- zweite Hälfte der faschierten Masse darauf verteilen, zu Braten formen;
		- Braten mit Schweinsnetz umhüllen, im Rohr bei 180 °C ca. 40 min. braten.
Beilagen:	Kartoffelpüree, Petersilienkartoffeln, Salat	

62 Cevapcici

ARBEITSGERÄTE	Schüssel, Knoblauchpresse, Kochlöffel
VORBEREITUNG	Knoblauch pressen

600 g	Rindfleisch, faschiert	- Rindfleisch mit den Gewürzen und Bröseln sehr gut vermischen;
	Sz., Pfw., Muskat, Paprika	- aus der Masse daumendicke Röllchen formen;
		- Fleischröllchen in heißem Fett rundum knusprig braten;
1 St.	Knoblauchz.	Oder:
	Majoran	- Fleischröllchen mit Öl bestreichen und grillen.
1 EL	Semmelbrösel	
4 EL	Öl z. Braten	
Beilagen:	Tomatenketchup, Zwiebelringe, Brot, Bratkartoffeln	
TIP	Aus den Zutaten für Cevapcici lassen sich sehr leicht Hamburger machen. Hierzu wird die hergestellte Masse zu Laibchen geformt. Diese werden in heißem Öl gebraten. Die fertigen Laibchen werden in halbierte Vollkornbrötchen, die mit Salatblättern belegt sind, gegeben. Eventuell können sie noch mit Tomatenketchup, Senf, Essiggurkerl oder Tomatenscheiben verbessert werden.	

Rezepte | Hauptspeisen – Fleisch

Speisen mit Rindfleisch

63 | Gekochtes Rindfleisch

ARBEITSGERÄTE	Messer, Brett, Suppentopf, Spitzsieb
VORBEREITUNG	Wurzelwerk putzen, waschen, Zwiebel schälen

1 St.	Zwiebel	- Zwiebel, Lauch, Wurzelwerk grob schneiden, in kaltem Wasser aufstellen, Gewürze zugeben;
1 Bd.	Wurzelwerk	
1/2 St.	Lauch	- Suppe zum Kochen bringen, Tafelspitz und Salz in die Suppe geben;
1 l	Wasser	
	Pfeffer-körner	- Fleisch ca. 1 Std. kochen lassen;
	Neugewürz-körner	- Suppe abseihen, Wurzelwerk in Scheiben schneiden;
600 g	Tafelspitz	- Fleisch portionieren, mit Karottenscheiben und Petersilie verzieren.
	Salz	
1/2 Bd.	Petersilie	
Beilagen:	Apfelkren, Cremespinat, Röstkartoffeln	

64 | Rindsbraten

ARBEITSGERÄTE	Messer, Brett, Bratenform, Schüsserl, Schneerute, Passiergerät
VORBEREITUNG	Zwiebel, Karotte, Sellerie schälen, würfelig schneiden, Rohr – 200 °C

4 EL	Öl	- Fleisch würzen und rundum in heißem Öl anbraten, Zwiebel und Gemüse zugeben und braun anrösten;
600 g	Beiried (oder Scherzel)	
	Salz, Pfeffer	- Fleisch mit Suppe und Rotwein aufgießen;
	Senf	- Fleisch im Rohr zugedeckt ca. 1,5 Std. garen, dabei öfters mit Bratensaft begießen;
1 St.	Zwiebel	- Fleisch herausgeben und portionieren;
1 St.	Karotte	- Sauerrahm mit Mehl glattrühren und in kochenden Bratensaft einrühren;
1/2 St.	Sellerie	
1/4 l	Suppe	- Sauce aufkochen lassen, passieren, Tomatenmark zugeben und abschmecken.
6 cl	Rotwein	
1 EL	Mehl - glatt	
1/8 l	Sauerrahm	
1 EL	Tomaten-mark	
Beilagen:	Spätzle, Teigwaren	

65 | Rindsrouladen

ARBEITSGERÄTE	Messer, Brett, Pfanne, Kasserolle, Schüssel, Schneerute
VORBEREITUNG	Karotte putzen, Karotte und Essiggurke in Streifen schneiden, Zwiebel fein schneiden

4 St.	Rinds-schnitzel Salz, Pfeffer, Senf	- Schnitzel klopfen, würzen;
		- Schnitzel mit Speck, Essiggurken- und Karottenstreifen belegen;
4 Bl.	Hamburger Speck	- Schnitzel einrollen und mit Spießchen (Zahnstocher) fixieren;
1 St.	Essiggurke	- Rouladen in Mehl wälzen, in heißem Öl rundum anbraten, in Kasserolle geben;
1 St.	Karotte	- geschnittene Zwiebel in der Pfanne anrösten,
2 EL	Mehl - glatt	aufgießen, zu den Rouladen gießen;
3 EL	Öl	- Rouladen in der Kasserolle ca. 1 Stunde dünsten;
1 St.	Zwiebel	- Rouladen herausgeben und halbieren;
1 KL	Mehl - glatt	- Mehl mit Sauerrahm und Rotwein verrühren, in die
1/8 l	Sauerrahm	kochende Sauce einrühren;
2 EL	Rotwein	- Sauce aufkochen lassen und abschmecken.
Beilagen:	Spätzle, Teigwaren	

66 | Rindsgulasch

ARBEITSGERÄTE	Messer, Brett, Kasserolle, Schüssel, Schneerute
VORBEREITUNG	Zwiebel schälen, Fleisch würfelig schneiden

3 EL	Öl	- Zwiebel ringelig schneiden, in heißem Öl goldgelb anrösten;
500 g	Zwiebel	
500 g	Rindsschulter (Wad-schinken)	- in Würfel geschnittenes Fleisch zugeben, anrösten;
		- Paprika darüberstreuen, mit Essig ablöschen;
		- mit etwas Wasser aufgießen;
1 EL	Paprika	- Gewürze und Tomatenmark zugeben;
1 EL	Essig	- Gulasch weichdünsten - ca. 1 Std.;
	Sz., Majoran Kümmel Knoblauch	- Mehlteigerl herstellen, in Gulasch einrühren, aufkochen lassen und abschmecken.
1 KL	Tomaten-mark	
1 EL	Mehl - glatt	
2 EL	Sauerrahm	
Beilagen:	Semmelknödel, Polenta	

Das fertige Gulasch kann folgendermaßen weiterverarbeitet werden:

67 **Znaimer Gulasch:** mit blättrig geschnittenen Essiggurken vermengen.
68 **Klausenburger Gulasch:** mit gedünsteten Erbsen vermengen.
69 **Debreziner Gulasch:** mit blättrig geschnittenen Debreziner Würstl vermengen
70 **Fiaker Gulasch:** mit Spiegelei und Essiggurkerl servieren.

Rezepte | Hauptspeisen – Fleisch

71 Zwiebelrostbraten

ARBEITSGERÄTE	Messer, Brett, Pfanne, Platte	
VORBEREITUNG	Zwiebel schälen, ringelig schneiden	
4 St.	Rostbraten	- Rostbraten am Rand etwas einschneiden, würzen;
	Salz, Pfeffer	- Rostbraten mit einer Seite in Mehl tauchen und in
2 EL	Mehl - glatt	heißem Öl beidseitig rasch abbraten;
2 EL	Öl	- Fleisch herausgeben und warmstellen;
1 St.	Zwiebel	- geschnittene Zwiebel in der Pfanne anrösten, auf
1/8 l	Suppe	das Fleisch geben;
10 g	Butter	- Röstprodukte aufgießen, aufkochen, mit einem
		Stückchen Butter verbessern;
		- Sauce über das angerichtete Fleisch gießen.
Beilagen:	Nockerl, Kartoffelknödel	

72 Rindsschnitzel Wildbretart

ARBEITSGERÄTE	Messer, Brett, Reibeisen, Pfanne, Kasserolle, Zitronenpresse	
VORBEREITUNG	Zwiebel schälen und fein schneiden, Wurzelwerk putzen und reiben, Zitrone auspressen, Wacholderbeeren hacken	
4 St.	Rinds-schnitzel	- Rindsschnitzel einschneiden, klopfen;
	Sz., Wild-gewürz, Wachol-derbeeren	- Gewürze mischen und Schnitzel damit bestreuen;
		- Schnitzel in Mehl tauchen und in heißem Öl beidseitig braten, in Kasserolle geben;
1 St.	Wurzelwerk	- Zwiebel in der Pfanne anrösten, geriebenes Wurzelwerk zugeben, mit Zitronensaft, Rotwein und Suppe aufgießen, über Schnitzel gießen;
2 EL	Mehl - glatt	- Schnitzel ca. 45 min. dünsten;
3 EL	Öl	- Mehlteigerl herstellen, in kochende Sauce einrühren, verkochen lassen und abschmecken.
1 St.	Zwiebel	
1 St.	Karotte	
100 g	Sellerie	
1/2 St.	Zitrone	
1/8 l	Rotwein	
1/8 l	Suppe	
1/8 l	Sauerrahm	
2 EL	Mehl - glatt	
Beilagen:	Spätzle, Blaukraut	

Speisen mit Kalbfleisch

73 | Kalbsbraten

ARBEITSGERÄTE	Messer, Brett, Küchenfreund, Bratenform
VORBEREITUNG	Kalbfleisch enthäuten, Rohr – 180 °C

600 g	Kalbs- schlegel Salz	- Fleisch salzen, in heißem Öl rundum anbraten; - Fleisch mit Suppe aufgießen, in heißem Rohr ca. 40 min. braten, dabei öfters mit eigenem Saft
6 EL	Öl	begießen, Suppe eventuell nachgießen;
4 EL	Suppe	- gegartes Fleisch herausgeben, portionieren;
20 g	Butter	- Saft mit etwas Butter verbessern, mit Suppe
4 EL	Suppe	aufkochen lassen.
Beilagen:	Reis, Petersilienkartoffeln, Gemüse	

74 | Kalbsröllchen

ARBEITSGERÄTE	Brett, Messer, Fleischklopfer, Kasserolle, Pfanne, Küchenfreund, Schüsserl, Schneerute, Knoblauchpresse
VORBEREITUNG	TK-Spinat auftauen, Knoblauch pressen

4 St.	Kalbsschnitzel	- Spinat in Butter dünsten, würzen;
	Salz	- Schnitzel klopfen, salzen;
4 Bl.	Schinken	- Schnitzel mit Schinken belegen, Blattspinat auf
150 g	TK-Blattspinat	Schnitzel verteilen, Schnitzel zusammenrollen und
10 g	Butter	mit Spießchen (Zahnstocher) fixieren;
	Sz, Pf, Musk.	- Kalbsröllchen im Mehl wälzen, rundum in heißem
	Knoblauch	Öl abbraten, mit etwas Wasser aufgießen;
2 EL	Mehl - glatt	- Röllchen ca. 20 min. dünsten;
3 EL	Öl	- gegarte Röllchen herausgeben, halbieren;
1/8 l	Schlagobers	- Mehl mit Schlagobers glattrühren, in die Sauce
1 EL	Mehl - glatt	einrühren, aufkochen, abschmecken.
Beilagen:	Reis, Prinzesskartoffeln, Gemüse	

75 | Wiener Schnitzel ⏱

ARBEITSGERÄTE	Fleischklopfer, Brett, 3 Teller, Pfanne, Küchenfreund
VORBEREITUNG	Eier aufschlagen, salzen, mit Milch versprudeln

4 St.	Kalbs- schnitzel Salz	- Schnitzel klopfen, würzen; - Schnitzel in Mehl, Eier und Brösel wenden (= panieren);
60 g	Mehl - glatt	- Schnitzel in heißem Öl oder Kokosfett
2 St.	Eier, Salz	herausbacken, anschließend gut abtropfen lassen;
1 EL	Milch	- Schnitzel mit Zitronenscheiben oder -spalten und
80 g	Brösel	mit Petersilie verzieren.
1/4 l	Öl	
1 St.	Zitrone	
Beilagen:	Petersilienkartoffeln, Salate	

Rezepte | Hauptspeisen – Fleisch

76 | Pariser Schnitzel 🕒

Sie werden wie Wiener Schnitzel zubereitet (aber ohne Brösel). Die Kalbsschnitzel werden nur in Mehl und Ei gewendet und gebacken.

Beilagen:	Petersilienkartoffeln, Salate

77 | Ei im Nest

ARBEITSGERÄTE	Brett, Fleischklopfer, Pfanne, Küchenfreund, Schüsserl, Schneerute
VORBEREITUNG	Eier hartkochen, abschrecken, schälen
2 St.	Kalbsschnitzel - groß
	Salz
4 Bl.	Schinken
2 St.	Eier, gekocht
1 EL	Mehl - glatt
2 EL	Öl
1/8 l	Schlagobers
1 EL	Mehl - glatt

- Schnitzel klopfen, salzen, mit Schinken belegen;
- ein Ei auf das Schnitzel legen, einrollen und mit Spießchen (Zahnstocher) zusammenstecken;
- Fleischröllchen in Mehl wälzen und in heißem Öl rundum gut anbraten, mit etwas Wasser aufgießen;
- Röllchen ca. 15 min. dünsten;
- Mehl mit Schlagobers glattrühren, in kochende Sauce einrühren und verkochen;
- Röllchen quer durchschneiden und mit der Schnittfläche nach oben auf Kartoffelpüree anrichten.

Beilagen:	Kartoffelpüree, Gemüse

78 | Kalbsgulasch

ARBEITSGERÄTE	Brett, Messer, Kasserolle, Schüsserl, Schneerute
VORBEREITUNG	Zwiebel schälen
2 EL	Öl
200 g	Zwiebeln
500 g	Kalbsschulter
1 EL	Paprika
1 KL	Essig
1/8 l	Schlagobers
20 g	Mehl - glatt

- Kalbfleisch würfelig schneiden;
- Zwiebel fein schneiden, in heißem Öl anrösten;
- Fleischwürfel zugeben, anrösten, Paprika darüberstreuen, mit Essig löschen, mit Wasser aufgießen;
- Gulasch ca. 20 min. dünsten;
- Mehl mit Schlagobers glattrühren, in das kochende Gulasch einrühren, verkochen lassen.

Beilagen:	Reis, Risipisi, Grießknödel

79 | Kalbsgeschnetzeltes

ARBEITSGERÄTE	Brett, Messer, Kasserolle, Schüsserl, Schneerute
VORBEREITUNG	Zwiebel schälen, Champignons waschen, blättrig schneiden

3 EL	Öl	- Fleisch in dünne Streifen schneiden;
1 St.	Zwiebel	- Zwiebel fein schneiden, in Öl anrösten;
400 g	Kalbsschulter	- Fleischstreifen zugeben, anrösten;
200 g	Champignons	- Champignons und Gewürze zugeben, anrösten,
	Salz, Pfw.	mit Wasser aufgießen;
2 Bl.	Schinken	- Schinken in feine Streifen schneiden, zugeben;
1/8 l	Schlagobers	- Fleisch 10 min. dünsten lassen;
20 g	Mehl - glatt	- Mehl mit Schlagobers glattrühren und
1/2 Bd.	Petersilie	Geschnetzeltes binden;
		- Geschnetzeltes mit gehackter Petersilie bestreuen.
Beilagen:	Reis, Hirse	

Speisen mit Schweinefleisch

80 | Schweinsbraten

ARBEITSGERÄTE	Brett, Knoblauchpresse, Bratenform
VORBEREITUNG	Knoblauch pressen, Gewürze mischen, Rohr – 180 °C

600 g	Schopf-braten	- Fleisch mit den Gewürzen einreiben;
	Knoblauch,	- Fleisch in heißem Öl rundum abbraten, mit Wasser
	Sz.,	etwas aufgießen;
	Kümmel,	- Fleisch im Rohr bei 180 °C eine Stunde braten,
	Rosmarin	mit eigenem Saft öfters begießen;
3 EL	Öl	- Schweinsbraten portionieren.
Beilagen:	Semmelknödel, Krautsalat	

81 | Schweinskoteletts, gedünstet

ARBEITSGERÄTE	Messer, Brett, Pfanne, Knoblauchpresse
VORBEREITUNG	Knoblauch pressen, Zwiebel schälen, fein schneiden

4 St.	Schweins-koteletts	- Koteletts einschneiden, klopfen, würzen;
	Sz.,	- eine Seite ins Mehl tauchen und in heißem Öl auf
	Kümmel,	beiden Seiten schön braun braten;
	Knoblauch	- geschnittene Zwiebel zugeben und anrösten;
20 g	Mehl - glatt	mit Suppe aufgießen;
3 EL	Öl	- Koteletts ca. 30 min. dünsten lassen, abschmecken.
1 St.	Zwiebel	
1/8 l	Suppe	
Beilagen:	Petersilienkartoffeln, Serviettenschnitten	

Rezepte | Hauptspeisen – Fleisch

82 | Rahmschnitzel

ARBEITSGERÄTE	Messer, Brett, Fleischklopfer	
VORBEREITUNG	Petersilie waschen	
4 St.	Schweins-schnitzel Sz., Pfw.	- Schnitzel einschneiden, klopfen, würzen; - Schnitzel mit einer Seite in Mehl tauchen und in heißem Fett beidseitig abbraten;
20 g	Mehl - glatt	- mit Suppe aufgießen und Schnitzel ca. 30 min. dünsten;
3 EL	Öl	
1/8 l	Suppe	- Sauce mit Schlagobers verbessern, mit gehackter Petersilie bestreuen.
1/8 l	Schlagobers	
1/2 Bd.	Petersilie	
Beilagen:	Reis, Spätzle	

83 | Champignonschnitzel

Die Zutaten des Rahmschnitzels werden mit 120 g blättrig geschnittener Champignons ergänzt. Die Champignons werden mit der Suppe zu den Schnitzeln gegeben.

Beilagen:	Reis, Spätzle

84 | Schweinsgulasch

ARBEITSGERÄTE	Messer, Brett, Kasserolle, Schüsserl, Schneerute	
VORBEREITUNG	Zwiebel schälen	
500 g	Schweins-schulter	- Fleisch würfelig schneiden; - Zwiebel fein schneiden, in heißem Öl anrösten;
3 EL	Öl	- Fleisch zugeben, anrösten, Paprika darüberstreuen, mit Essig löschen, mit Wasser aufgießen;
250 g	Zwiebel	
1 EL	Paprika	- Gewürze zugeben, Gulasch ca. 30 min. dünsten lassen;
1 EL	Essig	
	Sz., Kümmel	- Mehlteigerl herstellen und Gulasch damit binden;
1/8 l	Sauerrahm	- Gulasch mit Tomatenmark verbessern und abschmecken.
20 g	Mehl - glatt	
1 KL	Tomaten-mark	
Beilagen:	Semmelknödel, Serviettenschnitten	

85 Szegediner Gulasch

ARBEITSGERÄTE		Messer, Brett, Kasserolle, Schüsserl, Schneerute
VORBEREITUNG		Zwiebel schälen
350 g	Schweins-schulter	- Zubereitung wie Schweinsgulasch (Nr. 84);
3 EL	Öl	- wenn das Fleisch halbweich ist, Sauerkraut zugeben, ev. mit Wasser etwas aufgießen und
250 g	Zwiebel	weichdünsten;
1 EL	Paprika	- weitere Zubereitung wie Schweinsgulasch.
1 EL	Essig	
	Sz., Kümmel	
300 g	Sauerkraut	
1/8 l	Sauerrahm	
20 g	Mehl - glatt	
1 KL	Tomaten-mark	
Beilage:		Salzkartoffeln

86 Schweinsmedaillons ⏱

ARBEITSGERÄTE		Messer, Brett, Pfanne, Blech
VORBEREITUNG		Fleisch ev. vom Fett befreien, Rohr – 220 °C
500 g	Schweins-lungen-braten	- Lungenbraten in 1,5 cm dicke Scheiben schneiden; - Tomaten und Mozzarella in Scheiben schneiden; - Medaillons (= Lungenbratenscheiben) würzen,
	Sz., Pfw.	in heißem Öl beidseitig braun braten, auf Blech
3 EL	Öl	legen;
3 St.	Tomaten	- Medaillons mit Tomaten und Käse belegen und im
200 g	Mozzarella	heißen Rohr ca. 10 min. überbacken.
Beilagen:		Risipisi, Prinzesskartoffeln, Salate

Speisen mit Geflügel

> **MERKE**
> - Die Vor- und Zubereitung von Geflügel muss äußerst hygienisch erfolgen. Andernfalls besteht Salmonellengefahr (siehe hierzu S. 224).
> - Hühner- und Putenschnitzel können auf die gleiche Weise zubereitet werden.
> - Auch bei den Kalbfleischrezepten kann das Kalbfleisch durch Geflügelfleisch ersetzt werden.

Rezepte | Hauptspeisen – Fleisch

87 | Brathuhn

ARBEITSGERÄTE	Brett, Spagat, Bratenform	
VORBEREITUNG	Huhn außen und innen waschen, trocken tupfen mit Küchenkrepp, Rohr – 200 °C	
1 St.	Brathuhn	- Huhn innen salzen, mit Spagat Flügel und Keulen an den Körper binden;
	Sz., Paprika	
3 EL	Öl	- Huhn außen mit Salz und Paprika einreiben, in heißem Öl rundum abbraten, mit Wasser etwas aufgießen;
20 g	Butter	
		- Huhn im Rohr ca. 1 Std. braten, dabei öfters mit eigenem Saft begießen;
		- Brathuhn tranchieren;
		- Bratensaft mit etwas Butter verbessern.
Beilagen:	Petersilienkartoffeln, Salate	

88 | Gefülltes Huhn

ARBEITSGERÄTE	Brett, Nadel mit Faden, Spagat, Bratenform, Schüssel	
VORBEREITUNG	Huhn außen und innen waschen, trocken tupfen mit Küchenkrepp, Rohr – 200 °C, Petersilie hacken	
1 St.	Brathuhn	- Fülle zubereiten: Semmeln würfelig schneiden, mit den Zutaten vermischen;
	Salz	
2 St.	Semmeln	- Huhn innen salzen, Fülle in die Bauchhöhle geben,
0,1 l	Milch	- Bauchhöhle zunähen, Flügel und Keulen an den Körper mit Spagat binden;
1 St.	Ei	
	Sz., Petersilie	- weitere Zubereitung siehe Rezept Nr. 87.
	Sz., Paprika	
3 EL	Öl	
20 g	Butter	
Beilage:	Salat	

89 | Putenröllchen mit Polentafülle

ARBEITSGERÄTE	Messer, Fleischklopfer, Brett, Kasserolle, Pfanne	
VORBEREITUNG	1/4 l Salzwasser zum Kochen bringen	
80 g	Polenta	- Polenta in kochendes Salzwasser einkochen, umrühren, ausquellen lassen;
1/4 l	Wasser	
4 St.	Putenschnitzel	- Schnitzel klopfen, würzen, mit Schinken belegen;
		- etwas Polenta auf die Schnitzel geben;
	Sz., Pfw.	- Schnitzel einrollen, mit Spießchen fixieren;
4 Bl.	Schinken	- Röllchen in Mehl tauchen, in heißem Öl rundum abbraten, mit Suppe aufgießen;
20 g	Mehl - glatt	
3 EL	Öl	- Röllchen ca. 20 min dünsten lassen;
1/8 l	Suppe	- Sauce mit Schlagobers und gehackten Kräutern verbessern;
1/8 l	Schlagobers	
2 EL	Kräuter	- Röllchen halbieren (Scheiben schneiden).
Beilage:	Gemüse	

90 | Pikante Hühnerkeulen

ARBEITSGERÄTE	Messer, Brett, Knoblauchpresse, Pfanne, Teller
VORBEREITUNG	Zwiebel schälen, Champignons putzen, blättrig schneiden

4 St.	Hühner- keulen	- Speck und Zwiebel kleinwürfelig schneiden; - Hühnerkeulen würzen, in Öl rundum abbraten;
	Sz., Pfw.	auf Teller herausgeben;
	Knoblauch	- Speck- und Zwiebelwürfel in der gleichen Pfanne
3 EL	Öl	anrösten;
50 g	Speck	- Champignons zugeben, mit Suppe aufgießen;
1 St.	Zwiebel	- Hühnerkeulen in die Sauce geben, 30 min. dünsten
150 g	Champig- nons	lassen; - Sauce mit Mehlteigerl binden.
1/8 l	Suppe	
1/8 l	Sauerrahm	
1 EL	Mehl - glatt	
Beilagen:	Reis, Hirse	

91 | Currygeschnetzeltes

ARBEITSGERÄTE	Messer, Brett, Kasserolle, Schüsserl, Schneerute
VORBEREITUNG	Zwiebel schälen, Ananasscheiben in Stücke schneiden, Knoblauch pressen

400 g	Putenfleisch	- Putenfleisch würfelig schneiden;
3 EL	Öl	- Zwiebel fein schneiden, in Öl anrösten;
1/8 l	Suppe	- Fleisch zugeben, anrösten, mit Suppe und Wein
3 EL	Weißwein	aufgießen, würzen, Curry zugeben;
	Sz., Pfeffer,	- Geschnetzeltes 10 min. dünsten;
	Knoblauch	- Ananasstückchen, Mais und Erbsen zugeben,
1 EL	Curry	wiederum 10 min. dünsten;
4 Sch	Ananas (Ds.)	- Mehl mit Schlagobers glattrühren und in die
100 g	Mais (Ds.)	kochende Sauce einrühren, verkochen lassen;
50 g	TK-Erbsen	- Geschnetzeltes mit Petersilie bestreuen.
1/8 l	Schlagobers	
1 EL	Mehl - glatt	
etwas	Petersilie	
Beilage:	Reis	

Rezepte | Hauptspeisen – Fleisch

92 | Hühnerschnitzel Florentiner Art

ARBEITSGERÄTE	2 Kasserollen, Schneerute, Blech, Brett, Messer, Pfanne
VORBEREITUNG	Rohr – 220 °C, TK-Spinat auftauen, Parmesan reiben
40 g	Butter
40 g	Mehl - glatt
0,3 l	Milch
	Sz., Pfw., engl. Sauce
200 g	TK-Blattspinat
10 g	Butter
	Sz., Pfw., Muskat, Knoblauch
4 St.	Hühnerschnitzel
	Sz., Pfw.
3 EL	Öl
40 g	Parmesan
Beilagen:	Fächerkartoffeln, Prinzesskartoffeln

- Béchamel herstellen: Mehl in Butter hell anrösten, mit Milch aufgießen, unter ständigem Rühren aufkochen lassen, würzen;
- Blattspinat in Butter dünsten, würzen;
- Schnitzel einschneiden, würzen, klopfen;
- Schnitzel in heißem Öl beidseitig abbraten, auf ein Blech legen;
- Schnitzel mit Spinat belegen, mit Béchamel überziehen, mit geriebenem Parmesan bestreuen;
- Schnitzel im heißen Rohr ca. 8 min. gratinieren.

Speisen mit Wild- und Schaffleisch

93 | Hirschschnitzel Förster Art

ARBEITSGERÄTE	Messer, Brett, Fleischklopfer, Schüsserl, Schneerute
VORBEREITUNG	Pilze putzen, blättrig schneiden, Zitrone auspressen
4 St.	Hirschschnitzel
	Sz., Wildgewürz
20 g	Mehl - glatt
3 EL	Öl
1/8 l	Rotwein
1 St.	Zitrone
200 g	Pilze
1/8 l	Sauerrahm
1 EL	Mehl - glatt
Beilagen:	Prinzesskartoffeln, Spätzle

- Schnitzel einschneiden, klopfen, würzen;
- Schnitzel mit einer Seite ins Mehl tauchen und in heißem Öl beidseitig abbraten, mit Rotwein, Zitronensaft und etwas Wasser aufgießen;
- Schnitzel 15 min dünsten;
- geschnittene Pilze zugeben und nochmals 5 min. dünsten;
- Sauce mit Mehlteigerl binden und abschmecken;
- eventuell mit Preiselbeermarmelade verbessern.

94 | Rehragout (Hirschragout)

ARBEITSGERÄTE	Messer, Brett, Reibeisen, Pfanne
VORBEREITUNG	Wurzelwerk putzen, reiben; Zwiebel schälen

3 EL	Öl	*Gewürze: Salz, Wildgewürz.*
200 g	Zwiebel	- Rehfleisch (Hirschfleisch) großwürfelig, Speck
500 g	Wildfleisch	kleinwürfelig schneiden;
50 g	Speck	- Zwiebel fein schneiden und in Öl anrösten;
80 g	Wurzelwerk	- Fleisch und Speck zugeben, stauben und mit Suppe
	Gewürze	aufgießen, Tomatenmark und geriebenes
1 EL	Mehl - glatt	Wurzelwerk zugeben;
1/8 l	Suppe	- Ragout weichdünsten, abschmecken.
1 KL	Tomaten-mark	

Beilagen:	Semmelknödel, Serviettenschnitten

95 | Lammkoteletts ⏱

ARBEITSGERÄTE	Messer, Brett, Knoblauchpresse, Pfanne
VORBEREITUNG	Knoblauch pressen, Kräuter hacken

8 St.	Lamm-koteletts	*Gewürze: Sz., Pfw., Knoblauch, Thymian.*
	Gewürze	- Kräuterbutter: Butter flaumig rühren, salzen und mit gehackten Kräutern vermischen;
3 EL	Öl	- Butter mit 2 Kaffeelöffeln zu kleinen Nockerln
40 g	Butter	formen, kaltstellen;
2 EL	Kräuter	- Lammkoteletts vom Fett befreien, würzen;
	Salz	- Koteletts in heißem Öl beidseitig braun abbraten;
		- Koteletts mit Kräuterbutter servieren.

Beilagen:	Petersilienkartoffeln, Gemüse

96 | Irish Stew

ARBEITSGERÄTE	Messer, Brett, Kasserolle
VORBEREITUNG	Zwiebel schälen, Gemüse putzen, waschen

3 EL	Öl	*Gewürze: Sz., Pfw., Knoblauch.*
2 St.	Zwiebel	- Schöpsenfleisch vom Fett befreien, großwürfelig
400 g	Schöpsenfl.	schneiden;
	Gewürze	- Gemüse würfelig oder blättrig schneiden;
1 St.	Kohlrabi	- Zwiebel ringelig schneiden, in Öl anrösten, Fleisch
2 St.	Karotten	zugeben, anrösten, würzen;
3 St.	Kartoffeln	- Gemüse daraufgeben, mit Suppe aufgießen;
200 g	Kohl	- Eintopf bei schwacher Hitze ca. 1 Std.
100 g	Bohnen - grün	weichdünsten, dabei nicht umrühren;
3/4 l	Suppe	- Eintopf mit gehackter Petersilie bestreuen.
1/2 Bd.	Petersilie	

Beilage:	eventuell Brot

Rezepte | Hauptspeisen – Fleisch

Speisen mit Wurstwaren

97 | Leberkäse (Fleischkäse) gebraten, paniert ⏱

ARBEITSGERÄTE	Pfanne, Küchenfreund	
4 Sch	Fleischkäse	- Fleischkäse gebraten: Fleischkäse in heißem Öl auf
2 EL	Öl	beiden Seiten abbraten.
40 g	Mehl	Fleischkäse paniert:
2 St.	Eier, Salz	- Fleischkäse panieren (in geschlagenem Ei, Mehl,
60 g	Brösel	Brösel wenden) in heißem Öl backen.
Beilagen:	Püree, Salate	

98 | Berner Würstl ⏱

ARBEITSGERÄTE	Messer, Brett, Pfanne, Blech	
VORBEREITUNG	Rohr – 200 °C, Emmentaler in 2 cm Streifen schneiden	
4 St.	Frankfurter Würstl	- Würstl der Länge nach einschneiden, Käsescheiben einlegen, Würstel zusammenklappen;
4 Sch	Emmentaler	- Würstl mit Speckstreifen umwickeln, mit
8 Sch	Speck	Zahnstocher feststecken;
	Zahnstocher	- Würstl im heißem Öl braten oder auf ein Blech
3 EL	Öl	legen und im Rohr ca. 10 min. braten.
Beilagen:	Püree, Salate	

99 | Würstl im Schlafrock

ARBEITSGERÄTE	Nudelbrett, Messer, Nudelwalker	
VORBEREITUNG	Würstl einige Male mit Gabel einstechen, Rohr – 220 °C	
150 g	Mehl - glatt	- Topfenmürbteig herstellen (GT 12a, S. 245);
	Salz	- Teig rasten lassen;
120 g	Butter	- Teig dünn ausrollen, in 2 cm breite und 30 cm
150 g	Topfen	lange Streifen radeln;
8 St.	Würstl	- Würstl mit den Teigstreifen umwickeln, mit
1 St.	Ei	geschlagenem Ei bestreichen, mit Salz und Kümmel
	Sz, Kümmel	bestreuen; Würstl bei 220 °C im Rohr backen.
Beilagen:	Kartoffelsalat, Salate	

100 | Gemischter Spieß ⏱

ARBEITSGERÄTE	Messer, Brett, Spießchen, Grillgerät	
VORBEREITUNG	Zwiebel schälen, Paprika waschen, entkernen	
250 g	Fleisch	Fleisch: Puten-, Rind- oder Schweinefleisch.
4 St.	Würstl	- Fleisch, Würstl, Zwiebel und Paprika in Scheiben
100 g	Speck	schneiden;
2 St.	Zwiebel	- Zutaten abwechselnd auf Spieße stecken; Spieße
2 St.	Paprika-grün	würzen, mit Öl bepinseln und grillen.
Beilagen:	Reis, Sauce, Salate	

Speisen mit wenig Fleisch

101 Wurstfülle

ARBEITSGERÄTE	Messer, Brett, Pfanne, Schüssel	
VORBEREITUNG	Zwiebel schälen, Petersilie hacken	
200 g	Wurst	Wurst: anstelle von Wurst kann Schinken oder Selchfleisch verwendet werden.
1 St.	Zwiebel	
1 EL	Öl	- Wurst sehr fein aufschneiden.
	Sz., Pfeffer	- Zwiebel fein schneiden, in heißem Öl anrösten, zugeben;
1 EL	Petersilie	- Fülle würzen, mit Petersilie aufwerten.

102 Fleischfülle

ARBEITSGERÄTE	Messer, Brett, Pfanne, Schüssel	
VORBEREITUNG	Zwiebel schälen, Petersilie hacken, Speck würfelig schneiden	
1 EL	Öl	Gewürze: Sz., Pf., Majoran, Thymian.
20 g	Speck	- Zwiebel fein schneiden, in Öl anrösten, Speckwürfel zugeben, anrösten;
1 St.	Zwiebel	
200 g	Faschiertes	- Faschiertes mit allen Zutaten gut vermischen.
	Gewürze	
1 St.	Ei	
1/2 Bd.	Petersilie	

103 Hackerknödel (Hascheeknödel)

ARBEITSGERÄTE	Nudelbrett, Teigkarte, große Kasserolle	
VORBEREITUNG	Kartoffelteig (S. 242) und Wurstfülle (Nr. 101) herstellen, Salzwasser kochen	
GT 8	Kartoffelteig	- Kartoffelteig zu dicker Rolle formen, fingerdicke Scheiben abschneiden;
Nr. 101	Wurstfülle	
1,5 l	Salzwasser	- Scheiben etwas auseinanderdrücken, in der Mitte mit Wurstfülle belegen, Knödel formen;
1/2 Bd.	Petersilie	- Knödel in kochendem Salzwasser 10-15 min. ziehen lassen;
		- Knödel abseihen, mit gehackter Petersilie bestreuen.
Beilage:	Sauerkraut oder Salate	

Rezepte | Hauptspeisen – mit wenig Fleisch

104 Tiroler Knödel

ARBEITSGERÄTE	Schüssel, Messer, Brett, Pfanne, große Kasserolle
VORBEREITUNG	Zwiebel schälen, Petersilie hacken, Salzwasser kochen
250 g	Knödelbrot
0,3 l	Milch
2 St.	Eier
	Salz
20 g	Butter
1 St.	Zwiebel
1/2 Bd.	Petersilie
250 g	Wurst, Selchfleisch
4 EL	Mehl - glatt
1,5 l	Salzwasser
Beilagen:	Sauerkraut oder Salate

- Zwiebel fein schneiden, in Butter andünsten;
- Wurst und Selchfleisch kleinwürfelig schneiden;
- Knödelbrot mit allen Zutaten gut vermischen;
- Masse ca. 10 min. ziehen lassen;
- aus der Masse Knödel formen;
- Knödel im kochenden Salzwasser ca. 10 min. leicht kochen lassen, abseihen.

105 Wurstomelettes

ARBEITSGERÄTE	Schüssel, Messer, Brett, Pfanne
VORBEREITUNG	Omelettenteig (S. 240) herstellen
GT 2	Omelettenteig
150 g	Wurst oder Schinken
Beilage:	Salate

- Wurst oder Schinken hacken;
- Omelettenteig mit gehackter Wurst oder gehacktem Schinken vermischen;
- Omeletten backen, einmal zusammenklappen

106 Wurstnudeln ⏱

ARBEITSGERÄTE	große Kasserolle, Sieb, Pfanne
VORBEREITUNG	Salzwasser kochen, Zwiebel schälen
200 g	Teigwaren
2 l	Salzwasser
2 EL	Öl
1 St.	Zwiebel
200 g	Wurst oder Selchfleisch
1/2 Bd.	Petersilie
Beilage:	Salate

- Teigwaren in kochendes Salzwasser geben und bissfest kochen, abseihen, heiß abschwemmen;
- Wurst/Selchfleisch kleinwürfelig schneiden;
- Zwiebel fein schneiden, in Öl anrösten;
- Wurst/Selchfleisch und gekochte Teigwaren zugeben, kurz durchrösten;
- zum Servieren mit gehackter Petersilie bestreuen.

107 Nudelauflauf

ARBEITSGERÄTE	große Kasserolle, Sieb, 2 Rührschüsseln, Mixer, Auflaufform
VORBEREITUNG	Salzwasser kochen, Auflaufform befetten, Rohr – 180 °C

200 g	Teigwaren	- Teigwaren ins kochende Salzwasser geben und bissfest kochen, abseihen, kalt abschwemmen, auskühlen lassen;
2 l	Salzwasser	
200 g	Schinken	
50 g	Butter	- Schinken kleinwürfelig schneiden, Petersilie hacken;
3 St.	Dotter	
20 g	Parmesan	- Butter, Dotter, Parmesan flaumig rühren;
1/2 Bd.	Petersilie	- ausgekühlte Teigwaren und Petersilie zugeben;
3 St.	Eiklar	- Eiklar zu Schnee schlagen, in die Masse unterheben;
		- Masse in Auflaufform füllen;
		- Auflauf bei 180 °C ca. 30-40 min. backen.

Beilage:	Salate

108 Ravioli (Fleischtascherl)

ARBEITSGERÄTE	Nudelbrett, Nudelwalker, runder Ausstecher, Pinsel, große Kasserolle, Pfanne
VORBEREITUNG	Salzwasser kochen; Nudelteig (S. 241) und Fleischfülle (S. 282) herstellen

GT 6	Nudelteig	- Nudelteig dünn ausrollen, Scheiben ausstechen;
Nr. 102	Fleischfülle	- Scheiben mit ca. 1 KL Fülle belegen, rundum den Rand mit Wasser bestreichen;
30 g	Butter	
40 g	Parmesan	- Scheiben zusammenklappen, sodass Halbmonde entstehen, Ränder sehr gut zusammendrücken;
		- Ravioli ca. 10 min. im kochenden Salzwasser kochen, abseihen;
		- Ravioli in heißer Butter schwenken und mit Parmesan bestreuen.

Beilage:	Salate

Rezepte | Hauptspeisen – mit wenig Fleisch

109 | Pasta ascuitta

ARBEITSGERÄTE	2 Kasserollen, Messer, Brett, Reibeisen
VORBEREITUNG	Wurzelwerk putzen und reiben, Zwiebel schälen, Salzwasser kochen

300 g	Spaghetti	*Gewürze: Sz., Pf., Knoblauch, Salbei, Rosmarin,*
1,5 l	Salzwasser	*Basilikum, Thymian.*
2 EL	Öl	*- Zwiebel fein schneiden, in Öl anrösten;*
1 St.	Zwiebel	*- Faschiertes und geriebenes Wurzelwerk*
100 g	Wurzelwerk	*beigeben, anrösten, Gewürze und Tomatenmark*
300 g	Faschiertes	*zugeben, mit etwas Wasser aufgießen;*
	Gewürze	*- Sugo 20 min. dünsten lassen, abschmecken;*
3 EL	Tomaten-	*- Spaghetti im kochenden Salzwasser bissfest*
	mark	*kochen, abseihen;*
1/2 Bd.	Petersilie	*- Spaghetti anrichten, mit Sugo übergießen, mit*
40 g	Parmesan	*gehackter Petersilie und Parmesan bestreuen.*
Beilage:	Salate	

110 | Fleischstrudel

ARBEITSGERÄTE	Kasserolle, Schneerute, Rührschüssel, Mixer, Blech
VORBEREITUNG	Strudelteig (S. 242), Fleischfülle (S. 282) herstellen; Butter zerlassen, Blech befetten, Rohr – 200 °C

GT 7	Strudelteig	*Es kann auch Fertigstrudelteig verwendet werden.*
Nr. 102	Fleischfülle	*- Strudelteig und Fleischfülle bereitstellen;*
	Béchamel:	*- Butter zergehen lassen, Mehl zugeben, leicht*
40 g	Butter	*anrösten, Milch zugießen und glattrühren;*
40 g	Mehl - glatt	*- Sauce aufkochen lassen, würzen und abkühlen*
0,3 l	Milch	*lassen (= Béchamel);*
	Sz., Pfw.,	*- Strudelteig dünn ausziehen, 2/3 des Teiges mit*
	engl. Sauce	*Béchamel bestreichen, mit Fülle bestreuen;*
30 g	Butter	*- restliches Teigdrittel mit zerlassener Butter betropfen, Strudel einrollen;*
		- Strudel auf befettes Blech legen, mit zerlassener Butter bestreichen, bei 200 °C ca. 30 min. backen.
Beilage:	Salate	

111 Pizza

ARBEITSGERÄTE	Rührschüssel, Kochlöffel, Messer, Brett
VORBEREITUNG	Blech befetten, Rohr – 200 °C

250 g	Mehl - griffig	- Weißbrotteig nach GT 10 (S. 244) herstellen und
20 g	Germ	gehen lassen;
1 EL	Öl	- Tomaten und Mozzarella in Scheiben schneiden;
0,2 l	Wasser-36°C	- Tomatenmark und Sardellenpaste verrühren;
3 EL	Tomaten-mark	- Germteig dünn ausrollen, auf befettetes Blech legen;
1 Kl	Sardellen-paste	- Teig mit Tomatenmark bestreichen, mit Tomaten-, Schinken-, Salami- und Mozzarellascheiben
500 g	Tomaten	belegen, würzen mit Oregano und Rosmarin;
150 g	Schinken	- Pizza im heißen Rohr ca. 15 min. backen.
100 g	Salami	
150 g	Mozzarella	
Beilage:	Salate	

112 Tiroler Gröstl

ARBEITSGERÄTE	Messer, Brett, große Pfanne
VORBEREITUNG	Zwiebel schälen, gegarte Kartoffeln schälen

300 g	Rindfleisch, gekocht (Bratenreste)	- Rindfleisch oder Bratenreste blättrig schneiden; - Kartoffeln blättrig schneiden; - Speck kleinwürfelig schneiden; in Öl anrösten;
800 g	Kartoffeln, gedämpft	- Zwiebel fein schneiden, zugeben, anrösten; - geschnittenes Fleisch zugeben, anrösten;
2 EL	Öl	- geschnittene Kartoffeln zugeben, würzen und
50 g	Speck	durchrösten.
1 St.	Zwiebel	
	Sz., Pfeffer	
Beilage:	Salate	

113 Kohl- oder Krautrouladen

ARBEITSGERÄTE	Messer, Brett, große Kasserolle, Schüssel, Auflaufform
VORBEREITUNG	Kohlkopf entblättern, Salzwasser kochen, Rohr – 180 °C

1 St.	Kohl	- Kohlblätter in kochendem Salzwasser halbweich
1,5 l	Salzwasser	kochen, abseihen, auskühlen;
Nr. 102	Fleischfülle	- Fleischfülle (S. 282) herstellen;
8 Bl.	Hamburger Speck	- Kohlblätter mit Fleischfülle belegen, einrollen; - Kohlröllchen mit einem Blatt Speck umwickeln;
1/4 l	Suppe	in Auflaufform legen;
2 EL	Sauerrahm	- Kohlröllchen mit Suppe übergießen; mit Sauerrahm oben bestreichen, im Rohr ca. 30 min. dünsten.
Beilagen:	Salzkartoffeln, Püree	

Rezepte | Hauptspeisen – mit wenig Fleisch

114 | Gefüllte Paprika

ARBEITSGERÄTE	Messer, Brett, 2 Kasserollen, Schüssel, Auflaufform
VORBEREITUNG	Reis in 0,2 l Salzwasser dünsten; Tomatensauce (S. 301) zubereiten, Auflaufform befetten

4 St.	Paprika - grün	- Fleischfülle (S. 282) zubereiten, mit gedünstetem Reis vermischen;
Nr. 102	Fleischfülle	- von den Paprikaschoten Deckel abschneiden, aushöhlen, Rohr einschalten – 180 °C;
100 g	Reis	
0,2 l	Salzwasser	- Paprika füllen, Deckel daraufsetzen, in Auflaufform setzen;
Nr. 156	Tomaten- sauce	- Paprika mit Tomatensauce übergießen, zudecken, im Rohr ca. 40 min. dünsten.
Beilage:	Salzkartoffeln	

▶ Fleischlose Hauptspeisen

Hauptspeisen mit reichlich Getreide, Kartoffeln, Gemüse oder Milchprodukten finden in einem vernünftigen Speiseplan vielfache Anwendung. Auch vegetarische Mahlzeiten können sehr vielfältig sein und vorzüglich schmecken. Fleischlose Hauptspeisen können in kleiner Menge auch sehr gut als warme Vorspeise serviert werden.

115 | Spinatfrittaten ☺

ARBEITSGERÄTE	Kasserolle, Pfanne, Messer, Brett, Blech, Reibeisen
VORBEREITUNG	Spinat putzen, Salzwasser kochen, Frittatenteig (S. 239) zubereiten

GT 1	Frittatenteig mit VK-Mehl	- Frittaten backen, auf Blech legen; - Spinat in wenig Salzwasser dünsten, abseihen, grob schneiden, Rohr einschalten - 200 °C;
400 g	Spinat Salzwasser	
20 g	Butter	- Zwiebel schälen, fein schneiden, in Butter andünsten;
1 St.	Zwiebel	
	Sz., Pfw., Muskat, Knoblauch	- Spinat und Gewürze zugeben, kurz andünsten; - Spinat auf eine Hälfte jeder Frittate geben, Frittate zusammenklappen; - Oberseite mit Sauerrahm bestreichen;
1/8 l	Sauerrahm	- Emmentaler reiben und darüberstreuen;
100 g	Emmentaler	- Frittaten im Rohr ca. 10 min. gratinieren.
Beilage:	Salate	

116 Gratiniertes Gemüse 🙂

ARBEITSGERÄTE	Messer, Brett, 2 Kasserollen, Schneerute, Auflaufform
VORBEREITUNG	Gemüse putzen, Salzwasser kochen, Auflaufform befetten

600 g	Gemüse Salzwasser	- Gemüse (Karotten, Fisolen, Brokkoli, Karfiol, Kohlrabi) beliebig schneiden, in wenig Salzwasser bissfest dünsten, abseihen;
40 g	Butter	
40 g	Dinkelmehl	- Gemüse in befettete Auflaufform füllen, Rohr einschalten - 200 °C;
0,3 l	Milch	
	Sz., Pfw., engl. Sauce	- Butter zerlassen, Mehl darin leicht anrösten, mit Milch aufgießen, glattrühren, aufkochen, würzen;
1 EL	Parmesan	- Sauce mit Dotter und Parmesan verbessern, über das Gemüse gießen, mit geriebenem Käse bestreuen;
1 St.	Dotter	
50 g	Emmentaler	- Gemüse bei ca. 200 °C 15 min. überbacken.
Beilagen:	Petersilien-, Fächerkartoffeln, Salate	

117 Lauch-Käse-Kuchen (Lauchquiche) 🙂

ARBEITSGERÄTE	Nudelbrett, Nudelwalker, Tortenform, Kasserolle, Messer, Brett, Schüssel
VORBEREITUNG	Lauch putzen, Salzwasser kochen, Rohr – 200 °C

200 g	Vollkorn- mehl	- Mürbteig (GT-Nr. 12) zubereiten (S. 245), rasten lassen;
	Salz, Muskat	- Lauch fein nudelig schneiden, in wenig kochen-
140 g	Butter	dem Salzwasser dünsten, abseihen;
1 St.	Ei	- Emmentaler reiben;
2 EL	Wasser	- Eier, Sauerrahm und Gewürze versprudeln;
3 St.	Lauch	- Mürbteig dünn ausrollen, eine kleine Tortenform
1/8 l	Salzwasser	damit auslegen;
2 St.	Eier	- Lauch in Tortenform geben, mit Eiergemisch
1/8 l	Sauerrahm	übergießen, mit Käse bestreuen;
	Sz., Pfw., Muskat	- Quiche (= Kuchen) in heißem Rohr ca. 30 min. backen.
120 g	Emmentaler	
Beilage:	Salate	

118 Spaghetti mit Käsesauce 🌶️🙂

ARBEITSGERÄTE	große und kleine Kasserolle, Nudelsieb
VORBEREITUNG	Salzwasser kochen

300 g	Spaghetti (Vollkorn)	- Spaghetti in kochendes Salzwasser geben und bissfest kochen, abseihen;
	Salzwasser	- Käse zerbröckeln, mit Milch und Obers zum
200 g	Österkron	Kochen bringen, dabei gut rühren;
1/16 l	Milch	- Spaghetti beim Anrichten mit Käsesauce
1/8 l	Schlagobers	übergießen.
Beilage:	Salate	

Rezepte | Fleischlose Hauptspeisen

119 | Gemüseauflauf mit Nudeln ☺

ARBEITSGERÄTE	2 Kasserollen, Schüssel, Schneerute, Auflaufform
VORBEREITUNG	Gemüse putzen, beliebig schneiden, Form befetten, Salzwasser in 2 Kasserollen kochen, Rohr – 180 °C

Menge	Zutat	Zubereitung
150 g	Teigwaren (Vollkorn)	Gemüse: Karotten, Karfiol, Brokkoli, Fisolen, Pilze oder TK-Mischgemüse.
1,5 l	Salzwasser	- Geschnittenes Gemüse in wenig kochendem
500 g	Gemüse	Salzwasser dünsten, abseihen;
0,25 l	Salzwasser	- Teigwaren in kochendem Salzwasser bissfest
3 St.	Eier	kochen, abseihen, kalt abschwemmen;
50 g	Emmentaler	- Eier mit Gewürzen, Rahm und geriebenem Käse
	Sz., Pfw., Muskat	verrühren;
1/4 l	Sauerrahm	- Teigwaren und Gemüse schichtenweise in Auflaufform füllen;
		- mit Eiergemisch übergießen;
		- Auflauf im heißen Rohr ca. 30 min. backen.
Beilage:	Salate	

120 | Käseauflauf

ARBEITSGERÄTE	Kasserolle, Schneerute, Reibeisen, Auflaufform
VORBEREITUNG	Auflaufform befetten, Käse reiben, Rohr – 180 °C

Menge	Zutat	Zubereitung
70 g	Butter	- Butter zerlassen, Mehl leicht anrösten, mit Milch
100 g	Mehl - glatt	aufgießen, glatt verrühren und aufkochen lassen
1/2 l	Milch	(= Béchamel);
4 St.	Dotter	- Béchamel auskühlen lassen;
	Sz., Pfw., Muskat	- Eier trennen, Eiklar zu Schnee schlagen;
		- Dotter, Gewürze, geriebenen Käse zur
200 g	Emmentaler	Béchamelsauce rühren, Schnee unterheben;
4 St.	Eiklar	- Masse in befetteter Auflaufform füllen, im heißen Rohr ca. 30 min. backen.
Beilage:	Salate	

121 | Käsespätzle

ARBEITSGERÄTE	Schüssel, Spätzlesieb, große Kasserolle, Pfanne, Reibeisen
VORBEREITUNG	Salzwasser kochen, Zwiebel schälen, Käse reiben

Menge	Zutat	Zubereitung
GT 5	Spätzleteig	- Spätzleteig (S. 241) herstellen;
1,5 l	Salzwasser	- Spätzleteig mit Spätzlesieb in kochendes
2 EL	Öl	Salzwasser eindrücken, 2 min. kochen, abseihen,
1 St.	Zwiebel	abschwemmen;
120 g	Emmentaler (Bergkäse)	- Zwiebel fein schneiden, in Öl anrösten, Spätzle und geriebenen Käse zugeben und kurz durchrösten;
1/2 Bd.	Petersilie	- Spätzle mit gehackter Petersilie bestreuen.
Beilage:	Salate	

122 | Kartoffelgulasch

ARBEITSGERÄTE	Schäler, Messer, Brett, Kasserolle, Schüsserl, Schneerute
VORBEREITUNG	Kartoffeln waschen, schälen, Zwiebel schälen

Menge	Zutat	Zubereitung
2 EL	Öl	- Kartoffeln würfelig schneiden;
2 St.	Zwiebel	- Zwiebel fein schneiden, in Öl anrösten;
1 EL	Paprika	- Paprika zugeben, mit Essig löschen, aufgießen;
1 EL	Essig	- Kartoffeln, Tomatenmark, Gewürze zugeben;
800 g	Kartoffeln	- Gulasch dünsten bis Kartoffeln weich sind;
	Salz, Kümmel, Majoran	- Sauerrahm und Mehl glattrühren und Gulasch damit binden, abschmecken.
1 EL	Tomatenmark	
1/8 l	Sauerrahm	
1 EL	Mehl - glatt	
Beilage:	Salate	

123 | Kartoffelauflauf mit Gemüse ☺

ARBEITSGERÄTE	Auflaufform, Schüsserl, Schneerute
VORBEREITUNG	Kartoffeln dämpfen, Form befetten, Käse reiben, eventuell Gemüse dünsten, Rohr – 180°C

Menge	Zutat	Zubereitung
800 g	Kartoffeln, gedämpft	Gemüse: Karotten, Erbsen, Kohlrabi, Karfiol, Brokkoli, Fisolen ... oder 1 Paket TK-Mischgemüse.
100 g	Emmentaler	- Kartoffeln schälen, blättrig schneiden, die Hälfte in die befettete Auflaufform geben;
300 g	Gemüse, gedünstet	- darüber Salz, geriebenen Käse und Gemüse geben;
2 St.	Eier	- die zweite Kartoffelhälfte einfüllen;
1/8 l	Milch	- Eier, Milch, geriebenen Parmesan, Kräuter und Gemüse versprudeln und über Auflauf gießen;
50 g	Parmesan	
	Sz., Muskat	- Auflauf in heißem Rohr ca. 30 min backen.
1/2 Bd.	Petersilie	
Beilage:	Salate	

Rezepte | Fleischlose Hauptspeisen

124 Grünkernbraten ☺

ARBEITSGERÄTE	Messer, Brett, Reibeisen, Kasserolle, Kochlöffel, Kastenform
VORBEREITUNG	Grünkern mit Kaffeemühle schroten, Zwiebel und Karotte schälen, Lauch putzen, Form befetten und bebröseln, Haselnüsse reiben

20 g	Butter	- Zwiebel und Lauch fein schneiden, Karotten reiben;
1 St.	Zwiebel	
2 St.	Karotte	- Butter erhitzen, Zwiebel und Gemüse andünsten;
1 St.	Lauch	- Grünkernschrot zugeben, mit Gemüsebrühe aufgießen, unter ständigem Rühren aufkochen lassen;
200 g	Grünkern	
0,4 l	Gemüse-brühe	
		- Masse zugedeckt 20 min. ziehen lassen;
50 g	Haselnüsse	- Rohr - 180°C einschalten;
2 St.	Eier	- alle anderen Zutaten zugeben, abschmecken und in vorbereitete Form füllen;
50 g	Emmentaler	
100 g	Brösel	- Masse im heißen Rohr ca. 40 min backen;
	Sz., Pfw., Muskat,	- Kastenform vorsichtig stürzen, Braten in Scheiben schneiden.
1 EL	Kräuter	
Beilagen:	Salate, Saucen	

125 Polentanockerl ☺

ARBEITSGERÄTE	Kasserolle, Kochlöffel, Auflaufform, Reibeisen
VORBEREITUNG	Form befetten, Käse reiben, Rohr – 200 °C

0,6 l	Wasser	- Wasser mit Salz und Butter zum Kochen bringen;
	Salz	- Polenta einkochen und solange rühren bis ein dicker Brei entsteht;
20 g	Butter	
200 g	Polenta	- Polenta und Parmesan verrühren;
30 g	Parmesan	- mit 2 Löffeln, die immer wieder ins Wasser getaucht werden, Nockerln formen;
80 g	Emmentaler	- Nockerl in befettete Form legen, mit Käse bestreuen, mit Butterflocken belegen;
20 g	Butter	
		- Nockerl ca. 10 min gratinieren (= überbacken).
Beilagen:	Salate, Saucen	

126 Gersten- oder Polentaschnitten 😊

ARBEITSGERÄTE	2 Kasserollen, Kochlöffel, Messer, Brett, Blech	
VORBEREITUNG	Blech befetten, Lauch putzen, Knoblauch pressen, Gerste mit Kaffeemühle schroten, Rohr – 200 °C	

Menge	Zutat	Zubereitung
0,6 l	Gemüse-brühe	- Gemüsebrühe aufkochen, Gerstenschrot einkochen und solange rühren bis ein dicker Brei entsteht, mit Knoblauch, Sojasauce, Kräutern und Topfen vermischen;
200 g	Gerste (Polenta)	
1 St.	Knoblauchz.	- Gerstenmasse auf ein befettetes Blech ca. 2 cm dick streichen;
	Sojasauce	
	Kräuter	- Zwiebel schälen, fein schneiden, Porree ringelig schneiden;
100 g	Topfen	
20 g	Butter	- Zwiebel und Porree in Butter andünsten, würzen, auf Gerstenmasse verteilen;
1 St.	Zwiebel	
3 St.	Porree	- Speise mit geriebenem Käse bestreuen, im Rohr ca. 20 min. backen.
	Sz., Majoran	
120 g	Emmentaler	
Beilage:	Salate	

127 Gemüsepizza 😊

ARBEITSGERÄTE	Rührschüssel, Mixer, Nudelbrett, Nudelwalker, Blech, Kasserolle	
VORBEREITUNG	Gemüse putzen, Zwiebel schälen, Blech befetten	

Menge	Zutat	Zubereitung
150 g	Vollkorn-mehl	- Brotteig herstellen (GT-Nr. 10, S. 244) und gehen lassen;
100 g	Mehl - griffig	- Zwiebel ringelig, Tomaten, Zucchini, Champignons blättrig und Paprika nudelig schneiden;
	Sz.,Rosmarin	
20 g	Germ	- Zwiebel in Öl anrösten; Champignons, Zucchini und Paprika zugeben, kurz dünsten, eventuell abseihen, würzen;
1 EL	Öl	
0,2 l	Wasser	- Käse reiben, Rohr einschalten – 200 °C;
3 EL	Tomaten-mark	- Teig dünn ausrollen, auf Blech legen, mit Tomatenmark bestreichen;
3 St.	Tomaten	- Pizza mit Tomaten, gedünstetem Gemüse belegen, mit Käse bestreuen;
2 EL	Öl	
1 St.	Zwiebel	- Pizza ca. 20 min. backen.
200 g	Champig-nons	
1 St.	Paprika - rot	
2 St.	Zucchini	
	Kräutersalz, Rosmarin, Oregano	
200 g	Emmentaler	
Beilage:	Salate	

Rezepte | Fleischlose Hauptspeisen

128 | Gebackener Käse

ARBEITSGERÄTE	Messer, Brett, 3 Teller, Pfanne	
VORBEREITUNG	Ei versprudeln, salzen, Käse in Stücke schneiden	
8 Sch. oder 4 St.	Emmentaler Camembert	- Käse panieren;
40 g	Mehl - glatt	- Käse in heißem Öl sehr rasch herausbacken, abtropfen lassen, sofort servieren
2 St.	Eier, Salz	
80 g	Brösel	
1/8 l	Öl	
Beilagen:	Kartoffelpüree, Salate	

129 | Hirsepizza ☺

ARBEITSGERÄTE	Kasserolle, Messer, Brett, Pfanne, Blech	
VORBEREITUNG	Zwiebel schälen, Gemüse putzen, Blech befetten	
200 g	Hirse	- Gemüsebrühe kochen, Hirse einstreuen, Platte ausschalten und 20 min. dünsten lassen;
0,4 l	Gemüse-brühe	- Tomaten in Scheiben schneiden;
2 St.	Dotter	- Zwiebeln ringelig, Champignons blättrig, Paprika in Streifen schneiden;
2 St.	Eiklar	
2 EL	Petersilie	- Zwiebel in Öl leicht anrösten, Champignons und Paprika zugeben, kurz dünsten, würzen;
300 g	Tomaten	
1 EL	Öl	- Emmentaler reiben, Rohr einschalten - 200 °C, Petersilie hacken;
1 St.	Zwiebel	
150 g	Champig-nons	- Eiklar zu Schnee schlagen; - überkühlte Hirse mit Dotter und gehackter Petersilie vermischen, Schnee unterheben;
1 St.	Paprika - rot	
1 St.	Paprika - grün Salz, Oregano, Rosmarin, Thymian	- Hirsemasse ca. 2 cm dick auf befettetes Blech streichen, mit Tomaten und gedünstetem Gemüse belegen, mit Käse bestreuen; - Pizza im Rohr ca. 20 min. backen.
150 g	Emmentaler	
Beilage:	Salate	

130 Käselaibchen 🙂

ARBEITSGERÄTE	Kasserolle, Messer, Brett, Reibeisen, 2 Pfannen
VORBEREITUNG	Käse reiben, Zwiebel schälen, Petersilie hacken

0,5 l	Milch	- Milch, Salz, Muskat zum Kochen bringen, Grieß einkochen und solange rühren bis ein dicker Brei entsteht;
	Sz., Muskat	
150 g	(Vollkorn-) Grieß	
2 EL	Öl	- Zwiebel fein schneiden, in Öl anrösten, zugeben;
1 St.	Zwiebel	- Käse, Ei, Petersilie zur Masse geben und gut mischen;
150 g	Emmentaler	
1/2 Bd.	Petersilie	- aus der Masse mit nassen Händen Laibchen formen;
1 St.	Ei	- Laibchen panieren und in heißem Öl herausbacken.
2 St.	Eier	
	Salz	
80 g	Brösel	
1/8 l	Öl z. Braten	
Beilage:	Salate	

▶ Speisen mit Fisch

MERKE

- Für die Zubereitung sind „3-S" wichtig: **S**äubern – **S**äuern – **S**alzen.

Ideale Beilagen sind Kartoffeln, Gemüse und Salate. Garniert werden die Fischspeisen mit Zitronenspalten oder -scheiben und Petersilie.

131 Fischfilets gedünstet

ARBEITSGERÄTE	Zitronenpresse, Kasserolle
VORBEREITUNG	Zitrone pressen, Petersilie hacken

4 St.	Fischfilets	- Fischfilets säubern, säuern, salzen;
1 St.	Zitrone	- Butter in Kasserolle zergehen lassen, Weißwein und Wasser zugeben;
	Salz	
20 g	Butter	- Fischfilets einlegen und ca. 10 min. ziehen lassen;
2 EL	Weißwein	- Fischfilets mit gehackter Petersilie bestreuen.
2 EL	Wasser	
1/2 Bd.	Petersilie	
Beilagen:	Petersilienkartoffeln, Salate	

Rezepte | Fisch

132 | Fischfilets gebraten

ARBEITSGERÄTE	Zitronenpresse, Pfanne, Küchenfreund
VORBEREITUNG	Zitrone pressen

4 St.	Fischfilets	- Fischfilets säubern, säuern, salzen, in Mehl tauchen;
1 St.	Zitrone	
	Salz	- Filets in heißem Öl beiderseits braten;
40 g	Mehl - glatt	- Filets mit Zitronenscheiben (oder -spalten) und Petersilie garnieren.
6 EL	Öl	
1/2 Bd.	Petersilie	
1 St.	Zitrone	
Beilagen:	Petersilienkartoffeln, Salate	

133 | Fischfilets gebacken

ARBEITSGERÄTE	Zitronenpresse, 3 Teller, Pfanne, Küchenfreund
VORBEREITUNG	Eier mit Salz versprudeln

4 St.	Fischfilets	- Filets säubern, säuern, salzen;
1 St.	Zitrone	- Filets in Mehl, versprudelten Ei und Brösel wenden;
	Salz	- panierte Filets in heißem Öl herausbacken, gut abtropfen lassen;
40 g	Mehl - glatt	
2 St.	Eier	- Filets mit Zitrone und Petersilie garnieren.
	Salz	
80 g	Brösel	
1/4 l	Öl z. Braten	
1 St.	Zitrone	
1/2 Bd.	Petersilie	
Beilagen:	Kartoffelsalat, Salate	

134 | Fischgröstel

ARBEITSGERÄTE	Messer, Brett, Pfanne
VORBEREITUNG	gedämpfte Kartoffeln schälen, Zwiebel schälen

300 g	Fisch, gegart	- Gedämpfte Kartoffeln blättrig schneiden;
700 g	Kartoffeln, gedämpft	- gegarte Fischreste etwas zerkleinern;
		- Zwiebel fein schneiden, in Öl anrösten;
4 EL	Öl	- Kartoffeln und Gewürze zugeben, gut durchrösten;
1 St.	Zwiebel	- Fischstückchen untermengen, mit hackter Petersilie bestreuen.
	Sz., Pfeffer	
1/2 Bd.	Petersilie	Hinweis: Gräten können leicht mit einer Pinzette entfernt werden.
Beilage:	Salate	

135 | Fischgulasch

ARBEITSGERÄTE	Messer, Brett, Kasserolle
VORBEREITUNG	Zwiebel schälen, Zitrone pressen

3 EL	Öl	- Zwiebel fein schneiden, in Öl anrösten;
1 St.	Zwiebel	- Paprika darüberstreuen, mit Essig löschen,
1 EL	Paprika	aufgießen, Tomatenmark und Salz zugeben,
1 KL	Essig	aufkochen;
1 EL	Tomaten-mark	- Sauerrahm und Mehl verrühren, in die kochende Sauce einrühren, verkochen lassen;
0,5 l	Wasser Sz., Pfw.	- Fischfilet säubern, säuern, salzen, in heißem Fett kurz abbraten;
1/8 l	Sauerrahm	- Fischfilets zerteilen und in der fertigen Sauce
2 EL	Mehl - glatt	10 min. ziehen lassen.
500 g	Fischfilet	
1 St.	Zitrone	
	Salz	
2 EL	Öl	
Beilagen:	Salzkartoffeln, eventuell Spätzle	

136 | Scholle „Florentiner Art"

ARBEITSGERÄTE	2 Kasserollen, Schneerute, Blech
VORBEREITUNG	Knoblauch pressen, Käse reiben, Blech befetten

4 St.	Schollen-filets	- Blattspinat in Butter dünsten, würzen;
		- Béchamel: Butter erhitzen, Mehl leicht anrösten,
1 St.	Zitrone	mit Milch aufgießen, glattrühren, verkochen lassen;
	Salz	- Béchamel würzen und mit Parmesan vermengen;
300 g	TK-Blatt-spinat	- Rohr einschalten – 220 °C;
		- Schollenfilet säubern, säuern und salzen,
10 g	Butter Sz., Pfw., Muskat, Knoblauch	auf befettetes Blech legen, mit Spinat belegen, mit Béchamel überziehen;
		- Filets mit Parmesan bestreuen, mit Butterflocken belegen;
40 g	Butter	- Schollenfilets im heißen Rohr ca. 15 min.
40 g	Mehl - glatt	gratinieren.
0,3 l	Milch Sz., Pfw., Muskat, engl. Sauce	
20 g	Parmesan	
10 g	Parmesan Butter-flocken	
Beilagen:	Petersilienkartoffeln, Fächerkartoffeln	

Rezepte | Fisch

137 | Gratinierter Fisch

Zutaten (außer Spinat) und Zubereitung wie beim Schollenfilet „Florentiner Art" (Nr. 136). Das Fischfilet wird nicht mit Blattspinat belegt, sondern nur mit Béchamel überzogen und gratiniert.

Beilagen:	Petersilienkartoffeln, Salate

▶ Beilagen

Beilagen stellen eine Ergänzung zu den Fleischspeisen dar. Dazu zählen Sättigungsbeilagen wie Kartoffeln, Reis oder Spätzle, aber auch Saucen, Gemüsespeisen und Salate. In einer vernünftigen Ernährung ist die Fleischportion eher klein, die Beilagenportion eher reichlich zu gestalten.

138 | Nockerl, Spätzle

ARBEITSGERÄTE	Schüssel, Kochlöffel, Kasserolle, Spätzlesieb	
VORBEREITUNG	Salzwasser kochen	
GT 4	S. 240	- Nockerl- oder Spätzleteig zubereiten; einkochen,
GT 5	S. 241	abschwemmen;
20 g	Butter	- Nockerl oder Spätzle in heißer Butter schwenken.

139 | Nudeln

ARBEITSGERÄTE	Nudelbrett, Teigkarte, Nudelwalker, Kasserolle	
VORBEREITUNG	1,5 Liter Salzwasser kochen	
GT 6	Nudelteig	- Nudeln in Salzwasser bissfest kochen,
	S 241 oder	abschwemmen;
200 g	Bandnudeln	- Nudeln in heißer Butter schwenken.
20 g	Butter	

140 | Reis

ARBEITSGERÄTE	Kasserolle, Messer	
VORBEREITUNG	Zwiebel schälen, halbieren, mit Nelken bespicken	
20 g	Butter	- Butter erhitzen, Reis darin glasig werden lassen;
200 g	Reis	- mit heißem Salzwasser aufgießen, vorbereitete
0,4 l	Salzwasser	Zwiebel zugeben;
1 St.	Zwiebel	- Reis einmal aufkochen lassen und zugedeckt
4 St.	Nelken	20 min. dünsten - nicht umrühren.
TIP	Bei der Verwendung von Naturreis beträgt die Garzeit 40–50 min.	

141 | Risipisi

Gedünsteten Reis mit 100 g gedünsteten Erbsen vermischen, eventuell mit Parmesan bestreuen.

142 | Hirse ☻

ARBEITSGERÄTE	Kasserolle, Gabel	
VORBEREITUNG	Salzwasser kochen	
0,4 l	Salzwasser	- Hirse in kochendes Salzwasser einrühren;
200 g	Hirse	- einmal aufkochen lassen, 20 min. dünsten;
20 g	Butter	- Hirse mit einer Gabel auflockern, Butter zugeben.

143 | Polenta ⏲

ARBEITSGERÄTE	Kasserolle, Förmchen	
VORBEREITUNG	Salzwasser kochen, Förmchen kalt ausspülen	
0,4 l	Salzwasser	- Polenta in kochendes Salzwasser einkochen und
200 g	Polenta	solange rühren bis ein dicker Brei entsteht;
20 g	Butter	- Polenta mit Butter verbessern und in Förmchen (Schöpfer, Tasse) pressen und stürzen.

144 | Salzkartoffeln

ARBEITSGERÄTE	Schäler, Messer, Brett, Kasserolle	
VORBEREITUNG	Salzwasser kochen, Kartoffeln waschen	
0,5 l	Salzwasser	- Kartoffeln schälen und vierteln;
800 g	Kartoffeln	- ins kochende Salzwasser geben, etwas Kümmel
	Kümmel	zugeben, zugedeckt bissfest dämpfen.

145 | Petersilienkartoffeln

ARBEITSGERÄTE	Kelomat, Messer, Pfanne, Brett	
VORBEREITUNG	Kartoffeln waschen	
800 g	Kartoffeln	- Kartoffeln im Kelomat dämpfen;
30 g	Butter	- Petersilie hacken;
	Salz	- Kartoffeln schälen, vierteln;
1 Bd.	Petersilie	- Butter in der Pfanne erhitzen, Kartoffeln, Salz, Petersilie zugeben und schwenken.

Rezepte | Beilagen

146 | Kartoffelpüree

ARBEITSGERÄTE	Kelomat, Messer, Kasserolle, Kartoffelpresse, Schneerute
VORBEREITUNG	Kartoffeln waschen

1 kg	Kartoffeln	- Kartoffeln im Kelomat dämpfen;
1/4 l	Milch	- Kartoffeln schälen, pressen;
	Salz, Muskat	- Milch mit Gewürzen und Butter erhitzen;
30 g	Butter	- heiße Milch mit Kartoffeln glattrühren.

147 | Röstkartoffeln

ARBEITSGERÄTE	Kelomat, Messer, Brett, Pfanne
VORBEREITUNG	Kartoffeln waschen, Zwiebel schälen

800 g	Kartoffeln	- Kartoffeln im Kelomat dämpfen;
2 EL	Öl	- Kartoffeln schälen, blättrig schneiden;
1 St.	Zwiebel	- Zwiebel fein schneiden, in Öl anrösten;
	Salz	- Kartoffeln und Salz zugeben, durchrösten.

148 | Fächerkartoffeln

ARBEITSGERÄTE	Schäler, Messer, Brett, Blech
VORBEREITUNG	Kartoffeln waschen, Blech befetten, Rohr – 180 °C

4 St.	Kartoffeln	- Kartoffeln schälen, längs halbieren, Oberseite
2 EL	Öl	fächerförmig einschneiden, auf Blech legen;
	Salz,	- Kartoffeln mit Öl bepinseln, würzen, im Rohr
	Kümmel	3/4 Std. garen.

149 | Kartoffelknödel

ARBEITSGERÄTE	Kelomat, Kartoffelpresse, Nudelbrett, Kasserolle
VORBEREITUNG	Kartoffeln waschen, dämpfen, Salzwasser kochen

GT 8	S. 242	- Kartoffelteig herstellen, daraus kleine Knödel
1,5 l	Salzwasser	formen;
1/2 Bd.	Petersilie	- Knödel im Salzwasser 10 min. ziehen lassen;
		- Petersilie hacken, Knödel damit bestreuen.

150 | Prinzesskartoffeln

ARBEITSGERÄTE	Kelomat, Kartoffelpresse, Rührschüssel, Mixer, Spritzsack mit gezackter Tülle, befettetes Blech
VORBEREITUNG	Kartoffeln waschen, dämpfen, Rohr – 200 °C

40 g	Butter	- Kartoffeln schälen, pressen, auskühlen;
20 g	Parmesan	- Butter, Parmesan, Dotter und Gewürze flaumig
2 St.	Dotter	rühren (= Abtrieb);
	Salz, Muskat	- ausgekühlte Kartoffeln zugeben, Masse in
600 g	Kartoffeln	Spritzsack füllen, Rosetten auf Blech dressieren,
		im Rohr ca. 15 min. backen.

151 | Grießknödel

ARBEITSGERÄTE	Kasserolle, Messer, Brett, Pfanne, große Kasserolle
VORBEREITUNG	Zwiebel schälen, Petersilie hacken, Salzwasser kochen

0,5 l	Milch	- Milch mit Gewürzen und Butter kochen;
	Salz, Muskat	- Grieß einkochen und solange rühren bis ein dicker
20 g	Butter	Brei entsteht, auskühlen lassen;
150 g	(Vollkorn-) Grieß	- Zwiebel fein schneiden, in Öl anrösten;
1 EL	Öl	- Semmeln würfelig schneiden, in Pfanne mit etwas Butter anrösten;
1 St.	Zwiebel	- alle Zutaten zusammenmischen, daraus Knöderl
2 St.	Semmeln	formen;
20 g	Butter	- Knödel in kochendes Salzwasser einlegen und
1 St.	Ei	10 min. ziehen lassen.
1/2 Bd.	Petersilie	
1,5 l	Salzwasser	

152 | Semmelknödel

Sie werden wie Tiroler Knödel (Nr. 104, S. 283), aber ohne Fleisch, zubereitet.

153 | Serviettenschnitten

ARBEITSGERÄTE	Messer, Brett, Schüssel, Pfanne, große Kasserolle
VORBEREITUNG	Zwiebel schälen, Petersilie hacken, Salzwasser kochen

4 St.	Semmeln	- Semmeln würfelig schneiden, mit Milch, Eier und
0,2 l	Milch	Salz vermischen;
2 St.	Eier	- Zwiebel fein schneiden, in heißer Butter glasig
	Salz	werden lassen;
30 g	Butter	- Zwiebel und Petersilie zu Semmeln geben;
1 St.	Zwiebel	- daraus eine Rolle formen, in nasse Serviette
1/2 Bd.	Petersilie	einwickeln, Enden abbinden, Rolle in kochendes
2 l	Salzwasser	Salzwasser geben und 30 min. kochen;
		- Rolle in 1cm dicke Scheiben schneiden.

Rezepte | Saucen

▸ Warme Saucen

154 | Zucchinisauce

ARBEITSGERÄTE	Messer, Brett, Kasserolle, Pürierstab, Schüsserl, Schneerute
VORBEREITUNG	Zucchini waschen, blättrig schneiden, Zwiebel schälen

2 EL	Öl	- Zwiebel fein schneiden, in Öl anrösten;
1 St.	Zwiebel	- Zucchini und Gewürze zugeben, mit etwas Wasser
500 g	Zucchini	aufgießen, weichdünsten;
	Sz., Pfw.,	- Zucchini pürieren;
	Basilikum	- Mehl mit Schlagobers glattrühren, in das
4 EL	Schlagobers	Zucchinipüree einrühren, aufkochen lassen,
1 EL	Mehl - glatt	abschmecken.

155 | Brokkolisauce

Sie wird wie Zucchinisauce zubereitet. Anstelle von Zucchini werden Brokkoliröschen verwendet.

156 | Tomatensauce

ARBEITSGERÄTE	Messer, Brett, Kasserolle, Pürierstab, Schüsserl, Schneerute
VORBEREITUNG	Tomaten waschen, achteln, Zwiebel schälen

2 EL	Öl	- Zwiebel fein schneiden, in Öl anrösten;
1 St.	Zwiebel	- Tomatenstücke und Gewürze zugeben,
500 g	Tomaten	weichdünsten, pürieren;
(1 Ds.)	oder: Pelati)	- Mehl mit Schlagobers glattrühren, in das
	Salz, Zucker	Tomatenpüree einkochen, aufkochen lassen;
4 EL	Schlagobers	- Petersilie oder Basilikum fein schneiden, Sauce
1 EL	Mehl - glatt	damit bestreuen.
1/2 Bd.	Petersilie	
	(Basilikum)	

157 | Schnittlauchsauce

ARBEITSGERÄTE	Kasserolle, Schneerute, Messer, Brett
VORBEREITUNG	Schnittlauch fein schneiden

30 g	Butter	- Mehl in Butter leicht anrösten, mit kalter
30 g	Mehl - glatt	Gemüsebrühe (oder Wasser + Gemüsebrühewürfel)
1/4 Bd.	Gemüse-	aufgießen, glattrühren, aufkochen lassen;
	brühe	- Einmach mit Schnittlauch und Creme fraiche
2 Bd.	Schnittlauch	vermischen, abschmecken.
1/8 l	Creme fraiche	

158 | Rahmsauce ⏱

ARBEITSGERÄTE	Kasserolle, Messer, Brett, Schüsserl, Schneerute
VORBEREITUNG	Zwiebel schälen, Petersilie hacken
2 EL	Öl
1 St.	Zwiebel
1/4 l	Gemüse-brühe
2 EL	(Vollkorn-) Mehl
4 EL	Schlagobers
	Sz., Pfw.
1/2 Bd.	Petersilie
6 cl	Schlagobers

- Zwiebel fein schneiden, in Öl anrösten;
- mit Gemüsebrühe (oder Wasser + Gemüsebrühewürfel) aufgießen;
- Mehl mit Schlagobers glattrühren, in die kochende Gemüsebrühe einkochen, aufkochen lassen, würzen;
- Sauce mit Schlagobers und Petersilie verfeinern.

159 | Pilzsauce

ARBEITSGERÄTE	Messer, Brett, Kasserolle, Schüsserl, Schneerute
VORBEREITUNG	Pilze waschen, putzen, blättrig schneiden, Zwiebel schälen, Petersilie hacken, Zitrone pressen
2 EL	Öl
1 St.	Zwiebel
200 g	Pilze
1 EL	Mehl - glatt
4 EL	Schlagobers
	Sz., Pfw.,
1 KL	Zitronensaft
1/2 Bd.	Petersilie

- Pilze: Champignons, Eierschwammerl, Herrenpilze.
- Zwiebel fein schneiden, in Öl anrösten;
- Pilze zugeben, anrösten, etwas mit Wasser aufgießen, 10 min. dünsten;
- Mehl mit Schlagobers glattrühren, in die kochende Sauce einrühren, aufkochen, würzen.

▶ *Kalte Saucen*

160 | Schnittlauchsauce

ARBEITSGERÄTE	Kasserolle, 2 Schüsseln, Passiergerät, Messer, Brett
VORBEREITUNG	Eier hartkochen, abschrecken, schälen; Zitrone pressen
2 St.	Eier, gekocht
2 St.	Semmeln
1/8 l	Milch
1 KL	Zitronensaft
3 EL	Öl
1 KL	Essig
	Salz, Senf engl. Sauce
2 Bd.	Schnittlauch

- Eier kleinwürfelig schneiden;
- Semmeln in Milch einweichen, ausdrücken, passieren;
- Schnittlauch fein schneiden;
- alle Zutaten vermischen, abschmecken.

Rezepte | Saucen

161 Sauce tartar ⏰

ARBEITSGERÄTE	Messer, Brett, Schüssel	
VORBEREITUNG	Zwiebel schälen	
1/8 l	Mayonnaise	- Mayonnaise mit Sauerrahm und Gewürzen vermischen;
1/8 l	Sauerrahm	
	Sz., Pfw.	- alle anderen Zutaten fein hacken, zur Mayonnaise geben, abschmecken.
1 St.	Zwiebel	
2 St.	Essiggurke	
1 EL	Kapern	
1 Bd.	Petersilie	
1 Bd.	Schnittlauch	

162 Paprikasauce ⏰

ARBEITSGERÄTE	Messer, Brett, Schüssel	
VORBEREITUNG	Paprika waschen, entkernen	
1/8 l	Mayonnaise	- Mayonnaise mit Creme fraiche und Gewürzen vermischen;
1/8 l	Creme fraiche	
	Sz., Pfw.	- Paprika sehr fein schneiden, zur Mayonnaise geben.
1 St.	Paprika - rot	
1 St.	Paprika - grün	

163 Apfelkren ⏰

ARBEITSGERÄTE	Schäler, Reibeisen, Schüssel	
VORBEREITUNG	Kren reiben	
200 g	Äpfel	- Äpfel schälen, fein reiben, mit den restlichen Zutaten vermischen und abschmecken.
1 KL	Zucker	
1 KL	Essig	
1 KL	Kren	

▶ Gemüse

Keine andere Lebensmittelgruppe bietet eine so große Vielfalt von Arten an. Gemüse sollte in keiner Mahlzeit fehlen, denn es liefert uns wichtige Mineralstoffe und Vitamine, aber wenig Energie. Zu empfehlen sind große Gemüseportionen und wenig Fleisch. Die wertvollen Inhaltsstoffe sollen auch bei der Vor- und Zubereitung erhalten bleiben. Beachte daher folgende Grundsätze: Gemüse ...
- entsprechend der Jahreszeit wählen,
- nicht zerkleinert im Wasser liegen lassen,
- dünsten, nicht kochen,
- kernig (bissfest) garen,
- nicht zu viel würzen, am besten mit frischen Kräutern,
- sofort servieren, beim Warmhalten gehen die Vitamine verloren.

164 | Karotten „Schweizer Art"

ARBEITSGERÄTE	Messer, Brett, Kasserolle, Sieb	
VORBEREITUNG	Karotten waschen, putzen, Petersilie hacken	
20 g	Butter	- Karotten würfelig oder blättrig schneiden;
1 KL	Zucker	- Butter erhitzen, Zucker zugeben, leicht bräunen,
500 g	Karotten	Karotten, Zitronensaft und Salz zugeben, etwas mit
1 KL	Zitronensaft	Wasser aufgießen;
	Salz	- Karotten bissfest dünsten;
1 EL	Mehl - glatt	- Mehl mit Sieb über Karotten streuen, vermischen,
1/2 Bd.	Petersilie	aufkochen, mit Petersilie bestreuen.

165 | Kohlrabi „Schweizer Art"

Sie werden wie Karotten zubereitet, aber ohne Zucker und Zitronensaft.

166 | Gedünstetes Mischgemüse

ARBEITSGERÄTE	Messer, Brett, Kasserolle	
VORBEREITUNG	Gemüse waschen, putzen, beliebig schneiden	
500 g	Gemüse	TK-Gemüse oder frisches Gemüse: Karotten,
30 g	Butter	Kohlrabi, Zucchini ...
	Salz	Gemüse in Butter mit etwas Wasser und Salz bissfest
1/2 Bd.	Petersilie	dünsten, mit gehackter Petersilie bestreuen.

167 | Gedünsteter Lauch ⏱

ARBEITSGERÄTE	Messer, Brett, Sieb, Kasserolle
VORBEREITUNG	Lauch putzen, waschen, nudelig schneiden

2 EL	Öl	- Lauch in heißem Öl andünsten, Gewürze zugeben,
3 St.	Lauch	etwas mit Wasser aufgießen;
	Salz,	- Lauch dünsten, Mehl mit Sieb über Lauch streuen,
	Majoran	verrühren und aufkochen lassen;
1 EL	Mehl - glatt	- eventuell mit Schlagobers verfeinern.
(3 EL	Schlagobers)	

168 | Blaukraut

ARBEITSGERÄTE	Messer, Brett, Kasserolle, Krauthobel, Reibeisen, Sieb
VORBEREITUNG	Blaukraut putzen, hobeln; Zwiebel schälen

2 EL	Öl	- Zwiebel fein schneiden, in Öl anrösten;
1 St.	Zwiebel	- Zucker zugeben, leicht bräunen;
1 EL	Zucker	- Blaukraut, Gewürze, Essig, Rotwein zugeben, mit
500 g	Blaukraut	etwas Wasser aufgießen;
	Sz., Kümmel	- Blaukraut halbweich dünsten;
1 EL	Essig	- Apfel schälen, raffeln, zugeben;
1/8 l	Rotwein	- Blaukraut fertig dünsten;
1 St.	Apfel	- Blaukraut mit Mehl stauben, verrühren, aufkochen
1 EL	Mehl - glatt	lassen, abschmecken.

169 | Gedünstetes Kraut

Es wird wie Blaukraut zubereitet. Anstelle von Blaukraut wird Weißkraut verwendet. Äpfel und Rotwein werden weggelassen.

170 | Gedünstetes Sauerkraut

ARBEITSGERÄTE	Messer, Brett, Kasserolle, Reibeisen
VORBEREITUNG	Zwiebel schälen, Speck würfelig schneiden

1 EL	Öl	- Zwiebel fein schneiden, in Öl anrösten, Speck
50 g	Speck	zugeben, anrösten;
1 St.	Zwiebel	- Sauerkraut und Gewürze zugeben, mit etwas
500 g	Sauerkraut	Wasser aufgießen, dünsten;
	Sz.,	- eventuell eine fein geriebene Kartoffel zugeben und
	Kümmel,	Sauerkraut damit noch 5 min. kochen lassen.
	Wacholder-	
	beeren	
1 St.	Kartoffel	

171 Karfiol „Polnische Art"

ARBEITSGERÄTE	Messer, Brett, Topf, Pfanne	
VORBEREITUNG	Karfiol putzen, in größere Röschen teilen; Salzwasser mit etwas Milch kochen	
1 St.	Karfiol	- Karfiol in Salzwasser mit Milch bissfest kochen, abseihen;
1,5 l	Salzwasser	
1/8 l	Milch	- Butter erhitzen, Brösel anrösten, über Karfiolröschen geben.
30 g	Butter	
40 g	Brösel	

172 Gratinierter Karfiol (Brokkoli)

ARBEITSGERÄTE	Messer, Brett, Topf, Kasserolle, feuerfeste Form	
VORBEREITUNG	Karfiol putzen, in größere Röschen teilen; Salzwasser mit etwas Milch kochen; Form befetten, Rohr – 220 °C	
1 St.	Karfiol	- Karfiol in Salzwasser mit Milch bissfest kochen, abseihen, in Form geben;
1,5 l	Salzwasser	
1/8 l	Milch	- Mehl in Butter leicht anrösten, mit Milch aufgießen, glattrühren, verkochen lassen und würzen;
30 g	Butter	
30 g	Mehl - glatt	
1/4 l	Milch	
	Sz., Pfw.	- Emmentaler reiben, zugeben;
	Muskat	- Béchamel über Karfiol gießen, mit Parmesan bestreuen;
	engl. Sauce	
40 g	Emmentaler	- Karfiol im Rohr ca. 10 min. gratinieren.
30 g	Parmesan	

173 Bohnen im Speckmantel

ARBEITSGERÄTE	Messer, Brett, Kasserolle, Blech	
VORBEREITUNG	Salzwasser kochen, Rohr – 200 °C	
400 g	Bohnen - grün	- Frische Bohnen putzen, bzw. TK-Bohnen verwenden;
0,5 l	Salzwasser	- Bohnen in Salzwasser bissfest dünsten, würzen;
	Pfw., Bohnenkraut	- Bohnen in vier Bündeln auflegen, jedes Bündel mit Speckblatt umwickeln;
4 Bl.	Speck	- Bündel auf Blech legen, ca. 10 min. braten.

174 Gegrillte Tomaten

ARBEITSGERÄTE	Messer, Brett, feuerfeste Form	
VORBEREITUNG	Tomaten waschen, Form befetten, Rohr – 200 °C	
4 St.	Tomaten	- Tomaten quer durchschneiden, in Form geben, würzen, mit Parmesan bestreuen, mit Öl betropfen;
	Sz., Pfw.	
2 EL	Parmesan	- Tomaten im Rohr 5 min. gratinieren.
1 EL	Öl	

Rezepte | Gemüse

175 | Cremespinat

ARBEITSGERÄTE	Kasserolle, Knoblauchpresse
VORBEREITUNG	Knoblauch pressen

30 g	Butter	*Gewürze: Sz., Pfw., Muskat, Knoblauch*
30 g	Mehl - glatt	- Mehl in Butter leicht anrösten, mit Milch
1/4 l	Milch	aufgießen, glattrühren, aufkochen, würzen;
	Gewürze	- TK-Cremespinat in die Einmach geben, auftauen
300 g	TK-Creme-Spinat	lassen, aufkochen, abschmecken.

176 | Blattspinat

ARBEITSGERÄTE	große Kasserolle, Sieb, Messer, Brett, Kasserolle
VORBEREITUNG	frischen Spinat putzen, Salzwasser kochen, Zwiebel schälen, Knoblauch pressen

600 g	Spinat oder	*Gewürze: Sz., Pfw., Muskat, Knoblauch.*
(300 g	TK-Blattspinat)	- Frischen Spinat im kochenden Salzwasser dünsten, abseihen;
0,5 l	Salzwasser	- Zwiebel fein schneiden, in Öl anrösten;
2 EL	Öl	- Blattspinat und Gewürze zugeben, durchmischen,
1 St.	Zwiebel	mit Schlagobers verfeinern.
	Gewürze	
3 EL	Schlagobers	

177 | Panierte Zucchinischeiben

ARBEITSGERÄTE	Messer, Brett, 3 Teller, Pfanne
VORBEREITUNG	Zucchini waschen, in ca. 1cm Scheiben schneiden

500 g	Zucchini, Sz.	- Panier vorbereiten;
50 g	Mehl - glatt	- Zucchinischeiben salzen und panieren;
2 St.	Eier, Sz.	- in heißem Öl herausbacken, gut abtropfen lassen.
80 g	Brösel	
1/8 l	Öl	

178 | Gebackener Karfiol

ARBEITSGERÄTE	Topf, Messer, Brett, 3 Teller, Pfanne
VORBEREITUNG	Karfiol in Röschen teilen, Salzwasser mit Milch kochen

1 St.	Karfiol	- Karfiolröschen in Salzwasser bissfest kochen,
1 l	Salzwasser	abseihen, abkühlen lassen;
1/8 l	Milch	- Panier vorbereiten;
50 g	Mehl - glatt	- Karfiolröschen panieren, im heißen Öl (oder
2 St.	Eier, Sz.	Kokosfett) herausbacken, gut abtropfen lassen.
80 g	Brösel	
1/4 l	Öl	

179 Gebratene Zucchini 🕐

ARBEITSGERÄTE	Messer, Brett, Pfanne
VORBEREITUNG	Zucchini waschen, in 1cm Scheiben schneiden.

500 g	Zucchini	- Zucchinischeiben würzen;
	Sz., Senf	- in heißem Öl beidseitig rasch abbraten.
4 EL	Öl	

180 Gemüseplatte

ARBEITSGERÄTE	Messer, Brett, Kasserollen, Pfannen
VORBEREITUNG	Gemüse putzen, waschen, beliebig schneiden

200 g Karotten „Schweizer Art - Nr. 164
200 g Kohlrabi „Schweizer Art" - Nr. 165
200 g Bohnen im Speckmantel - Nr. 173
1 Rose Karfiol „Polnische Art" - Nr. 171
Die fertigen Gemüse farblich schön auf einer Platte anrichten.

▶ Pilze

181 Pilzgulasch

ARBEITSGERÄTE	Messer, Brett, Kasserolle, Schüsserl, Schneerute
VORBEREITUNG	Zwiebel schälen, Pilze putzen, waschen, blättrig schneiden

2 EL	Öl	*Pilze: Steinpilze, Reizker, Pfifferlinge.*
1 St.	Zwiebel	- Zwiebel fein schneiden, in Öl anrösten;
1 KL	Paprika	- Paprika darüberstreuen, mit Essig löschen, Pilze
1 KL	Essig	und Gewürze zugeben, mit etwas Wasser
	Sz., Pfw.	aufgießen, dünsten;
500 g	Pilze	- Mehl mit Sauerrahm glattrühren, in das kochende
2 EL	Mehl - glatt	Gulasch einrühren, verkochen lassen,
1/8 l	Sauerrahm	abschmecken.
Beilage:	Serviettenschnitten	

182 Panierte Pilze (Champignons, Steinpilz, Parasol) 🕐

ARBEITSGERÄTE	Messer, Brett, 3 Teller, Pfanne
VORBEREITUNG	Pilze putzen, waschen, eventuell halbieren

500 g	Pilze	- Panier vorbereiten;
	Salz	- Pilze salzen, panieren;
50 g	Mehl - glatt	- Öl (oder Kokosfett) erhitzen, Pilze herausbacken,
2 St.	Eier, Salz	gut abtropfen lassen.
80 g	Brösel	
1/4 l	Öl	
Beilagen:	Salate, Saucen	

Rezepte | Salate

▶ Salate

In der heißen Jahreszeit werden Salate sehr gern als Vorspeise, als Beilage, als Buffetspeise oder auch als Abendessen genossen. Salate sind energiearm, liefern uns aber wertvolle Vitamine und Mineralstoffe. Um diese zu erhalten, sind folgende Grundsätze zu beachten:

- Salatsauce zuerst zubereiten,
- Gemüse kurz vor dem Verzehr zerkleinern, dann zudecken
- Salate erst kurz vor dem Servieren marinieren (Ausnahme sind gegarte Gemüsesalate) und schön garnieren,
- kaltgepresste Öle (z.B. Sonnenblumen- oder Sesamöl) und naturreinen Essig verwenden,
- frische Kräuter geben den Salaten eine besondere Note, z.B. Petersilie, Schnittlauch, Dill, Kresse, Kerbel, Basilikum.

Dressings (= Salatsaucen)

183 | Essig-Öl-Dressing

ARBEITSGERÄTE	Messer, Brett, Tasse, Löffel, Knoblauchpresse
VORBEREITUNG	Kräuter fein hacken, (Zwiebel fein schneiden, Knoblauch pressen)
ZUTATEN	3 EL kaltgepresstes Öl, 2 EL Essig, Salz, 1 Prise Zucker, 1 EL gehackte Kräuter (1 Zwiebel, 1 Knoblauchzehe)
ZUBEREITUNG	Alle Zutaten miteinander verrühren.

184 | Jogurt-Kräuter-Dressing

ARBEITSGERÄTE	Messer, Brett, Tasse, Löffel, Knoblauchpresse
VORBEREITUNG	Kräuter fein hacken, (Zwiebel fein schneiden, Knoblauch pressen)
ZUTATEN	1/4 l Jogurt, 1 EL kaltgepresstes Öl, 1 EL Essig, Salz, 1 Prise Zucker, 3 EL gehackte Kräuter (1 Zwiebel, 1 Knoblauchzehe)
ZUBEREITUNG	Alle Zutaten miteinander verrühren.

185 | Sauerrahm-Dressing

ARBEITSGERÄTE	Messer, Brett, Tasse, Löffel
VORBEREITUNG	Kräuter fein hacken, (Knoblauch pressen)
ZUTATEN	1/4 l Sauerrahm, 1 EL kaltgepresstes Öl, 1 EL Essig, Salz, 2 EL gehackte Kräuter (1 Knoblauchzehe)
ZUBEREITUNG	Alle Zutaten miteinander verrühren.

186 Mayonnaise-Dressing

ARBEITSGERÄTE	Messer, Brett, Tasse, Löffel
VORBEREITUNG	Kräuter fein hacken
ZUTATEN	3 EL Mayonnaise, 1 EL Essig, Salz, 1/8 l Jogurt, (1 EL gehackte Kräuter oder 1 EL Tomatenketchup)
ZUBEREITUNG	Alle Zutaten miteinander verrühren.

Rohe Salate

187 Kopfsalat 🕐 ☺

ARBEITSGERÄTE		Messer, Schüssel, Tasse, Löffel
VORBEREITUNG		Dressing zubereiten (S. 309); Salat putzen, waschen, in mundgerechte Stücke teilen
1 St.	Kopfsalat Dressing	- Salat mit beliebigem Dressing marinieren und anrichten.

188 Chinakohlsalat 🕐 ☺

ARBEITSGERÄTE		Messer, Brett, Schüssel, Tasse, Löffel
VORBEREITUNG		Essig-Öl-Dressing zubereiten (S. 309); Salat putzen, halbieren, waschen, nudelig schneiden
600 g 1 St. 1 St.	Chinakohl Essiggurke Paprika - rot Dressing Kümmel	- Essiggurke und Paprika würfelig schneiden; - mit Chinakohl vermischen; - Essig-Öl-Dressing mit Kümmel würzen; - Salat mit dem Dressing marinieren.

189 Vogerl-Kresse-Salat 🕐 ☺

ARBEITSGERÄTE		Messer, Schüssel, Tasse, Löffel
VORBEREITUNG		Dressing zubereiten (S. 309); Gemüse putzen, waschen
250 g 50 g 4 St.	Vogerlsalat Kresse Dressing Radieschen	- Salate mischen, mit beliebigem Dressing marinieren; - Radieschen in Scheiben schneiden, Salat damit verzieren.

190 Karottensalat 🕐 ☺

ARBEITSGERÄTE		Messer, Brett, Schüssel, Tasse, Löffel, Reibeisen
VORBEREITUNG		Sauerrahm-Dressing zubereiten (S. 309); Karotten waschen, schaben; Petersilie hacken
500 g 1/2 Bd.	Karotten Dressing Petersilie	- Karotten reiben oder raffeln; - mit Jogurt- oder Sauerrahm-Dressing marinieren, mit gehackter Petersilie bestreuen.

Rezepte | Salate

191 | Tomatensalat 🕐 🙂

ARBEITSGERÄTE	Messer, Brett, Schüssel, Tasse, Löffel
VORBEREITUNG	Essig-Öl-Dressing zubereiten (S. 309); Tomaten waschen, Zwiebel schälen

500 g	Tomaten	- Von den Tomaten Blütenansatz entfernen, in Spalten oder Scheiben schneiden;
1 St.	Zwiebel	
	Dressing	- Zwiebel fein schneiden, Schnittlauch schneiden, Petersilie hacken;
1/2 Bd.	Petersilie	
1/2 Bd.	Schnittlauch	- alle Zutaten mit Essig-Öl-Dressig vermischen.

192 | Kohlrabisalat 🕐 🙂

ARBEITSGERÄTE	Messer, Brett, Reibeisen, Schüssel, Tasse, Löffel
VORBEREITUNG	Dressing zubereiten (S. 309); Kohlrabi schälen, reiben oder raffeln

500 g	Kohlrabi	- Kohlrabi mit Sauerrahm- oder Mayonnaise-Dressing vermischen.
	Dressing	

193 | Rettichsalat 🕐 🙂

Die Zubereitung erfolgt wie beim Kohlrabisalat. Kohlrabi wird durch schwarzen oder weißen Rettich ersetzt.

194 | Gurkensalat 🕐 🙂

ARBEITSGERÄTE	ev. Schäler, Messer, Hobel, Schüssel, Tasse, Löffel
VORBEREITUNG	Sauerrahm-Dressing zubereiten; (S. 309) Freilandgurken schälen, Dill hacken

500 g	Gurken	- Gurken hobeln, mit Jogurt- oder Sauerrahm-Dressing vermischen;
	Dressing	
1/2 Bd.	Dill	- mit gehacktem Dill bestreuen.

195 | Krautsalat 🕐 🙂

ARBEITSGERÄTE	Messer, Krauthobel, Brett, Schüssel, Tasse, Löffel
VORBEREITUNG	Kraut putzen

500 g	Weißkraut	- Weißkraut hobeln, mit Salz und Kümmel „durchkneten", etwas ziehen lassen;
	Salz,	
	Kümmel	- Weißkraut mit den restlichen Zutaten vermischen.
1/8 l	Sauerrahm	
2 EL	Essig	
2 EL	Öl	

Salate aus gegartem Gemüse

196 | Kartoffelsalat

ARBEITSGERÄTE	Kelomat, Messer, Brett, Schüssel
VORBEREITUNG	Kartoffeln im Kelomat dämpfen, schälen; Zwiebel schälen

700 g	Kartoffeln	- Kartoffeln blättrig schneiden; Zwiebel fein schneiden;
1 St.	Zwiebel	
1/8 l	Suppe	- alle Zutaten vermischen, ziehen lassen, eventuell noch etwas Suppe zugießen;
	Sz., Pfw.	
2 EL	Essig	- Salat gut abschmecken.
2 EL	Öl	
1 KL	Senf	

197 | Roter Rüben-Salat

ARBEITSGERÄTE	Kelomat, Messer, Brett, Schüssel, Reibeisen
VORBEREITUNG	Rote Rüben im Kelomat dämpfen, schälen

500 g	Rote Rüben	- Rote Rüben hobeln oder raffeln;
4 EL	Essig	- mit den anderen Zutaten vermischen, ziehen lassen, abschmecken.
1 KL	Zucker	
	Sz., Kümmel	
1 KL	Kren	

198 | Karottensalat

ARBEITSGERÄTE	Kasserolle, Messer, Brett, Schüssel, Tasse, Löffel
VORBEREITUNG	Karotten in Salzwasser dünsten, schälen; Essig-Öl-Dressing zubereiten (S. 309)

500 g	Karotten	- Karotten blättrig schneiden, Petersilie hacken;
0,25 l	Salzwasser	- Karotten mit Essig-Öl-Dressing vermischen und abschmecken.
	Dressing	
1/2 Bd.	Petersilie	

199 | Karfiolsalat

ARBEITSGERÄTE	Kasserolle, Messer, Brett, Schüssel, Tasse, Löffel
VORBEREITUNG	Karfiol in Röschen teilen, in Salzwasser mit etwas Milch kochen, abseihen; Dressing zubereiten (S. 310)

1 St.	Karfiol	- Karfiolröschen anrichten, mit Sauerrahm- oder Mayonnaise-Dressing überziehen.
1,5 l	Salzwasser	
1/8 l	Milch	
	Dressing	

Rezepte | Salate

200 | Fisolensalat

ARBEITSGERÄTE	Kasserolle, Messer, Brett, Schüssel, Tasse, Löffel	
VORBEREITUNG	Fisolen in Salzwasser dünsten, Zwiebel schälen; Essig-Öl-Dressing zubereiten (S. 309)	
500 g	Fisolen	- Zwiebel fein schneiden, mit Fisolen mischen;
0,5 l	Salzwasser	- Gemüse mit Essig-Öl-Dressing marinieren.
1 St.	Zwiebel	
	Dressing	

201 | Maissalat ⏱

ARBEITSGERÄTE	Kasserolle, Messer, Brett, Schüssel, Tasse, Löffel	
VORBEREITUNG	Dressing zubereiten (S. 309); TK-Maiskörner auftauen	
500 g	TK-Mais-körner	- Maiskörner anrichten, mit Jogurt-Kräuter- oder Sauerrahm-Dressing überziehen.
	Dressing	

202 | Warmer Krautsalat

ARBEITSGERÄTE	Kasserolle, Messer, Krauthobel, Brett, Schüssel, Pfanne	
VORBEREITUNG	Salzwasser kochen, Speck kleinwürfelig schneiden	
500 g	Weißkraut	- Salzwasser mit Essig und Kümmel vermischen, Weißkraut hineingeben, ziehen lassen, bis das Weißkraut bissfest ist;
0,25 l	Salzwasser	
2 EL	Essig	
	Kümmel	- Speck in der Pfanne anrösten;
50 g	Speck	- zum Servieren Weißkrautsalat mit gerösteten Speckwürfeln übergießen.

203 | Bunter Gemüsesalat ⏱

ARBEITSGERÄTE	Messer, Brett, Schäler, Schüssel, Tasse, Löffel	
VORBEREITUNG	Mayonnaise-Dressing zubereiten (S. 310); TK-Gemüse auftauen	
400 g	TK-Misch-gemüse	- Essiggurken würfelig schneiden;
		- Äpfel schälen, entkernen, würfelig schneiden;
2 St.	Essiggurken	- Gemüse, Essiggurken, Äpfel vermischen;
2 St.	Äpfel	- Salat mit Mayonnaise-Dressing marinieren,
	Dressing	abschmecken.

▶ Pikante Kleingerichte

204 | Gefüllte Schinkenrollen

ARBEITSGERÄTE	Messer, Brett, Schüssel, Schneerute
VORBEREITUNG	Petersilie und Schnittlauch schneiden

4 Bl.	Schinken	- Topfen mit Sauerrahm, Gewürzen, Kräutern
250 g	Topfen	glattrühren;
1/8 l	Sauerrahm	- Topfenfülle auf Schinkenblätter streichen,
	Sz., Pfw.	mit 2 Stück Spargel belegen, einrollen.
1/2 Bd.	Petersilie	- Röllchen beliebig verzieren.
1/2 Bd.	Schnittlauch	
8 St.	Spargel (Ds.)	

205 | Gefüllte Eier

ARBEITSGERÄTE	Kasserolle, Messer, Brett, Schüssel, Gabel, Dressiersack
VORBEREITUNG	Eier hartkochen, abschrecken, schälen

4 St.	Eier	- Eier längs halbieren,
40 g	Butter	- Dotter herausnehmen;
100 g	Topfen	- Dotter mit der Gabel fein zerdrücken;
1 EL	Sauerrahm	- Butter flaumig rühren, zerdrückte Dotter und restliche Zutaten zugeben, verrühren, abschmecken;
	Sz., Pfw.,	
	Senf	- diese Masse in einen Spritzsack (gezackte Tülle)
	Sardellen-	füllen und in die Eiklarhälften dressieren, beliebig
	paste	verzieren.
		Hinweis: Eiklarhälften abflachen, damit sie besser stehen.

206 | Mosaikbrot

ARBEITSGERÄTE	Brett, Messer, Schüssel, Löffel, Schneebesen
VORBEREITUNG	Paprika waschen, entkernen

1 St.	Sandwich-wecken	- Sandwichwecken halbieren, beide Hälften aushöhlen (Löffel als Hilfe nehmen);
80 g	Butter	
100 g	Topfen	- Schinken, Käse, Essiggurken und Paprika
100 g	Schinken	kleinwürfelig schneiden;
100 g	Käse	- Butter flaumig rühren, alle anderen Zutaten
2 St.	Essiggurken	zugeben, abschmecken;
1 St.	Paprika - rot	- diese Masse in die ausgehöhlten Hälften füllen,
	Sz., Pfw.,	gut hineindrücken, kaltstellen;
	Senf	- Wecken in Scheiben schneiden.

Rezepte | Pikante Kleingerichte

207 Fischcocktail

ARBEITSGERÄTE	Messer, Brett, Zitronenpresse, Schüssel, Pfanne
VORBEREITUNG	Zitrone pressen; Paprika waschen, entkernen

300 g	Fischfilet	- Fischfilet säuern, salzen, in heißem Öl abbraten, auskühlen lassen;
1/2 St.	Zitrone	
	Salz	- Paprika kleinwürfelig schneiden;
2 EL	Öl	- Dressing aus Sauerrahm, Ketchup, Mayonnaise und Gewürzen herstellen;
100 g	Mais	
1 St.	Paprika - rot	- Fischfilets in Stücke teilen, in Cocktailgläser füllen, geschnittene Paprika und Maiskörner darauf verteilen;
1 St.	Paprika - grün	
1/8 l	Sauerrahm	
2 EL	Ketchup	- Cocktails mit Dressing überziehen;
2 EL	Mayonnaise	- Cocktails beliebig verzieren.
	Sz., Pfw.,	
1 KL	Zitronensaft	

208 Thunfischsalat

ARBEITSGERÄTE	Kasserolle, Messer, Brett, Schüssel, Zitronenpresse
VORBEREITUNG	Essig-Öl-Dressing zubereiten; Eier hartkochen, abschrecken, schälen, Gemüse waschen, TK-Erbsen auftauen

150 g	Thunfisch	- Thunfisch zerpflücken, in Schüssel geben;
2 St.	Eier	- Eier in Spalten schneiden;
1 St.	Paprika	- Paprika entkernen, würfelig schneiden;
3 St.	Tomaten	- Tomaten in Spalten schneiden;
100 g	Erbsen	- alle Zutaten mit Essig-Öl-Dressing vermischen, abschmecken.
	Dressing	

209 Nudelsalat

ARBEITSGERÄTE	Messer, Brett, Schüssel, Tasse, Löffel
VORBEREITUNG	Nudeln kochen, abseihen, kalt abschwemmen; Gemüse in Salzwasser dünsten; Mayonnaise-Dressing zubereiten (S. 310)

200 g	Nudeln, gekocht	Hinweis: Gekochte Teigwarenreste können hier gut verarbeitet werden.
0,2 l	Salzwasser	Gemüse: TK-Mischgemüse oder Gemüsereste.
200 g	Gemüse	- Gedünstetes Gemüse, Schinken und Essiggurken würfelig schneiden;
100 g	Schinken	
2 St.	Essiggurken	- alle Zutaten mit Mayonnaise-Dressing marinieren und abschmecken.
	Dressing	

210 Reissalat

ARBEITSGERÄTE	Kasserolle, Messer, Brett, Schüssel, Tasse, Löffel
VORBEREITUNG	Reis in Salzwasser dünsten, Zwiebel schälen, Sauerrahm-Dressing zubereiten (S. 309), Paprika waschen, entkernen

200 g	Reis	- Apfel schälen, würfelig schneiden;
0,4 l	Salzwasser	- Essiggurken, Paprika würfelig schneiden;
2 St.	Essiggurken	- Zwiebel und Schnittlauch fein schneiden;
1 St.	Apfel	- Petersilie hacken;
1 St.	Paprika - rot	- alle Zutaten mit dem ausgekühlten Reis
1 St.	Paprika - grün	vermischen, mit Sauerrahm-Dressing marinieren,
1/2 St.	Zwiebel	abschmecken;
1/2 Bd.	Schnittlauch	- Salat beliebig verzieren.
1/2 Bd.	Petersilie	
	Dressing	

211 Rindfleischsalat ⏱

ARBEITSGERÄTE	Kasserolle, Messer, Brett, Schüssel, Tasse, Löffel
VORBEREITUNG	Eier hartkochen, abschrecken, schälen; Essig-Öl-Dressing zubereiten (S. 309); Schnittlauch schneiden

200 g	Rindfleisch, gekocht	- Rindfleisch in Streifen schneiden;
1 St.	Zwiebel	- Zwiebel ringelig schneiden;
2 St.	Tomaten	- Tomaten in Spalten schneiden;
2 St.	Essiggurken	- Essiggurken in Streifen schneiden;
	Dressing	- geschnittenes Gemüse und Fleisch mit Essig-Öl-Dressing marinieren;
2 St.	Eier	- Salat mit Eispalten und geschnittenem
1/2 Bd.	Schnittlauch	Schnittlauch verzieren.

212 Wurst-Käse-Salat (Schweizer Salat) ⏱

ARBEITSGERÄTE	Messer, Brett, Schüssel, Tasse, Löffel
VORBEREITUNG	Essig-Öl-Dressing zubereiten; Paprika waschen, entkernen; Zwiebel schälen

200 g	Schinken (Wurst)	- Alle Zutaten in dünne Streifen schneiden;
150 g	Schnittkäse	- mit Essig-Öl-Dressing marinieren.
1 St.	Zwiebel	
1 St.	Paprika - grün	
2 St.	Essiggurke	
	Dressing	

Brot

Auf ein gutes selbst gebackenes Brot ist jeder stolz. Wird Brot in größerer Menge gebacken und dann tiefgekühlt, kann Geld und auch Zeit gespart werden. Ein weiterer Vorteil ist, dass sehr fantasievolle Brote gestaltet und nur wertvolle Zutaten (z. B. Dinkelvollkornmehl, Kürbiskerne...) verwendet werden können. Beim Brotbacken garantieren folgende Punkte für gutes Gelingen:

- alle Zutaten handwarm verwenden,
- eher weiche Teige zubereiten,
- Teig sehr gut abschlagen,
- Blech leicht befetten oder mit Backpapier belegen,
- Brot mit Dampfeinwirkung (bei 220 °C) backen, dazu ein Metallgefäß mit Wasser ins Rohr stellen,
- Brot glänzt, wenn es mit Wasser bestrichen wird,
- Brot ist gebacken, wenn ein Klopfen auf der Unterseite hohl klingt.

Flesserl

Rolle drehen. | Schleife bilden und freies Ende durch die Schleife ziehen. | Oberen Teil festhalten und unteren Teil nach links drehen. | Teigende in die Schlingenöffnung stecken.

Brezerl

Rolle drehen. | Die Enden ineinander verschlingen und nach innen drehen.

Käsestangerl

Zwei dünne Teigrollen ineinander verschlingen.

Salzstangerl

Teig oval gut ausrollen. | Unter Zug zusammenrollen.

Kipferl

Wie ein Salzstangerl – am Ende noch biegen.

Weckerl

Oval formen und mit Teigspachtel Mittelfurche eindrücken.

Brötchen

Mit scharfem Messer einritzen.

Knöpfchen

Kurze Rolle formen und einen einfachen Knoten machen.

	Brotrezepte für ca. 20 Stück
ARBEITSGERÄTE	Rührschüssel, Kochlöffel (Mixer), Nudelbrett, Blech
VORBEREITUNG	Brotgewürze hacken, Blech befetten oder mit Backpapier belegen, Rohr vorheizen – 220 °C (GT 10 siehe S. 244)

213	**Dinkelvollkornbrötchen**
500 g	Dinkelvollkornmehl (Weizenvollkornmehl)
je 1 KL	Fenchel, Anis, Kümmel
je 1 KL	Salz, Koriander
40 g	Germ
0,35 l	Wasser (36 °C)
	Wasser z. Bestreichen

Vollkornbrot lt. GT-Nr. 10 herstellen; vor dem Backen mit Wasser bestreichen, eventuell mit Kürbiskernen bestreuen.

214	**Sonnenblumenweckerl**
300 g	Weizenvollkornmehl
200 g	Mehl-griffig
je 1 KL	Salz, Fenchel
40 g	Germ
50 g	Sonnenblumenkerne
0,35 l	Buttermilch (36 °C)
	Wasser z. Bestreichen
30 g	Sonnenblumenkerne

Vollkornbrot lt. GT-Nr. 10 herstellen; vor dem Backen mit Wasser bestreichen, mit Sonnenblumenkernen bestreuen.

215	**Käsesemmeln**
400 g	Weizenvollkornmehl
70 g	Emmentaler, gerieben
1 KL	Salz
40 g	Germ
0,3 l	Wasser (36 °C)
1 St.	Dotter
30 g	Emmentaler, gerieben

Vollkornbrot lt. GT-Nr. 10 herstellen; vor dem Backen mit Dotter bestreichen; mit Käse bestreuen.

216	**Sesambrötchen**
350 g	Weizenvollkornmehl
100 g	Roggenvollkormehl
50 g	Sesam
je 1 KL	Salz, Anis, Kümmel
40 g	Germ
0,35 l	Buttermilch (36 °C)
	Wasser z. Bestreichen
30 g	Sesam z. Bestreuen

Vollkornbrot lt. GT-Nr. 10 herstellen; vor dem Backen mit Wasser bestreichen, mit Sesam bestreuen.

217	**Salzstangerl**	
250 g	Weizenvollkornmehl	- Brotteig GT-Nr. 10 herstellen;
250 g	Mehl-griffig	- gegangenen Teig dritteln, jedes Drittel zu einem Kreis (0,5 cm dick) ausrollen;
1 KL	Salz	- Kreis in 6 Stücke teilen;
40 g	Germ	- jedes Dreieck von der breiten Seite zur Spitze hin einrollen;
0,35 l	Wasser (36°)	
	Wasser z. Bestreichen Salz, Kümmel z. Bestreuen	- Stangerl auf Blech legen; - mit Wasser bestreichen, mit Salz, Kümmel bestreuen; - Stangerl bei 200 °C 20 min. backen.

Rezepte | Brote | Mehlspeisen

218 | Brotgugelhupf

ARBEITSGERÄTE	Rührschüssel, Kochlöffel, 2 kleine Gugelhupfformen
VORBEREITUNG	Gewürze hacken, Gugelhupfformen gut befetten, Rohr – 180°

400 g	Weizenvoll-kornmehl	- Mehl, Haferflocken, Hirse, Sonnenblumenkerne, ganze Haselnüsse, Sesam und Gewürze in Rührschüssel geben;
100 g	Haferflocken	
100 g	Hirse	- Germ dazubröseln, mit warmen Wasser zu weichem Teig verrühren;
100 g	Sonnenblu-menkerne	
100 g	Haselnüsse (ganz)	- Teig 10 min. abschlagen, gehen lassen;
		- gegangenen Teig in befettete Gugelhupfformen füllen;
30 g	Sesam	
je 1 KL	Salz, Anis,	- Brot bei 180 °C ca. 45 min. backen.
1 KL	Fenchel	
40 g	Germ	
0,5 l	Wasser (36°)	

▶ *Mehlspeisen*

Die Mehlspeisen sind in der österreichischen Küche sehr beliebt. In kleiner Menge werden sie gerne als Nachspeise serviert, in größerer Menge stellen sie aber oft auch die Hauptspeise für ein Mittag- oder Abendessen dar.

219 | Kaiserschmarren

ARBEITSGERÄTE	2 Rührschüsseln, Mixer, Pfanne, Küchenfreund
VORBEREITUNG	Mehl sieben, Rosinen in etwas Rum einweichen

240 g	Mehl - glatt	- Schmarrenteig GT-Nr. 2 (S. 240) mit Rosinen zubereiten;
	Salz	
0,4 l	Milch	- Öl in Pfanne erhitzen;
4 St.	Dotter	- Teig 1 cm dick in heißes Öl eingießen, goldgelb backen, umdrehen, fertig backen;
4 St.	Eiklar	
40 g	Rosinen	- Omelett mit zwei Gabeln in große Flocken reißen;
2 EL	Öl z. Backen	
	Staubzucker	- Schmarren mit Staubzucker bestreuen.
Beilage:	Kompott	

220 Apfelschmarren

ARBEITSGERÄTE	2 Rührschüsseln, Mixer, Schäler, Reibeisen, Pfanne
VORBEREITUNG	Äpfel schälen, fein blättrig schneiden

GT 2 (S. 240)	doppelte Menge	Die Zubereitung erfolgt wie beim Kaiserschmarren, in den fertigen Teig werden anstelle von Rosinen fein geschnittene Äpfel gemengt.
200 g	Äpfel	

221 Omeletten

ARBEITSGERÄTE	2 Rührschüsseln, Mixer, Pfanne, Küchenfreund

GT 2 (S. 240)	doppelte Menge	Die Zubereitung erfolgt wie beim Kaiserschmarren. Die fertigen Omeletts mit Marmelade bestreichen, zusammenklappen und mit Staubzucker bestreuen.
150 g	Marmelade	

222 Palatschinken

ARBEITSGERÄTE	Rührschüssel, Schneerute, Pfanne, Küchenfreund

GT 1	S. 239	- Palatschinkenteig GT·1 zubereiten, rasten lassen;
150 g	Marmelade	- Palatschinken backen, mit Marmelade füllen; - Palatschinken mit Staubzucker bestreuen.

223 Topfenpalatschinken

ARBEITSGERÄTE	Rührschüssel, Schneerute, Pfanne, Auflaufform
VORBEREITUNG	Auflaufform befetten, Rosinen waschen, Rohr – 180 °C

GT 1	S. 239	- Palatschinkenteig herstellen, rasten lassen;
40 g	Butter	- Fülle herstellen: Butter, Zucker, Vanille und Ei sehr flaumig rühren;
1 St.	Ei	
80 g	Staubzucker	- Rosinen und Topfen unterheben;
1 EL	Vanillezucker	- Palatschinken backen, füllen, in Auflaufform legen, mit Milch übergießen;
50 g	Rosinen	
250 g	Topfen	- Palatschinken ca. 15 min. backen.
1/8 l	Milch	

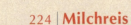
TIP Palatschinken können sehr gut mit Weizenvollkornmehl zubereitet werden.

224 Milchreis

ARBEITSGERÄTE	Kasserolle, Kochlöffel

1 l	Milch, Salz	- Milch leicht salzen, zum Kochen bringen;
150 g	Reis	- Reis in der Milch weichkochen (ca. 20 min.), dabei immer wieder umrühren;
	Zucker, Zimt	- Milchreis mit Zucker und Zimt oder geriebener Schokolade bestreuen.

TIP Anstelle von Reis kann Grieß (= Grießbrei) verwendet werden.

Rezepte | Mehlspeisen

225 | Scheiterhaufen

ARBEITSGERÄTE		*Schäler, Messer, Brett, Schüsserl, Schüssel, Auflaufform*
VORBEREITUNG		*Äpfel schälen und entkernen, Zitronenschale abreiben, Auflaufform befetten, Rohr – 180 °C*
4 St.	Semmeln	- Semmeln blättrig schneiden;
3/8 l	Milch	- Milch, Eier, Zucker versprudeln, die Hälfte über
2 St.	Eier	die Semmeln gießen;
40 g	Zucker	- Äpfel blättrig schneiden, mit Rosinen,
50 g	Rosinen	Zitronenschale, Zucker, Zimt mischen;
	Zitronen-	- die Hälfte der eingeweichten Semmelscheiben
	schale	in die Form legen, die Äpfelfülle darauf geben,
500 g	Äpfel	mit der zweiten Hälfte der Semmelscheiben
50 g	Zucker, Zimt	abschließen;
		- die zweite Hälfte der Eiermilch über den Auflauf gießen, Auflauf ca. 30 min. backen.

226 | Grießschnitten

ARBEITSGERÄTE		*Kasserolle, Kochlöffel, Brett, 2 Teller, Pfanne*
0,5 l	Milch	- Milch, Butter, Salz und Zucker zum Kochen
30 g	Butter	bringen;
	Salz	- Grieß einkochen, solange rühren bis ein dicker
1 EL	Zucker	Brei entsteht, überkühlen lassen;
200	Grieß	- aus dem Grießbrei auf einem nassen Brett eine
2 St.	Eier, Salz	Rolle formen, davon 1,5 cm dicke Scheiben
80 g	Brösel	abschneiden;
1/8 l	Öl	- Panier vorbereiten;
	Zucker,	- Grießscheiben panieren, in heißem Öl auf beiden
	Zimt	Seiten goldgelb backen;
		- Grießschnitten mit Zucker, Zimt bestreuen.

227 | Grieß- oder Reisauflauf

ARBEITSGERÄTE		*Kasserolle, Kochlöffel, 2 Schüsseln, Mixer, Auflaufform*
VORBEREITUNG		*Form befetten, Rosinen waschen, Rohr – 180 °C*
0,5 l	Milch, Salz	- Milch leicht salzen, zum Kochen bringen;
150 g	Reis (Grieß)	- Grieß(Reis) einkochen, solange rühren bis ein
40 g	Butter	dicker Brei entsteht, auskühlen lassen;
60 g	Staubzucker	- Äpfel schälen, blättrig schneiden;
3 St.	Dotter	- Butter, Zucker, Dotter sehr flaumig rühren;
1 EL	Vanillezucker	- ausgekühlten Grießbrei (Reis-) dazurühren;
3 St.	Eiklar	- Eiklar zu Schnee schlagen, unterheben;
3 St.	Äpfel	- 1. Hälfte der Masse in Form füllen, Äpfel,
30 g	Rosinen, Zimt	Rosinen, Zimt daraufstreuen, 2. Hälfte der Masse daraufstreichen, ca. 40 min. backen.

321

228 Hirseauflauf 😊

ARBEITSGERÄTE	Kasserolle, 2 Rührschüsseln, Mixer, Auflaufform
VORBEREITUNG	Salzwasser kochen, Form befetten, Rohr – 180 °C

0,5 l	Salzwasser	- Hirse in kochendes Salzwasser einrühren,
250 g	Hirse	ca. 20 min. zugedeckt dünsten, auskühlen;
80 g	Butter	- Früchte (Marillen, Pfirsiche, Kirschen ...)
3 EL	Honig	entsprechend vorbereiten;
3 St.	Dotter	- Butter, Honig, Dotter sehr flaumig rühren;
5 EL	Schlagobers	- ausgekühlte Hirse und Obers dazugeben;
500 g	Früchte	- Eiklar zu Schnee schlagen, Honig einschlagen,
3 St.	Eiklar	Schnee und Haselnüsse unter Hirsemasse heben;
1 EL	Honig	- 1. Hälfte in Form füllen, Früchte darauflegen,
60 g	Haselnüsse, gehackt	2. Hälfte darüberstreichen;
		- Auflauf ca. 40 min. backen.

229 Zwetschken-, Marillenknödel

ARBEITSGERÄTE	je nach Teigart, große Kasserolle, Pfanne
VORBEREITUNG	je nach Teigart, Salzwasser zum Kochen bringen

Brandteig

1/4 l	Wasser, Salz	- Brandteig GT-Nr. 14 (S. 247) zubereiten;
40 g	Butter	- aus dem Teig eine Rolle formen, Scheiben
200 g	Mehl-griffig	abschneiden, auseinanderdrücken;
1 St.	Ei	- Scheiben mit Zwetschke (Marille) belegen und
500 g	Zwetschken (Marillen)	zu Knödel formen;
1,5 l	Salzwasser	- Knödel in kochendem Salzwasser ca. 10 min. kochen, vorsichtig herausgeben;
60 g	Butter	- Brösel in Butter anrösten, Knödel darin wälzen,
80 g	Brösel	mit Zucker und Zimt bestreuen.

Topfenteig

250 g	Topfen Salz	- Für den Topfenteig alle Zutaten rasch zu einem Teig vermengen;
1 St.	Ei	- Teig zu Rolle formen, Scheiben abschneiden;
30 g	Mehl-griffig	- weitere Zubereitung und Zutaten (Zwetschken ...)
30 g	Grieß	siehe Brandteig.
50 g	Brösel	

Kartoffelteig

GT 8	S. 242	- Kartoffelteig zubereiten, zu Rolle formen;
		- weitere Zubereitung und Zutaten (Zwetschken ...) siehe Brandteig.

Rezepte | Mehlspeisen

230 Apfelstrudel (8 Portionen)

ARBEITSGERÄTE	Rührschüssel, Kochlöffel (Mixer), Schäler, Hobel, Blech	
VORBEREITUNG	Blech befetten	
GT 7 (1 Pk.)	Strudelteig oder fertige Strudelblätter	- Strudelteig zubereiten (S. 242), rasten lassen; - Äpfel schälen, entkernen, hobeln; Brösel in heißer Butter anrösten, Rohr – 180 °C;
3 EL	Öl z. Bestr.	- Teig dünn ausziehen, 2/3 des Teiges mit Brösel, Äpfel, Rosinen, Zucker, Zimt bestreuen;
1 kg	Äpfel	
60 g	Rosinen	- restliches Drittel des Teiges mit zerlassener Butter betropfen;
60 g	Zucker, Zimt	
60 g	Butter	- Strudel einrollen, mit Butter bestreichen;
100 g	Brösel	- Strudel bei 180 °C ca. 30 min. backen.
30 g	Butter z. Bestreichen	

231 Rhabarber-, Zwetschkenstrudel

Sie werden wie Apfelstrudel zubereitet, anstelle von Äpfeln werden Rhabarberstückchen oder entkernte Zwetschken verwendet.

232 Topfenstrudel (8 Portionen)

ARBEITSGERÄTE	Rührschüssel, Kochlöffel, Nudelwalker, Rührschüssel, Auflaufform	
VORBEREITUNG	Auflaufform befetten, Zitrone pressen	
GT 7 (1 Pk.)	Strudelteig oder fertige Teigblätter	- Strudelteig zubereiten (S. 242), rasten lassen; - für die Fülle: Butter, Eier, Zucker sehr flaumig rühren, alle anderen Zutaten daruntermischen; Rohr – 180 °C;
3 EL	Öl z. Bestr.	
80 g	Butter	- Teig dünn ausziehen, 2/3 des Teiges mit Fülle bestreichen, restliches Drittel mit zerlassener Butter betropfen;
2 St.	Eier	
150 g	Zucker	
1 KL	Zitronensaft	- Strudel einrollen, in Auflaufform geben;
500 g	Topfen	- Strudel bei 180 °C ca. 15 min. backen;
50 g	Rosinen	- Strudel mit Milch übergießen und fertigbacken.
1 EL	Vanillezucker	
1 EL	Vanillepuddingpulver	
1/4 l	Milch	

233 Topfenknödel

ARBEITSGERÄTE	Schüssel, Kochlöffel, große Kasserolle, Pfanne
VORBEREITUNG	Salzwasser kochen

250 g	Topfen	- Topfen, Salz, Grieß, Ei, Mehl und Brösel
	Salz	vermischen, ca. 20 min. rasten lassen;
1 EL	Grieß	- aus der Masse Knödel formen, in kochendem
1 EL	Brösel	Salzwasser ca. 6 min. ziehen lassen;
1 St.	Ei	- Brösel in heißer Butter anrösten, Zucker und
1 EL	Mehl-griffig	Zimt zugeben;
1,5 l	Salzwasser	- Knödel vorsichtig herausgeben, mit Brösel
40 g	Butter	bestreuen.
60 g	Brösel	
20 g	Zucker, Zimt	

234 Zwetschkenpofesen

ARBEITSGERÄTE	Messer, Brett, 2 Teller, Pfanne
VORBEREITUNG	Toastbrot entrinden

8 Sch	Toastbrot	- Je zwei Scheiben Toastbrot mit Powidl
250 g	Powidl	zusammensetzen;
1/4 l	Milch	- Toastbrotscheiben in Milch tauchen;
2 St.	Eier, Salz	- Panier vorbereiten;
80 g	Brösel	- Pofesen panieren und in heißem Öl heraus-
1/4 l	Öl	backen, gut abtropfen lassen;
	Zucker, Zimt	- Pofesen mit Zucker und Zimt bestreuen.

235 Apfelküchle

ARBEITSGERÄTE	2 Rührschüsseln, Schäler, Kernhausausstecher, Messer, Kasserolle

4 St.	Äpfel	- Äpfel schälen, entkernen, in 1 cm dicke Scheiben
GT 3	S. 240	schneiden;
1/4 l	Öl z. Backen	- Backteig mit Milch zubereiten;
	Zucker, Zimt	- Apfelscheiben durch Backteig ziehen;
		- Apfelscheiben in heißem Öl goldgelb backen,
		gut abtropfen lassen;
		- Apfelküchle mit Zucker und Zimt bestreuen.

Rezepte | Mehlspeisen

236 | Buchteln

ARBEITSGERÄTE	Rührschüssel, 2 Kasserollen, Kochlöffel, Auflaufform
VORBEREITUNG	Auflaufform befetten

GT 8	S. 243	- Germteig zubereiten, gehen lassen;
250 g	Marmelade	- Butter zerlassen, Rohr – 180 °C;
60 g	Butter	- aus dem Germteig mit einem bemehlten Löffel gleichmäßig große Stücke herunterstechen, diese etwas auseinanderdrücken, mit Marmelade füllen, zusammendrücken;
		- Buchteln in zerlassene Butter tauchen, in Auflaufform dicht nebeneinander legen;
		- Buchteln bei 180 °C ca. 30 min. backen.

Beilage:	Vanillesauce

237 | Germknödel

ARBEITSGERÄTE	Schüssel, Kochlöffel, Kasserolle, große Kasserolle

GT 8	S. 243	- Germteig zubereiten, gehen lassen;
250 g	Powidl	- aus dem Germteig mit einem bemehlten Löffel gleichmäßig große Stücke herunterstechen, diese etwas auseinanderdrücken, mit Powidl füllen, Knödel formen;
1,5 l	Salzwasser	
40 g	Butter	
60 g	Mohn	
40 g	Zucker	- Knödel nochmals gehen lassen (auf bemehltem Brett);
		- Salzwasser kochen, Butter zerlassen;
		- Knödel zuerst zugedeckt 3 min. auf der einen Seite kochen, dann umdrehen und 4 min. offen kochen;
		- Knödel vorsichtig herausnehmen, mit Mohn und Zucker bestreuen und mit heißer Butter übergießen.

Beilage:	Vanillesauce

238 | Gebackene Mäuse

ARBEITSGERÄTE	Rührschüssel, Kochlöffel, 2 Kasserollen
VORBEREITUNG	Rosinen in Rum einweichen

GT 8	S. 243	- weichen Germteig mit Rosinen und Rum zubereiten, gehen lassen;
40 g	Rosinen	
2 EL	Rum	- Öl (Kokosfett) erhitzen;
1/4 l	Öl	- aus dem Germteig mit einem Löffel (vorher in heißes Fett tauchen) Nocken herunterstechen, Nocken in heißem Öl goldgelb backen, gut abtropfen lassen;
	Staubzucker	
		- gebackene Mäuse mit Zucker bestreuen.

▶ Bäckereien

 TIP Bei allen Teigen kann Vollkornmehl verwendet werden. Anstelle von Zucker ist Honig zu empfehlen.

239 Schnelle Vollkornkekse ☺

ARBEITSGERÄTE	Nudelbrett, Messer, Blech	
VORBEREITUNG	Rohr – 180 °C	
300 g	Vollkornmehl	- Mürbteig herstellen (S. 245), aus dem Teig Rollen
150 g	Butter	von 3 cm Durchmesser formen, kaltstellen;
80 g	Honig	- aus den Teigrollen 1/2 cm dicke Scheiben
1 KL	Vanillezucker	abschneiden, auf Blech legen, mit versprudeltem
2–4 EL	Wasser	Ei bestreichen;
1/2 St.	Ei z. Bestr.	- Keks bei 180 °C ca. 7 min. backen.

240 Spitzbuben

ARBEITSGERÄTE	Nudelbrett, Nudelwalker, Keksausstecher, Blech	
VORBEREITUNG	Rohr – 200 °C	
GT 12	Mürbteig	- Mürbteig zubereiten (S. 245), kalt rasten lassen;
200 g	Marmelade	- Teig 2 mm dünn ausrollen, Kreise (3–4 cm
	Staubzucker	Durchmesser) ausstechen, auf Blech legen;
	zum	- Keks ca. 5 min. backen, auskühlen lassen;
	Bestreuen	- je 2 Kekse mit Marmelade zusammensetzen.

241 Ischler Bäckerei

ARBEITSGERÄTE	Nudelbrett, Nudelwalker, Keksausstecher, Blech	
VORBEREITUNG	Rohr – 200 °C	
GT 12	Mürbteig	- Zubereitung erfolgt wie bei den Spitzbuben.
200 g	Marmelade	Jedoch etwas größere Kreise ausstechen
	Staubzucker	und bei jedem zweiten Kreis drei kleine Löcher
	z. Bestreuen	ausstechen.

242 Husarenkrapferl

ARBEITSGERÄTE	Nudelbrett, Messer, Blech, Pinsel	
VORBEREITUNG	Rohr – 200 °C, Mandeln hacken	
GT 12	Mürbteig	- Mürbteig zubereiten (S. 245), kalt rasten lassen;
1 St.	Eiklar	- aus dem Teig kleine Kugerln formen, in diese mit
100 g	Mandeln	dem Kochlöffelstiel Vertiefung drücken;
100 g	Marmelade	- die Kugerln mit Eiklar bestreichen, in Mandeln
		tauchen, auf Blech legen; ca. 7 min. backen,
		Vertiefung mit Marmelade füllen.

Rezepte | Bäckereien

243 | Haferflockenkeks

ARBEITSGERÄTE	Rührschüssel, Mixer, Nudelbrett, Pfanne, Blech
VORBEREITUNG	Haferflocken in einer Pfanne anrösten, auskühlen lassen, Mandeln reiben, Zitronenschale abreiben

80 g	Butter	- Butter, Ei, Honig, Gewürze sehr flaumig rühren;
1 St.	Ei	- restliche Zutaten auf das Brett geben,
2 EL	Honig	Abtrieb dazukneten;
	Zimt	- Teig kalt rasten lassen, Rohr – 180 °C;
	Zitro.-Schale	- Teig 2 mm dünn ausrollen, Kekse ausstechen,
100 g	Haferflocken	auf Blech legen;
50 g	Vollkornmehl	- Kekse bei 180 °C ca. 10 min. goldgelb backen.
50 g	Mandeln	

244 | Vanillekipferl

ARBEITSGERÄTE	Kasserolle, Nussreibe, Nudelbrett, Blech
VORBEREITUNG	Mandeln schwellen, schälen, reiben; Rohr – 200 °C

250 g	Mehl - glatt	- Mürbteig (GT-Nr. 12) mit geriebenen Mandeln
200 g	Butter	herstellen (S. 245), kalt rasten lassen;
100 g	Mandeln	- aus dem Teig kleine Kipferl formen;
70 g	Staubzucker	- Kipferl auf Blech legen, bei 200 °C ca. 7 min.
1 St.	Ei	backen; Staubzucker und Vanillezucker mischen;
150 g	Staubzucker	- Kipferl noch heiß darin vorsichtig wälzen.
1 EL	Vanillezucker	

245 | Nussherzen

ARBEITSGERÄTE	Nussreibe, Nudelbrett, Nudelwalker, Blech
VORBEREITUNG	Mandeln reiben, Rohr – 200 °C

	Teig siehe Vanillekipferl	- Mürbteig (GT-Nr. 12) mit geriebenen Mandeln herstellen (S. 245), kalt rasten lassen;
200 g	Marmelade	- Teig 2 mm dünn ausrollen, Herzen ausstechen,
120 g	Schokolade	auf Blech legen;
100 g	Butter	- bei 200 °C ca. 5 min. backen, auskühlen lassen;
	Haselnüsse, Mandelhälften zum Belegen	- Schokolade und Butter im Wasserbad erweichen, glattrühren;
		- je 2 Herzen mit Marmelade zusammensetzen, halb in Glasur tauchen, mit Mandelhälfte oder Nuss verzieren.

246 Schokoladekugeln (Konfekt)

ARBEITSGERÄTE	Pfanne, Kasserolle, Schüssel, Teller, Kochlöffel
VORBEREITUNG	Haselnüsse in Pfanne leicht anrösten, abkühlen lassen

150 g	Haselnüsse - gerieben	- Schokolade in heißem Wasserbad erweichen, alle anderen Zutaten zur Schokolade geben, durchmischen;
80 g	Staubzucker	
100 g	Schokolade	- aus der Masse kleine Kugerl formen;
2 EL	Rum	- Kugerl in Schokostreusel wälzen, kalt stellen.
100 g	Schokostreusel	

247 Cornflakes Konfekt

ARBEITSGERÄTE	Kasserolle, Schüssel, Blech mit Backpapier, Kochlöffel
VORBEREITUNG	Wasserbad erhitzen

50 g	Kochschokolade	- Beide Schokoladen und Kokosfett im Wasserbad erweichen;
50 g	Kokosfett	- leicht zerdrückte Cornflakes und Zucker einmengen;
50 g	Milchschokolade	- aus der Masse mit Hilfe von Kaffeelöffeln kleine Häufchen auf das Backpapier setzen, kalt stellen.
30 g	Staubzucker	
70 g	Cornflakes	

248 Vollkornlebkuchen ☻

ARBEITSGERÄTE	Nussreibe, Nudelbrett, Nudelwalker, Blech, Pinsel
VORBEREITUNG	Blech befetten oder mit Backpapier belegen, Nüsse reiben, eventuell Honig verflüssigen, Rohr – 210 °C

300 g	Weizenvollkornmehl	- Alle trockenen Zutaten am Nudelbrett vermengen;
150 g	Roggenvollkornmehl	- Grube machen, Honig, Eier und Öl in Grube geben, von der Mitte aus verrühren, rasch zu Teig zusammenkneten;
50 g	Sojamehl	- Teig 1/2 cm dünn ausrollen, beliebige Formen ausstechen, auf Blech legen;
50 g	Haselnüsse	
1 1/2 KL	Natron	- Lebkuchen mit versprudeltem Ei bestreichen, mit Mandelhälften belegen;
1 Pk.	Lebkuchengewürz	
300 g	Honig	- Lebkuchen bei 210 °C ca. 7 min. backen.
2 St.	Eier	
4 EL	Öl	
1 St.	Ei	
	Mandelhälften	

Rezepte | Bäckereien

249 Gefüllte Lebkuchenherzen

ARBEITSGERÄTE	Nudelbrett, Nudelwalker, Messer, Brett, Blech
VORBEREITUNG	Zutaten für Fülle hacken, Blech befetten, Rohr – 210 °C

300 g	Mehl - glatt	- Zubereitung wie Nr. 248;
1 KL	Natron	- für die Fülle: gehackte Nüsse, Rosinen und
120 g	Staubzucker	Aranzini mit Marmelade und Rum vermischen
.1/2 Pk.	Lebkuchen-gewürz	- Teig 1/2 cm dick ausrollen, große Herzformen ausstechen, ein Teigherz mit Fülle belegen,
	Zitro.-Schale	2. Herz darauflegen, zusammendrücken;
2 St.	Eier	- Lebkuchenherzen mit versprudeltem Ei bestrei-
80 g	Honig	chen, mit Mandel- oder Nusshälften belegen;
2 EL	Wasser	- Lebkuchen bei 210 °C ca. 10 min backen.
80 g	Nüsse	
50 g	Rosinen	
50 g	Aranzini	
3 EL	Marmelade	
2 EL	Rum	
1 St.	Ei	
	Mandeln	

250 Kokosbusserl

ARBEITSGERÄTE	Rührschüssel, Mixer, Kochlöffel, Dressiersack, Blech
VORBEREITUNG	Blech befetten oder mit Backpapier belegen, Rohr – 150°C

3 St.	Eiklar	- Eiklar zu Schnee schlagen, 1/3 des Zuckers
150 g	Staubzucker	löffelweise einschlagen;
1 KL	Zitronensaft	- restlichen Zucker, Zitronensaft, Kokosflocken mit
200 g	Kokosflocken	Kochlöffel in den Schnee unterheben;
		- Masse in den Dressiersack füllen und kleine Häufchen auf das Blech dressieren;
		- Busserl bei 150 °C ca. 20 min. hell backen.

251 Anislaibchen

ARBEITSGERÄTE	Rührschüssel, Mixer, Kochlöffel, Blech
VORBEREITUNG	Blech befetten und bemehlen

3 St.	Eier	- Eier, Zucker, Vanillezucker sehr schaumig
150 g	Zucker	schlagen (ca. 15 min.);
1 EL	Vanillezucker	- Mehl sieben und leicht untermengen;
200 g	Mehl - glatt	- auf das Blech mit einem Löffel kleine Laibchen
	Anis	machen, mit wenig Anis bestreuen;
		- Anislaibchen im warmen Raum 1 Std. trocknen lassen (oder über Nacht);
		- Laibchen im vorgeheizten Rohr bei 160 °C backen.

▶ Kuchen

252 | Birnenkuchen

ARBEITSGERÄTE	Schäler, Messer, Brett, 2 Rührschüsseln, Mixer, Kochlöffel, Tortenform
VORBEREITUNG	Tortenform befetten und bemehlen, Birnen schälen, in Spalten schneiden, Rohr – 180 °C

GT 11a	S. 244	- Backpulverteig herstellen, in Tortenform füllen;
2 St.	Birnen	- Birnenspalten auf Torte sternförmig legen;
70 g	Schokolade	- Kuchen bei 180 °C ca. 45 min. backen;
50 g	Butter	- Schokoladeglasur: Schokolade und Butter im Wasserbad erweichen, verrühren;
1 EL	Mandelblättchen	- Kuchen auskühlen lassen, mit Glasur bestreichen, mit Mandelblättchen bestreuen.

253 | Teekuchen

ARBEITSGERÄTE	Messer, Brett, 2 Rührschüsseln, Kuchenform
VORBEREITUNG	Trockenfrüchte hacken, mit Mehl mischen; Kastenform befetten und bemehlen; Rohr 180 °C

100 g	Butter	*Trockenfrüchte: Rosinen, Aranzini, Zitronat,*
120 g	Staubzucker	*Mandeln, Nüsse.*
3 St.	Dotter	- Butter, Zucker, Dotter flaumig rühren;
150 g	Trockenfrüch.	- Mehl und Trockenfrüchte mit Rum und Milch
100 g	Mehl - glatt	einrühren;
2 EL	Rum	- Eiklar zu Schnee schlagen;
5 EL	Milch	- Maizena mit Backpulver sieben und mit dem
100 g	Maizena	Schnee unter den Teig heben;
2 Ms.	Backpulver	- Teig in Form füllen, bei 180 °C ca. 45 min.
3 St.	Eiklar	backen.

254 | Marmorkuchen

ARBEITSGERÄTE	2 Rührschüsseln, Mixer, Kochlöffel, Kuchenform
VORBEREITUNG	Kuchenform befetten und bemehlen, Rohr – 180 °C

GT 11a	S. 244	- Backpulverteig herstellen, 2/3 des Teiges in
2 EL	Kakao	Kuchenform füllen; restliches Teigdrittel mit
2 EL	Milch	gesiebtem Kakao und Milch vermischen; auf weißen Teig geben;
		- mit Hilfe einer Gabel weiße und dunkle Teigmasse miteinander vermischen;
		- Kuchen bei 180 °C ca. 45 min. backen.

Rezepte | Kuchen

255 Apfelschnitten

ARBEITSGERÄTE	Schäler, Brett, Messer, Rührschüssel, Mixer, Blech
VORBEREITUNG	Backpulver und Mehl versieben, Blech befetten und bemehlen, Rohr – 200 °C

100 g	Butter	- Äpfel schälen und entkernen, in dünne Spalten schneiden;
100 g	Staubzucker	
2 St.	Eier	- Butter, Zucker, Eier flaumig rühren;
250 g	Mehl - glatt	- Mehl und Backpulver mit der Milch unter den Abtrieb mischen (mit Kochlöffel);
1 EL	Backpulver	
1/8 l	Milch	- Teig auf Blech 1,5 cm dick streichen, mit Apfelspalten belegen, mit Zucker, Zimt bestreuen; bei 200 °C ca. 20 min. backen.
1 kg	Äpfel	
2 EL	Zucker; Zimt	

256 Linzerschnitten

ARBEITSGERÄTE	Rührschüssel, Mixer, Nudelbrett, Nudelwalker, Blech
VORBEREITUNG	Nüsse reiben, Blech leicht befetten, Rohr – 200 °C

120 g	Butter	- Zitrone abreiben und pressen;
120 g	Staubzucker	- Butter, Zucker, Ei, Gewürze und Kakao flaumig rühren, Nüsse mit der Milch dazurühren;
1 St.	Ei	
1/2 KL	Zimt	- Mehl mit Backpulver auf das Brett sieben, Teig zum Mehl geben und zusammenkneten;
1 Ms.	Nelkenpulver	
1 St.	Zitrone	- die Hälfte des Teiges zu einem 1 cm dicken Rechteck ausrollen, auf Blech legen, mit Marmelade bestreichen;
1 EL	Kakao	
100 g	Haselnüsse	
5 EL	Milch	- aus der 2. Hälfte des Teiges dünne Rollen formen und als Gitter und Rand auflegen;
250 g	Mehl - glatt	
1 EL	Backpulver	- Kuchen bei 200 °C ca. 20 min. backen und noch heiß in Stücke schneiden.
200 g	Ribiselmarmelade	

257 Topfenschnitten

ARBEITSGERÄTE	2 Rührschüsseln, Mixer, Nudelbrett, Nudelwalker, Blech
VORBEREITUNG	Blech leicht befetten, Rohr – 200 °C

GT 11b	S. 245	- Für die Fülle: Butter, Zucker, Ei und Vanillezucker flaumig rühren, Topfen und Rosinen dazurühren;
50 g	Butter	
100 g	Staubzucker	- gekneteten Backpulverteig herstellen;
1 St.	Ei	- 2/3 des Teiges zu Rechteck (3/4 cm dick) ausrollen, auf Blech legen, mit Fülle bestreichen; restliches Teigdrittel dünn ausrollen, 1,5 cm breite Streifen radeln, gitterförmig auflegen, mit Ei bestreichen;
1 EL	Vanillezucker	
300 g	Topfen	
20 g	Rosinen	
1 St.	Ei	- Kuchen bei 200 °C ca. 20 min backen.

258 | Sacherschnitten

ARBEITSGERÄTE	Kasserolle, Schüssel, 2 Rührschüsseln, Mixer, Kochlöffel
VORBEREITUNG	Schokolade im heißen Wasserbad erweichen, Blech befetten und bemehlen, Rohr – 180 °C

120 g	Butter	- Abtrieb aus Butter, Zucker, erweichter
100 g	Staubzucker	Schokolade, Dotter, Rum und Vanillezucker
120 g	Schokolade	herstellen;
3 St.	Dotter	- Mehl mit Backpulver versieben, die Hälfte des
1 EL	Rum	Mehles mit der Milch einrühren;
1 EL	Vanillezucker	- Schnee schlagen, Schnee mit der zweiten Hälfte
250 g	Mehl - glatt	des Mehles unter den Teig heben;
1 EL	Backpulver	- Teig 2 cm dick auf Blech streichen;
0,10 l	Milch	- Kuchen bei 180 °C ca. 20 min. backen;
3 St.	Eiklar	- für die Glasur: Schokolade und Butter im
100 g	Marmelade	Wasserbad erweichen, verrühren;
150 g	Schokolade	- ausgekühlten Kuchen mit heißer Marmelade
100 g	Butter	bestreichen, mit Glasur überziehen.

259 | Apfelkuchen

ARBEITSGERÄTE	Schäler, Messer, Brett, 2 Rührschüsseln, Mixer, Kochlöffel, Tortenform
VORBEREITUNG	Tortenform befetten und bemehlen, Rohr – 180 °C

150 g	Butter	- Äpfel schälen, entkernen, halbieren, oben
150 g	Staubzucker	fächerförmig einschneiden, mit Rum bepinseln;
3 St.	Dotter	- Abtrieb aus Butter, Zucker, Dotter, Vanillezucker
1 EL	Vanillezucker	herstellen;
150 g	Mehl - glatt	- Eiklar zu Schnee schlagen, Schnee und Mehl
1 Ms.	Backpulver	partienweise unterheben;
3 St.	Eiklar	- Teig in Form füllen, mit Äpfelhälften belegen;
3 St.	Äpfel	- Kuchen bei 180 °C ca. 40 min. backen.
3 EL	Rum	

260 | Rhabarberkuchen

Zutaten und Zubereitung wie Apfelkuchen (Nr. 259). Anstelle der Äpfel werden geschälte Rhabarberstücke verwendet.

261 | Marillenkuchen, Kirschenkuchen

Zutaten und Zubereitung wie Apfelkuchen (Nr. 259). Anstelle der Äpfel werden Marillenhälften bzw. Kirschen verwendet.

Rezepte | Kuchen

262 Buchweizenschnitten 😊

ARBEITSGERÄTE	Brett, Messer, 2 Rührschüsseln, Mixer, Kochlöffel, Blech
VORBEREITUNG	Nüsse reiben, Apfel schälen, kleinwürfelig schneiden, Blech befetten und bemehlen, Rohr – 200 °C

120 g	Butter	- Abtrieb aus Butter, Honig, Dotter herstellen, kleingeschnittenen Apfel dazugeben;
100 g	Honig	
4 St.	Dotter	- alle trockenen Zutaten vermischen, mit Rum und Milch zum Abtrieb rühren;
1 St.	Apfel	
120 g	Buchweizenmehl	- Eiklar zu Schnee schlagen und unter den Teig heben;
120 g	Haselnüsse	- Teig auf Blech ca. 2 cm dick streichen;
1 EL	Backpulver	- Kuchen im Rohr bei 200 °C ca. 20 min. backen;
1 EL	Kakao	- überkühlten Kuchen eventuell mit Preiselbeermarmelade bestreichen und mit Schlagoberstupfen verzieren.
1 EL	Maizena	
1/2 KL	Zimt	
2 EL	Rum	
1/8 l	Milch	
4 St.	Eiklar	
1/8 l	Schlagobers	
100 g	Preiselbeermarmelade	

263 Ribiselkuchen 😊

ARBEITSGERÄTE	2 Rührschüsseln, Mixer, Kochlöffel, Tortenform, Spritzsack mit gezackter Tülle
VORBEREITUNG	Nüsse reiben; Form befetten, bemehlen; Rohr – 180 °C

150 g	Butter	- Abtrieb aus Butter, Honig, Dotter herstellen;
100 g	Honig	- Mehl, Nüsse, Backpulver vermischen und mit der Milch zum Abtrieb rühren;
3 St.	Dotter	
150 g	Vollkornmehl	- Teig in vorbereitete Form füllen und bei 180 °C ca. 25 min. backen;
150 g	Haselnüsse	
1 KL	Backpulver	- Windmasse herstellen: Eiklar zu Schnee schlagen, Honig einschlagen, Masse in Spritzsack mit gezackter Tülle füllen;
1/8 l	Milch	
30 g	Brösel	- gebackenen Kuchen mit Brösel und Ribisel bestreuen, Windmasse gitterförmig daraufspritzen;
200 g	Ribisel	
3 St.	Eiklar	- Kuchen nochmals bei 150 °C ca. 10 min. backen.
100 g	Honig	

264 | Marzipan-Birnen-Gugelhupf

ARBEITSGERÄTE	Messer, Brett, 2 Rührschüsseln, Mixer, Gugelhupfform
VORBEREITUNG	Gugelhupfform befetten und bemehlen, Birnen schälen, kleinwürfelig schneiden, Rohr – 180 °C

120 g	Butter	- Abtrieb aus Butter, Marzipan, Zucker, Dotter
60 g	Marzipan	herstellen, Birnenwürfel und Rum dazurühren;
60 g	Staubzucker	- Mehl, Maizena, Kokosflocken und Backpulver
3 St.	Dotter	vermischen;
250 g	Birnen	- Eiklar zu Schnee schlagen, Schnee mit dem
2 EL	Rum	Mehlgemisch unter Abtrieb heben;
30 g	Maizena	- Teig in vorbereitete Form füllen, bei 180 °C
70 g	Mehl - glatt	ca. 50 min. backen;
30 g	Kokosflocken	- Schokolade und Butter im Wasserbad erweichen,
2 Ms.	Backpulver	verrühren;
3 St.	Eiklar	- den ausgekühlten Kuchen mit Schokoladeglasur
50 g	Schokolade	bepinseln, mit Kokosflocken bestreuen.
50 g	Butter	
1 EL	Kokosflocken	

265 | Bananenkuchen ☺

ARBEITSGERÄTE	Messer, Brett, 2 Rührschüsseln, Mixer, Kuchenform
VORBEREITUNG	Form befetten und bemehlen, Bananen schälen und würfelig schneiden, Rohr – 180 °C

150 g	Butter	- Abtrieb aus Butter, Dotter, Honig herstellen,
100 g	Honig	Bananenwürfel dazumischen;
2 St.	Dotter	- Mehl mit Backpulver und Kokosflocken vermischen
250 g	Bananen	und mit der Milch zum Abtrieb rühren;
250 g	Vollkornmehl	- Eiklar zu Schnee schlagen, unter den Teig heben;
100 g	Kokosflocken	- Teig in vorbereitete Form füllen, bei 180 °C
2 KL	Backpulver	ca. 40 min. backen.
0,2 l	Milch	
2 St.	Eiklar	

266 | Falsche Spiegeleier

ARBEITSGERÄTE	2 Rührschüsseln, Mixer, Kochlöffel, Blech
VORBEREITUNG	Blech befetten und bemehlen, Rohr – 200 °C

GT 13	S. 246	- Biskuitteig aus 3 Eiern herstellen (13a oder 13b),
100 g	Marmelade	Teig auf Blech streichen, bei 200 °C ca. 10 min.
4 St.	Kompott-pfirsiche	backen, auskühlen lassen;
1/8 l	Schlagobers z. Verzieren	- Scheiben von ca. 8 cm Durchmesser ausstechen, mit Marmelade bestreichen, mit Pfirsichhälften belegen; rundum mit Schlagoberstupfen verzieren.

Rezepte | Kuchen

267 | Mohnkuchen

ARBEITSGERÄTE	2 Rührschüsseln, Mixer, Kochlöffel, Kuchenform
VORBEREITUNG	Form befetten, bemehlen; Mandeln reiben; Rohr – 180 °C

150 g	Butter	- Abtrieb aus Butter, Zucker, Dotter, Rum herstellen, Mandeln und Milch dazurühren;
150 g	Zucker	
6 St.	Dotter	- Mohn, Backpulver, Mehl vermengen;
1 EL	Rum	- Eiklar zu Schnee schlagen und mit Mohn-Mehlgemisch unter Abtrieb heben;
100 g	Mandeln	
5 EL	Milch	- Teig in Form füllen;
200 g	Mohn	- Kuchen bei 180 °C ca. 50 min. backen.
1 KL	Backpulver	
50 g	Mehl - glatt	
6 St.	Eiklar	

268 | Profiteroles

ARBEITSGERÄTE	kleine Kasserolle, Kochlöffel, Rührschüssel, Schneerute, Blech, Spritzsack
VORBEREITUNG	Eier versprudeln, Blech befetten, Rohr – 220 °C

GT 14	S. 247	- Brandteig herstellen, in Spritzsack mit gezackter Tülle füllen und Rosetten auf das Blech spritzen;
1/8 l	Schlagobers	
80 g	Schokolade	- Brandteig bei 220 °C anbacken, bei 180 °C fertig backen (ca. 25 min.), auskühlen lassen;
50 g	Zucker	
10 g	Maizena	- für die Schokoladensauce: alle Zutaten verrühren und unter ständigem Rühren aufkochen lassen;
1/8 l	Wasser	
10 g	Butter	- Schlagobers schlagen;
		- Profiteroles mit Schlagobers füllen, anrichten und mit Schokoladensauce überziehen.

269 | Erdbeerwindbeutel

ARBEITSGERÄTE	kleine Kasserolle, Kochlöffel, Rührschüssel, Schneerute, Blech, Spritzsack
VORBEREITUNG	Eier versprudeln, Blech befetten, Rohr – 220 °C

GT 14	S. 247	- Brandteig wie bei Profiteroles zubereiten, auf Blech spritzen und backen;
1/8 l	Schlagobers	
200 g	Erdbeeren	- Schlagobers schlagen, Erdbeeren vierteln;
	Zucker zum Bestreuen	- Windbeutel mit Schlagobers und Erdbeeren füllen, mit Zucker bestreuen.

270 | Biskuitrolle

ARBEITSGERÄTE	2 Rührschüsseln, Mixer, Kochlöffel, Blech, Kasserolle
VORBEREITUNG	Blech mit Backpapier belegen, befetten; Rohr – 220 °C

GT 13a	S. 246	- Biskuitteig aus 4 Eiern herstellen, auf Blech streichen;
250 g	Marmelade	- Teig bei 220 °C ca. 7 min. backen;
3 EL	Rum	- Tuch oder Brett mit Staubzucker bestreuen;
		- Marmelade mit Rum erhitzen;
		- Biskuit auf Tuch oder Brett stürzen, Papier rasch abziehen, die ganze Fläche mit Marmelade bestreichen und Biskuit einrollen.

271 | Schokoladenrolle

ARBEITSGERÄTE	2 Rührschüsseln, Mixer, Kochlöffel, Blech
VORBEREITUNG	Blech mit Backpapier belegen, befetten; Rohr – 220 °C

4 St.	Eiklar	- Eiklar und Wasser zu Schnee schlagen, Zucker einschlagen;
2 EL	Wasser	
120 g	Staubzucker	- Mehl, Maizena, Kakao, Backpulver sieben;
4 St.	Dotter	- Dotter und gesiebtes Mehlgemisch vorsichtig unter den Schnee heben;
50 g	Mehl - glatt	
50 g	Maizena	- Teig auf Blech streichen, bei 220 °C ca. 7 min. backen;
20 g	Kakao	
1 Ms.	Backpulver	- Tuch mit Staubzucker bestreuen;
1/4 l	Schlagobers	- Biskuit auf Tuch stürzen, Papier rasch abziehen, Biskuit mit Tuch einrollen, auskühlen lassen;
1 EL	Vanille-zucker	- Schlagobers und Vanille schlagen;
(100 g	Beeren)	- ausgekühlte Rolle entrollen, mit Schlagobers bestreichen, eventuell mit Beeren oder Obststückchen bestreuen;
		- Biskuit einrollen.

272 | Nussrolle

ARBEITSGERÄTE	2 Rührschüsseln, Mixer, Kochlöffel, Blech
VORBEREITUNG	Blech mit Backpapier belegen, befetten; Nüsse reiben, Rohr – 220 °C

4 St.	Dotter	- Dotter, warmes Wasser und Zucker sehr schaumig schlagen;
2 EL	Wasser (36°)	
80 g	Staubzucker	- Eiklar zu Schnee schlagen;
40 g	Mehl - glatt	- Schnee mit Mehl und Nüssen vorsichtig unterheben;
40 g	Haselnüsse	
4 St.	Eiklar	- Teig auf Blech streichen, bei 220 °C ca. 7 min. backen;
1/4 l	Schlagobers	
1 EL	Vanille-zucker	- weitere Zubereitung siehe Nr. 271.

Gebäck

273 | Marmeladetascherl

ARBEITSGERÄTE	Nudelbrett, Messer, Nudelwalker, Blech, Teigradl
VORBEREITUNG	Blech mit Backpapier belegen oder befetten; Rohr – 220 °C

GT 12a	S. 245 - halbe Menge!	- Topfenmürbteig herstellen, kühl stellen;
200 g	Marmelade	- Teig 2 mm dünn ausrollen, Quadrate 8x8 cm ausradeln, etwas Marmelade daraufgeben, zu Drei- oder Viereck zusammenklappen, gut zusammendrücken, auf Blech legen;
1 St.	Ei	- Tascherl mit Ei bestreichen, bei 220 °C anbacken, bei 180 °C fertigbacken.

274 | Äpfel im Schlafrock

ARBEITSGERÄTE	Schäler, Kleingehäuseausstecher, Löffel, Nudelbrett, Messer, Nudelwalker, Blech, Teigradl
VORBEREITUNG	Blech mit Backpapier belegen oder befetten; Nüsse reiben, Rohr – 220 °C

GT 12a	S. 245 - halbe Menge!	- Topfenmürbteig herstellen, kühl stellen;
4 St.	Äpfel, klein	- Äpfel schälen, Kerngehäuse ausstechen;
120 g	Marmelade	- für die Fülle alle Zutaten verrühren;
1 EL	Rum	- Fülle in die ausgehöhlten Äpfel einfüllen;
50 g	Nüsse	- Teig 2 mm dünn ausrollen, Quadrate 12x12 cm ausradeln, jeweils einen Apfel in die Mitte daraufsetzen, Apfel mit Teig einschlagen, die Ecken mit einer Mandelhälfte feststecken;
4 St.	Mandeln	
1 St.	Ei	- Äpfel mit Ei bestreichen, bei 220 °C anbacken, bei 180 °C fertigbacken.

275 | Mürber Apfelstrudel

ARBEITSGERÄTE	Schäler, Hobel, Schüssel, Rührschüssel, Mixer, Nudelbrett, Nudelwalker, Blech
VORBEREITUNG	Blech mit Backpapier belegen oder befetten; Rohr – 200 °C

GT 11b	S. 245	- Äpfel schälen, hobeln; mit Zitronensaft mischen;
750 g	Äpfel	- gekneteten Backpulverteig herstellen, zu Rechteck ausrollen;
1 KL	Zitronensaft	
50 g	Zucker	- auf das mittlere Teigdrittel (siehe Skizze) Äpfel, Zucker, Rosinen geben; Teigränder einschlagen; beide Teigseiten über Apfelfülle klappen; Strudel auf Blech legen;
50 g	Rosinen	
1 St.	Ei	- Strudel mit Ei bestreichen, bei 200 °C ca. 30 min. backen.

276 Topfenkolatschen

ARBEITSGERÄTE	Rührschüssel, Mixer, Kochlöffel, Nudelbrett, Nudelwalker
VORBEREITUNG	Blech befetten

GT 9	S. 243	- Germteig zubereiten und gehen lassen;
40 g	Butter	- für die Fülle: Butter, Zucker, Ei und Vanillezucker
1 St.	Ei	flaumig rühren; Topfen, Rosinen dazumischen;
1 EL	Vanille-zucker	- Rohr – 200 °C;
		- den gegangenen Teig 1 cm dick ausrollen, Kreise
100 g	Staubzucker	ausstechen, auf das Blech legen;
250 g	Topfen	- die Kreise in der Mitte etwas eindrücken, sodass
50 g	Rosinen	ein Schüsserl entsteht;
1 St.	Ei	- Teigschüsserl mit Topfenfülle füllen, rundum mit Ei bestreichen, ca. 15 min. backen.

277 Vollkornnuss-Schnecken ☺

ARBEITSGERÄTE	Rührschüssel, Kasserolle, Kochlöffel, Mixer, Reibeisen, Schüssel, Nudelbrett, Nudelwalker, Blech
VORBEREITUNG	Blech befetten; Zitrone abreiben, auspressen

250 g	Vollkorn-mehl	- Germteig zubereiten (S. 243) und gehen lassen;
20 g	Germ, Salz	- für die Fülle: Milch erhitzen;
20 g	Butter	- Apfel entkernen und reiben;
1/8 l	Milch	- alle Zutaten für die Fülle mit heißer Milch
30 g	Honig	vermischen, Rohr – 180 °C;
1 St.	Dotter	- gegangenen Teig zu einem 3/4 cm dicken Rechteck
	Zitro.-Schale	ausrollen, mit Fülle bestreichen und wie Strudel einrollen;
0,1 l	Milch	- von dieser Rolle 2–3 cm dicke Stücke abschneiden
120 g	Haselnüsse	und mit der Schnittfläche auf das Blech legen;
30 g	Honig	- Nuss-Schnecken bei 180 °C ca. 25 min. backen.
30 g	Rosinen	
1/2 St.	Apfel; Zimt	
1 KL	Zitronensaft	

278 Zwetschkenfleck

ARBEITSGERÄTE	Rührschüssel, Kasserolle, Kochlöffel, Nudelbrett, Nudelwalker, Blech
VORBEREITUNG	Blech befetten, Rohr – 200 °C

GT 9	S. 243	- Germteig zubereiten und gehen lassen;
4 EL	Brösel	- Zwetschken halbieren, entkernen;
750 g	Zwetschken	- Teig zu 1/2 cm dicken Rechteck ausrollen, auf
30 g	Zucker	Blech legen, mit Brösel bestreuen, mit
	Zimt	Zwetschkenhälften (Schnittfläche nach oben) bele-gen mit Zucker und Zimt bestreuen;
		- Fleck bei 200 °C ca. 15 min. backen.

Rezepte | Gebäck

279 Streuselkuchen

ARBEITSGERÄTE	Rührschüssel, Kasserolle, Kochlöffel, Blech, Schüssel, Nudelwalker, Nudelbrett
VORBEREITUNG	Blech befetten, Mandeln reiben

GT 9	S. 243	- Germteig zubereiten und gehen lassen;
250 g	Powidl	- für die Streusel: Butter zergehen lassen und in
100 g	Mehl - glatt	das Gemisch aus Mehl, Mandeln, Zucker, Zimt
50 g	Mandeln	hineintropfen, mit einer Gabel zu Krümeln
50 g	Staubzucker	verarbeiten; Rohr – 200 °C;
70 g	Butter	- Germteig zu einem 3/4 cm dicken Rechteck
	Zimt	ausrollen, auf Blech legen;
		- Teig mit Powidl bestreichen, mit Streusel bestreuen, bei 200 °C ca. 20 min. backen.

280 Mohnstrudel

ARBEITSGERÄTE	Rührschüssel, Kasserolle, Kochlöffel, Blech, Schüssel, Nudelwalker, Nudelbrett
VORBEREITUNG	Blech befetten

GT 9	S. 243	- Germteig zubereiten und gehen lassen;
1/8 l	Milch	- für die Mohnfülle: Milch zum Kochen bringen,
120 g	Mohn	Mohn einkochen und solange rühren bis ein Brei
50 g	Zucker	entsteht, überkühlen lassen;
20 g	Butter	- Mohnfülle mit Zucker, Rum, Butter und Zimt
1 EL	Rum	verbessern, Rohr – 180 °C;
	Zimt	- gegangenen Germteig zu einem 1/2 cm dicken Rechteck ausrollen, mit Fülle bestreichen, einrollen, auf Blech legen, bei 180 °C ca. 30 min. backen.

281 Nusskipferl ☺

ARBEITSGERÄTE	Rührschüssel, Kasserolle, Kochlöffel, Blech, Schüssel, Nudelwalker, Nudelbrett, Teigradl
VORBEREITUNG	Blech befetten, Nüsse reiben

GT 9	S. 243	- Germteig mit Vollkornmehl zubereiten, gehen
0,1 l	Milch	lassen; Rohr – 200 °C;
150 g	Haselnüsse	- für die Nussfülle: Milch erhitzen, mit den anderen
60 g	Honig	Zutaten zu einer streichfähigen Masse verrühren;
1 EL	Rum	- gegangenen Teig 1/2 cm dünn ausrollen, Dreiecke
	Zimt	ausradeln, mit Nussfülle belegen, einrollen und zu
1 St.	Ei	Kipferl formen; auf Blech legen, mit Ei bestreichen;
		- Kipferl bei 200 °C ca. 15 min. backen.

282 Gugelhupf

ARBEITSGERÄTE	Rührschüssel, Kasserolle, Kochlöffel, Blech, Gugelhupfform
VORBEREITUNG	Form gut befetten, Rosinen in Rum einweichen

GT 9	S. 243	- weichen Germteig mit etwas mehr Milch und eingeweichten Rosinen herstellen und gehen lassen; Rohr – 180 °C;
50 g	Rosinen	- gegangenen Germteig in vorbereitete Form füllen, nochmals gehen lassen;
2 EL	Rum	- Gugelhupf bei 180 °C ca. 45 min. backen;
		- Gugelhupf stürzen und mit Zucker bestreuen.

283 Germteigzopf

ARBEITSGERÄTE	Rührschüssel, Kasserolle, Kochlöffel, Blech
VORBEREITUNG	Blech befetten, Rosinen in Rum einweichen

GT 9	S. 243	- Germteig mit Rosinen zubereiten und gehen lassen, Rohr – 200 °C;
50 g	Rosinen	- gegangenen Teig in 3 gleiche Stücke teilen, jedes Stück zu einer langen Rolle formen;
2 EL	Rum	- aus den 3 Germteigrollen einen Zopf flechten;
1 St.	Ei	- Zopf auf Blech legen, mit Ei bestreichen;
		- Zopf bei 200 °C ca. 30 min. backen.

284 Topfenvollkornstollen ☻

ARBEITSGERÄTE	Rührschüssel, Kasserolle, Kochlöffel, Blech, Messer, Brett
VORBEREITUNG	Blech befetten, Zitrone abreiben, Milch erwärmen

250 g	Vollkornmehl	- Mehl in Schüssel geben, salzen, Germ dazubröseln; erwärmte Milch, Honig, Rum, Topfen und Gewürze zum Mehl geben;
20 g	Germ, Salz	
0,1 l	Milch (36 °)	- Teig verrühren und 10 min. abschlagen;
40 g	Honig	- Teig gehen lassen;
1 EL	Rum	- Trockenfrüchte (Aranzini, Zitronat, Feigen, Datteln ...) klein schneiden, Rohr – 180 °C;
120 g	Topfen	
1/2 KL	Zimt	- Mandeln schwellen, schälen und hacken;
1/2 St.	Zitrone	- gegangenen Teig mit weicher Butter, Rosinen, Trockenfrüchten und Mandeln vermischen;
1 EL	Vanillezucker	
	Kardamom	- Teig zu Stollen formen, auf Blech legen;
60 g	Butter	- Stollen bei 180 °C ca. 45 min. backen;
50 g	Rosinen	- gebackene Stollen noch heiß mit flüssiger Butter bestreichen.
100 g	Trockenfrüchte	
50 g	Mandeln	
40 g	Butter	

Rezepte | Torten

▶ Torten

Die Rezepte entsprechen einer Tortenform mit 18 - 20 cm Durchmesser. Tortenböden eignen sich auch sehr gut zum Tiefkühlen.

285 | Vollkorn-Linzertorte ☻

ARBEITSGERÄTE	Nussreibe, Nudelbrett, Messer, Tortenform
VORBEREITUNG	Nüsse und Schokolade reiben, Rohr – 170°C

450 g	Vollkorn-mehl	- Vollkornmehl und Backpulver auf Brett geben, Butter in kleinen Stückchen dazuschneiden, abbröseln; geriebene Nüsse und geriebene Schokolade, Zimt und Nelkenpulver dazumengen;
1 EL	Backpulver	
220 g	Butter	
120 g	Haselnüsse	- Grube formen, Honig und Eier in die Grube geben, von der Mitte aus verrühren und rasch zu einem Teig kneten;
60 g	Schokolade	
1/2 Kl	Zimt	
1 Ms.	Nelken-pulver	- 2/3 des Teiges auf dem Tortenboden flach ausdrücken, mit Marmelade bestreichen;
180 g	Honig	- aus restlichem Teigdrittel dünne Rollen formen und gitterförmig auf die Marmelade legen; mit Eiklar bestreichen;
3 St.	Eier	
300 g	Ribisel-marmelade	- Torte bei 170 °C ca. 50 min. backen.
1 St.	Eiklar	

286 | Sachertorte

ARBEITSGERÄTE	Kasserolle, Schüssel, 2 Rührschüsseln, Mixer, Tortenform
VORBEREITUNG	Schokolade im Wasserbad erweichen, Tortenform befetten und bemehlen, Rohr – 180 °C

150 g	Butter	- Butter, Zucker, Vanillezucker, erweichte Schokolade und Dotter sehr flaumig rühren;
150 g	Staubzucker	
150 g	Schokolade	- Mehl und Backpulver sieben;
1 EL	Vanille-zucker	- Eiklar zu Schnee schlagen;
		- ca. die Hälfte des Mehles mit der Milch unter den Abtrieb rühren;
4 St.	Dotter	
250 g	Mehl - glatt	- restliches Mehl mit Schnee partienweise unterheben, Teig in Tortenform füllen;
1 KL	Backpulver	
1/8 l	Milch	- Torte bei 180°C ca. 50 min. backen, aus der Form geben und auskühlen lassen;
4 St.	Eiklar	
250 g	Marmelade	- für die Glasur: Schokolade und Butter im Wasserbad erwärmen, glattrühren;
150 g	Schokolade	
100 g	Butter	- Torte 1x durchschneiden, mit Marmelade füllen; Oberseite mit heißer Marmelade bestreichen; Torte glasieren.

287 Schwarzwälderkirschtorte

ARBEITSGERÄTE	2 Rührschüsseln, Mixer, Kochlöffel, Sieb, Kasserolle, Tortenform
VORBEREITUNG	Tortenform befetten und bemehlen, Rohr – 180 °C, Butter zerlassen

5 St.	Dotter	- Dotter, Zucker, Wasser und Vanillezucker sehr
3 EL	Wasser	schaumig schlagen;
200 g	Staubzucker	- Mehl, Kakao und Backpulver sieben;
1 EL	Vanille-zucker	- Eiklar zu Schnee schlagen, Schnee mit Mehlgemisch unter die Schaummasse heben,
150 g	Mehl - glatt	zerlassene Butter leicht unterheben;
3 EL	Kakao	- Teig in Form füllen, bei 180 °C ca. 40 min. backen,
1 KL	Backpulver	aus der Form geben, auskühlen lassen;
5 St.	Eiklar	- Schlagobers mit Zucker und Sahnesteif schlagen;
50 g	Butter	- Kirschen abtropfen lassen;
2 EL	Kirschwasser	- Torte einmal durchschneiden, mit Kirschwasser betropfen, mit Kirschen dicht belegen und mit der
1 Ds.	Kirschenkompott	Hälfte des Schlagobers bestreichen; die zweite Tortenhälfte darauf geben;
1/2 l	Schlagobers	- Torte rundum und auf der Oberseite mit
1 Pk.	Sahnesteif	Schlagobers bestreichen, mit Schokospänen und
1 EL	Zucker	Kirschen verzieren.
60 g	Schokospäne	
	Kirschen	

288 Obsttorte

ARBEITSGERÄTE	2 Rührschüsseln, Mixer, Kochlöffel, Tortenform, Kasserolle
VORBEREITUNG	Tortenform befetten und bemehlen, Rohr – 180 °C

3 St.	Dotter	Früchte: rohes Obst (Beeren, Trauben, Kiwi,
6 EL	Wasser	Bananen) oder Kompottfrüchte.
60 g	Honig	- Vollkornbiskuitteig (GT-Nr. 13) zubereiten (S. 246);
3 St.	Eiklar	- Teig in Form füllen, ca. 30 min. backen, auskühlen
120 g	Vollkornmehl	lassen;
		- Vanillepudding herstellen, auskühlen lassen;
1/4 l	Milch	- Biskuitboden mit Vanillepudding bestreichen, mit
1/2 Pk.	Vanillepuddingpulver	Früchten schön belegen;
		- Tortengelee nach Gebrauchsanweisung zubereiten,
40 g	Zucker	über Früchte verteilen, kaltstellen;
500 g	Früchte	- Schlagobers schlagen, Torte damit verzieren.
1 Pk.	Tortengelee	
2 EL	Zucker	
1/8 l	Schlagobers	

Rezepte | Torten

289 | Vollkorn-Karottentorte ☺

ARBEITSGERÄTE	Schäler, Reibeisen, 2 Rührschüsseln, Mixer, Kochlöffel, Tortenform
VORBEREITUNG	Tortenform befetten und bemehlen, Haselnüsse reiben, Karotten schälen und reiben, Rohr – 180 °C

4 St.	Dotter	- Dotter, Wasser, Honig und Rum sehr schaumig schlagen; geriebene Karotten zugeben;
4 EL	Wasser	- Eiklar zu Schnee schlagen;
180 g	Honig	- Nüsse, Gewürze und Mehl vermischen und mit dem Schnee partienweise unter die Schaummasse mischen;
2 EL	Rum	
200 g	Karotten	
200 g	Haselnüsse	- Teig in Form füllen, bei 180 °C ca. 35 min. backen;
2 Ms.	Zimt	- Torte eventuell mit kleinen Marzipankarotten verzieren.
1 Ms.	Nelkenpulver	
100 g	Vollkornmehl	
4 St.	Eiklar	

290 | Biskuittorte mit Schokoladecreme

ARBEITSGERÄTE	2 Rührschüsseln, Mixer, Kochlöffel, Tortenform, Kasserolle, Spritzsack mit gezackter Tülle
VORBEREITUNG	Tortenform befetten und bemehlen, Rohr – 180 °C

5 St.	Dotter	- Biskuitteig (S. 246) zubereiten, Teig in Form füllen; bei 180 °C ca. 35 min. backen;
5 EL	Wasser	- Torte auskühlen lassen;
150 g	Staubzucker	- für die Creme: Schlagobers und zerbröckelte Schokolade in einer Kasserolle unter ständigem Rühren 3 min. kochen;
5 St.	Eiklar	
150 g	Mehl - glatt	
2 EL	Rum	- Creme erkalten lassen bis sie fest ist;
1/4 l	Schlagobers	- Creme mit der Schneerute flaumig rühren; Torte einmal durchschneiden, mit Rum beträufeln, dünn mit Creme bestreichen; 2. Tortenhälfte daraufgeben;
250 g	Schokolade	- restliche Creme in Spritzsack mit gezackter Tülle füllen; Torte mit Schokoladecremetupfen verzieren.

291 Nusstorte

ARBEITSGERÄTE	Nussreibe, 2 Rührschüsseln, Mixer, Kochlöffel, Tortenform
VORBEREITUNG	Nüsse reiben, Tortenform befetten und bemehlen, Rohr – 180 °C

5 St.	Dotter	- Biskuitteig mit Nüssen (GT-Nr. 13) zubereiten
5 EL	Wasser	(S. 246), in Form füllen, bei 180 °C ca. 40 min.
200 g	Staubzucker	backen;
100 g	Mehl - glatt	- Torte auskühlen lassen;
100 g	Nüsse	- für die Fülle: Schlagobers schlagen, Vanillezucker
5 St.	Eiklar	und geriebene Nüsse unterheben;
0,15 l	Schlagobers	- für die Glasur: Schokolade und Butter in heißem
1 EL	Vanille-zucker	Wasserbad erweichen, verrühren;
		- ausgekühlte Torte einmal durchschneiden, mit
40 g	Nüsse	Nussoberscreme füllen, 2. Tortenhälfte
100 g	Marmelade	daraufgeben;
150 g	Schokolade	- Tortenoberseite mit heißer Marmelade bestreichen,
100 g	Butter	mit Schokoladeglasur überziehen, kaltstellen;
0,1 l	Schlagobers	- Torte mit Schlagoberstupfen verzieren.

292 Punschtorte

ARBEITSGERÄTE	2 Rührschüsseln, Mixer, Kochlöffel, Tortenform, Kasserolle
VORBEREITUNG	Tortenform befetten und bemehlen, Rohr – 180 °C

5 St.	Dotter	- Biskuitteig (GT-Nr. 13) zubereiten (S. 246), in Form
5 EL	Wasser	füllen, bei 180 °C ca. 35 min. backen;
150 g	Staubzucker	- Torte auskühlen lassen;
150 g	Mehl - glatt	- Schokolade im Wasserbad erweichen;
5 St.	Eiklar	- ausgekühlte Torte zweimal durchschneiden;
3 EL	Marmelade	- das mittlere Biskuitblatt zerbröseln und mit
100 g	Schokolade	Marmelade, erweichter Schokolade, Rum,
2 EL	Rum	Orangen- und Zitronensaft zu einer streichbaren
2 EL	Orangensaft	Masse vermischen;
1 EL	Zitronensaft	- Torte damit füllen, Oberseite mit heißer Marmelade
100 g	Marmelade	bestreichen;
1 Pk.	Punsch-glasur	- Punschglasur nach Gebrauchsanweisung vorbereiten, Torte damit glasieren.

Rezepte | Torten

293 Preiselbeerschaumtorte

ARBEITSGERÄTE	Kasserolle, Schüssel, Nussreibe, 2 Rührschüsseln, Mixer, Kochlöffel, Tortenform
VORBEREITUNG	Schokolade im heißen Wasserbad erweichen, Nüsse reiben, 8 cm breiten Pergamentpapierstreifen vorbereiten, Tortenform befetten und bebröseln, Rohr – 180 °C

80 g	Butter	- Butter, erweichte Schokolade, Zucker und Dotter sehr flaumig rühren;
80 g	Schokolade	
80 g	Staubzucker	- Eiklar zu Schnee schlagen, Vanillezucker einschlagen;
4 St.	Dotter	
80 g	Haselnüsse	- Schnee mit Haselnüssen und Brösel partienweise in Abtrieb heben;
20 g	Brösel	
4 St.	Eiklar	- Teig in Form füllen, bei 180 °C ca. 35 min. backen; ohne Form auskühlen lassen;
1 EL	Vanille-zucker	
3/8 l	Schlagobers	- Schaummasse: Schlagobers schlagen, Marmelade und Zucker einrühren;
120 g	Preiselbeer-marmelade	- Gelatine in kaltem Wasser einweichen, gut ausdrücken, in heißem Rum auflösen;
50 g	Zucker	- aufgelöste Gelatine in Schaummasse rühren;
3 EL	Rum	- Tortenring mit Pergamentpapierstreifen abdecken;
5 Bl.	Gelatine	Torte wieder in die Form geben, Schaummasse auf der Torte glattstreichen;
1/8 l	Schlagobers z. Verzieren	- Torte 1 bis 2 Stunden kalt stellen, ev. verzieren.

294 Topfen-Früchte-Torte

ARBEITSGERÄTE	Nussreibe, 2 Rührschüsseln, Mixer, Tortenform
VORBEREITUNG	Nüsse reiben, Tortenform befetten und bemehlen, Rohr – 180 °C, 8 cm breiten Pergamentpapierstreifen vorbereiten.

5 St.	Dotter	- Biskuitteig mit Nüssen (GT-13) zubereiten (S. 246), in Form füllen, bei 180 °C ca. 35 min. backen;
5 EL	Wasser	
150 g	Staubzucker	- Torte ohne Form auskühlen lassen;
100 g	Mehl - glatt	- für den Topfenbelag: Topfen, Zucker, Zitronensaft und Vanillezucker glattrühren;
80 g	Haselnüsse	
5 St.	Eiklar	- Schlagobers schlagen;
250 g	Topfen	- Gelatine in kaltem Wasser einweichen, aus-drücken, in heißem Rum auflösen, zur Topfencreme rühren, das Schlagobers sofort unter-heben;
100 g	Staubzucker	
1 St.	Zitrone(-saft)	
1 EL	Vanille-zucker	
5 Bl.	Gelatine	- Tortenring mit Papierstreifen abdecken; Torte in die Form geben, Topfencreme auf der Torte glattstreichen, kaltstellen.
2 EL	Rum	
3/8 l	Schlagobers	
1 Ds.	Pfirsiche	- Torte mit beliebigen Früchten belegen und mit Tortengelee übergießen.
1 Pk.	Tortengelee	

295 | Erdbeer-Topfen-Wandl

ARBEITSGERÄTE	2 Rührschüsseln, Mixer, Messer, Brett, Kastenform
VORBEREITUNG	Kastenform mit Frischhaltefolie auslegen, Erdbeeren waschen und halbieren

40 St.	Biskotten	- Biskotten in Rumwasser tauchen und eine Kastenform damit auslegen;
3 EL	Rum	
3 EL	Wasser	- Topfen, Zucker, Jogurt und Zitronensaft verrühren;
250 g	Topfen	- Gelatine in kaltem Wasser einweichen, ausdrücken und in heißem Rum auflösen und zur Topfencreme rühren;
50 g	Zucker	
1/8 l	Jogurt	
1 EL	Zitronensaft	- Schlagobers schlagen und unter Creme heben;
4 Bl.	Gelatine	- die Hälfte der Creme in Kastenform füllen, mit Erdbeerhälften belegen, 2. Hälfte der Creme daraufstreichen, mit Biskotten abschließen; Speise kaltstellen, stürzen; eventuell noch mit Schlagobers und Erdbeeren verzieren.
2 EL	Rum	
1/4 l	Schlagobers	
250 g	Erdbeeren	

▶ Diabetiker-Mehlspeisen

Beachte dabei die Grundsätze der Diätkost (S. 80)!

296 | Kirschenkuchen

ARBEITSGERÄTE	2 Rührschüsseln, Mixer, Kochlöffel, Tortenform
VORBEREITUNG	Schokolade im Wasserbad erweichen, Nüsse reiben, Tortenform befetten und bemehlen, Rohr – 180 °C

100 g	Butter (Diätmargarine)	- Butter, Dotter, Fruchtzucker und erweichte Schokolade sehr flaumig rühren;
3 St.	Dotter	- Eiklar zu Schnee schlagen;
70 g	Fruchtzucker	- Nüsse, Mehl, Brösel und Backpulver vermischen, ca. die Hälfte mit der Milch zum Abtrieb rühren;
50 g	Diabetikerschokolade	- 2. Hälfte des Mehl-Nuss-Gemisches mit dem Schnee unterheben;
100 g	Haselnüsse	- Teig in Form füllen, mit Kirschen belegen;
100 g	Vollkornmehl	- Kuchen bei 180 °C ca. 50 min. backen.
50 g	Brösel	
1 KL	Backpulver	
0,1 l	Milch	
3 St.	Eiklar	
250 g	Kirschen	

Rezepte | Diabetiker Mehlspeisen

297 | Obstfleck

ARBEITSGERÄTE	Rührschüssel, Kasserolle, Kochlöffel, Blech, Messer
VORBEREITUNG	Blech befetten, Zwetschken halbieren und entkernen, Rohr – 200 °C, Nüsse hacken

250 g	Vollkornmehl	- Germteig mit Süßstoff (GT-Nr. 9) herstellen (S. 243), gehen lassen;
	Salz	- Germteig dünn ausrollen, auf Blech legen, mit Nüssen bestreuen;
20 g	Germ	
30 g	Butter	- halbierte Zwetschken mit der Schnittfläche nach oben darauflegen (oder mit Apfelspalten belegen), mit Fruchtzucker und Zimt bestreuen;
0,1 l	Milch	
1 St.	Ei	
1 EL	flüssiger Süßstoff	- Obstfleck bei 200 °C ca. 15 min. backen.
40 g	Nüsse	
700 g	Zwetschken (oder Apfelspalten)	
1 EL	Fruchtzucker	
	Zimt	

298 | Himbeertopfentorte

ARBEITSGERÄTE	Nussreibe, 2 Rührschüsseln, Mixer, Tortenform
VORBEREITUNG	Nüsse reiben, Tortenform befetten und bemehlen, Rohr – 180 °C, 8 cm breiten Pergamentpapierstreifen vorbereiten

4 St.	Dotter	- Dotter, Wasser, Fruchtzucker sehr schaumig rühren;
4 EL	Wasser	- Eiklar zu Schnee schlagen;
80 g	Fruchtzucker	- Mehl und Nüsse mit dem Schnee unter Schaummasse heben;
80 g	Vollkornmehl	- Teig in Form füllen, bei 180 °C ca. 30 min. backen, ohne Form auskühlen lassen;
80 g	Haselnüsse	- für die Fülle: Topfen, Jogurt, Süßstoff und zerdrückte Beeren kurz verrühren;
4 St.	Eiklar	
250 g	Topfen	- Gelatine in kaltem Wasser einweichen, ausdrücken, in heißer Milch auflösen und zur Topfen-Himbeermasse rühren;
1/8 l	Jogurt	
2-3 EL	flüssiger Süßstoff	- Schlag schlagen und unter die Creme heben;
200 g	Himbeeren	- Tortenring mit Pergamentpapierstreifen abdecken; Torte in die Form geben, Topfen-Himbeercreme daraufstreichen, kaltstellen;
6 Bl.	Gelatine	
2 EL	Milch	
1/8 l	Schlagobers	- Torte eventuell mit Schlagobarstupfen verzieren.

Süßspeisen

299 | Apfelkompott, Birnenkompott ⏱

ARBEITSGERÄTE	Schäler, Messer, Brett, Kasserolle
VORBEREITUNG	Zitrone pressen

750 g	Äpfel (Birnen)	- Wasser mit Zucker, Zitronensaft und Gewürzen zum Kochen bringen;
1/2 l	Wasser	- Äpfel (Birnen) schälen, achteln und entkernen;
1/2 St.	Zitrone	- Obst in Zuckerwasser dünsten.
50 g	Zucker	
	Zimtrinde	
	Nelken	

300 | Kirschenkompott, Marillenkompott ⏱

ARBEITSGERÄTE	Kasserolle

1/4 l	Wasser	- Wasser mit Zucker und Zimtrinde zum Kochen bringen;
50 g	Zucker	
	Zimtrinde	- gewaschene, eventuell halbierte Früchte darin weichdünsten.
500 g	Kirschen (Marillen)	

301 | Apfelmus

ARBEITSGERÄTE	Messer, Brett, Kasserolle, Passiergerät
VORBEREITUNG	Zitrone pressen

750 g	Äpfel (Fallobst)	- Äpfel vierteln (mit Schale und Kerngehäuse), in Wasser mit Zitronensaft weichdünsten;
1/2 St.	Zitrone	- Äpfel passieren, mit Zucker und Zimt abschmecken.
1/4 l	Wasser	
50 g	Zucker	
	Zimt	

302 | Orangen-Apfelsalat ⏱ 😊

ARBEITSGERÄTE	Schäler, Messer, Brett
VORBEREITUNG	Zitrone pressen, Nüsse hacken

3 St.	Orangen	- Orangen schälen, blättrig schneiden und von Kernen befreien;
3 St.	Äpfel	- Äpfel schälen, entkernen, blättrig schneiden;
40 g	Honig	- Äpfel und Orangen in Schüsserl mit Honig und Zitronensaft anrichten;
1 EL	Zitronensaft	
1 EL	Nüsse	- Obstsalat mit gehackten Nüssen bestreuen.

Rezepte | Süßspeisen

303 | Gemischter Obstsalat 🕐

ARBEITSGERÄTE	Messer, Brett	
VORBEREITUNG	Zitrone pressen, Nüsse hacken	
600 g	Obst	Obst: je nach Jahreszeit können drei bis vier Obstarten gemischt verwendet werden.
2 EL	Zitronensaft	- Obst vorbereiten, beliebig schneiden;
3 EL	Zucker	- geschnittenes Obst lagenweise mit Zucker, Rum, Zitronensaft und eventuell Rosinen anrichten;
3 EL	Rum	
(3 EL	Rosinen)	
50 g	Nüsse	- Obstsalat mit gehackten Nüssen bestreuen, mit Schlagoberstupfen verzieren.
1/8 l	Schlagobers	

304 | Vanillesauce

ARBEITSGERÄTE	Kasserolle, Schneerute, Schüsserl	
1/2 l	Milch	- Den Großteil der Milch zum Kochen bringen;
1/2 Pk.	Vanillepuddingpulver	- Puddingpulver mit der restlichen Milch glattrühren und in die kochende Milch einrühren;
1 EL	Rum	- Vanillesauce aufkochen lassen, mit Rum und Zucker abschmecken, auskühlen lassen;
50 g	Zucker	
(1/8 l	Schlagobers)	- Sauce eventuell mit geschlagenem Schlagobers verfeinern.

305 | Vanillecreme

ARBEITSGERÄTE	Kasserolle, Schneerute, Schüsserl, Mixer, Rührschüssel	
3/8 l	Milch	- Den Großteil der Milch zum Kochen bringen;
1/2 Pk.	Vanillepuddingpulver	- Puddingpulver mit der restlichen Milch glattrühren und in die kochende Milch einrühren;
1 EL	Rum	- Vanillesauce aufkochen lassen, mit Rum und Zucker abschmecken, auskühlen lassen;
50 g	Zucker	
1/8 l	Schlagobers	- Vanillecreme mit geschlagenem Schlagobers verfeinern.

306 | Schokoladesauce (zum Überziehen von Obstspeisen)

ARBEITSGERÄTE	Kasserolle, Schneerute	
50 g	Schokolade	- Alle Zutaten mit kaltem Wasser in einer Kasserolle verrühren;
50 g	Zucker	
10 g	Maizena	- unter ständigem Rühren zum Kochen bringen, aufkochen lassen;
10 g	Butter	
1/8 l	Wasser	- Sauce überkühlen lassen.

307 Fruchtsauce (als Beilage zu Aufläufen ...)

ARBEITSGERÄTE	Kasserolle, Kochlöffel, Schneerute, Schüsserl
VORBEREITUNG	Früchte waschen und zerkleinern

250 g	Beeren	- Zerdrückte Beeren oder Marmelade mit Wasser aufkochen;
(150 g	Marmelade)	
6 cl	Wasser)	- Maizena mit Rum verrühren und in die kochende Sauce einrühren;
10 g	Maizena	
2 EL	Rum	- Sauce mit Zucker, Zitronensaft oder Zimt abschmecken, überkühlen lassen.
	Zucker	

308 Vanilleäpfel

ARBEITSGERÄTE	Schäler, Kerngehäuseausstecher, 2 Kasserollen, Messer, Brett, Nussreibe, Mixer, Rührschüssel
VORBEREITUNG	Nüsse reiben und mit Marmelade verrühren

4 St.	Äpfel	- Wasser mit Zucker und Gewürzen zum Kochen bringen;
1/2 l	Wasser	
40 g	Zucker	- Äpfel schälen, entkernen, in Zuckerwasser dünsten;
	Zimtrinde	- Äpfel auf Teller legen, Marmelade-Nussgemisch in die ausgehöhlten Äpfel füllen;
	Nelken	
60 g	Marmelade	- Vanillecreme (Rezept-Nr. 305) zubereiten, über die Äpfel gießen, eventuell mit Schlagoberstupfen verzieren.
20 g	Haselnüsse	
3/8 l	Milch	
1/2 Pk.	Vanillepuddingpulver	
1 EL	Rum	
50 g	Zucker	
1/8 l	Schlagobers	

309 Schokoladebirnen

ARBEITSGERÄTE	Schäler, Messer, Brett, 2 Kasserollen, Schneerute, Mixer, Rührschüssel

2 St.	Birnen, groß	- Wasser mit Zucker und Gewürzen zum Kochen bringen;
1/4 l	Wasser	
20 g	Zucker	- Birnen schälen, halbieren, entkernen; in Zuckerwasser bissfest dünsten;
	Zimtrinde	- Birnen auf Teller anrichten;
	Nelken	
50 g	Schokolade	- Schokoladesauce (Nr. 306) zubereiten; über die Birnen gießen;
50 g	Zucker	
10 g	Maizena	- Birnen mit Schlagoberstupfen verzieren.
10 g	Butter	
1/8 l	Wasser	
1/8 l	Schlagobers	

Rezepte | Süßspeisen

310 Tutti-frutti-Creme ⏱

ARBEITSGERÄTE	Messer, Brett, Schüsserl, Schneerute, Kasserolle
VORBEREITUNG	Früchte waschen, eventuell schälen, entkernen, klein schneiden

120 g	Biskotten	Früchte: Beeren, Marillen, Kiwi, Orangen, Äpfel ...
(120 g	Biskuitreste)	- Biskotten zerteilen, in Schüsserl füllen, mit
2 EL	Rum	Rum-Wasser-Zitronensaft-Gemisch beträufeln;
2 EL	Wasser	- zerkleinerte Früchte darüber geben;
2 EL	Zitronensaft	- Vanillecreme (Nr. 305) zubereiten;
250 g	Früchte	- Vanillecreme über das Obst gießen;
3/8 l	Milch	- Speise eventuell noch mit Schlagoberstupfen
1/2 Pk.	Vanillepud-dingpulver	verzieren.
1 EL	Rum	
50 g	Zucker	
1/8 l	Schlagobers	

311 Topfencreme mit Früchten ⏱

ARBEITSGERÄTE	2 Rührschüsseln, Schneerute, Mixer
VORBEREITUNG	Zitrone pressen, Früchte vorbereiten (vgl. Nr. 310)

250 g	Topfen	- Topfen mit Jogurt, Zitronensaft, Zucker,
1/8 l	Jogurt	Vanillezucker glattrühren;
1/2 St.	Zitrone	- Schlagobers schlagen und unterheben;
40 g	Staubzucker	- Früchte klein schneiden und unter die Creme
1 EL	Vanille-zucker	mischen oder schichtenweise in Cremeschalen füllen;
1/8 l	Schlagobers	- Creme mit Fruchtstücken verzieren.
250 g	Früchte	

312 Jogurt-Erdbeerbecher ⏱

ARBEITSGERÄTE	Schüssel, Messer, Brett, Gabel, Mixer, Rührschüssel
VORBEREITUNG	Erdbeeren putzen, waschen, vierteln; Zitrone pressen

1/2 l	Jogurt	- Banane schälen, mit Gabel zerdrücken,
1 St.	Bananen	mit Zitronensaft vermischen;
1/2 St.	Zitrone	- Jogurt mit Zucker, Vanillezucker und zerdrückter
30 g	Zucker	Banane kurz verrühren;
1 EL	Vanille-zucker	- Jogurt und Erdbeeren schichtenweise in Cremeschalen füllen;
250 g	Erdbeeren	- Schlagobers schlagen und Creme damit verzieren.
1/8 l	Schlagobers	

313	**Mousse au chocolat** 🕐
ARBEITSGERÄTE	Kasserolle, Schüssel, 2 Rührschüsseln, Schneerute, Mixer
VORBEREITUNG	Wasserbad erhitzen, Schokolade darüber erweichen
150 g	Mascarino
100 g	Topfen
20 g	Staubzucker
1 EL	Rum
50 g	Schokolade
1/8 l	Schlagobers
	Schlagobers, Obst zum Verzieren

- Mascarino mit Topfen, Zucker, Rum und erweichter Schokolade glatt verrühren;
- Schlagobers schlagen und unterheben;
- Mousse in Cremeschalen füllen, kaltstellen;
- Mousse mit Schlagoberstupfen und Obststückchen verzieren.

▸ Eisspeisen

Eis kann auch selbst hergestellt werden. Grundlage bilden Milchprodukte und verschiedene geschmacksgebende Zutaten. Je mehr Schlagobers das Eis enthält, desto cremiger wird es. Folgende Punkte sind bei der Zubereitung zu beachten:

- Tiefgekühlt wird im Tiefkühlschrank, -truhe oder Tiefkühlfach.
- Während des Tiefkühlens das Eis ein- bis zweimal durchrühren; dadurch wird es geschmeidiger.
- Beim Anrichten kann das Eis mit Schlagobers und Früchten garniert werden.
- Bekömmlicher wird das Eis durch Beigabe von fettarmen Keksen oder Waffeln.

314	**Vanilleeis**
ARBEITSGERÄTE	Kasserolle, Schneekessel, Schneerute, Mixer, Rührschüssel, Auflaufform oder kleine Förmchen
VORBEREITUNG	Wasserbad erhitzen
1 St.	Ei
1 St.	Dotter
40 g	Staubzucker
2 EL	Vanillezucker
1/4 l	Schlagobers

- Ei, Dotter, Zucker und Vanillezucker über Wasserdampf dickschaumig schlagen;
- Schaummasse kalt schlagen;
- Schlagobers schlagen und unter Schaummasse heben; in Form füllen (oder in kleine Förmchen) und tiefkühlen.

Rezepte | Eisspeisen

315 Zimteis

ARBEITSGERÄTE	Kasserolle, Schneekessel, Schneerute, Mixer, Rührschüssel, Auflaufform oder kleine Förmchen	
VORBEREITUNG	Wasserbad erhitzen	
1 St.	Ei	- Ei, Dotter, Zucker und Zimt über Wasserdampf dickschaumig schlagen;
1 St.	Dotter	
40 g	Staubzucker	- Schaummasse kalt schlagen;
1 KL	Zimt	- Schlagobers schlagen und unter Schaummasse heben; in Form füllen, tiefkühlen.
1/4 l	Schlagobers	

316 Fruchteis

ARBEITSGERÄTE	2 Rührschüsseln, Mixer, Zitronenpresse, Förmchen	
VORBEREITUNG	Zitrone pressen, beliebige Früchte pürieren (Pürierstab)	
1/4 l	Fruchtpüree	- Fruchtpüree mit Zitronensaft und Zucker vermischen;
50 g	Zucker	
1 St.	Zitrone	- Schlagobers schlagen und unterheben;
1/8 l	Schlagobers	- Masse in Form füllen, tiefkühlen.

317 Eisbecher mit Früchten

ARBEITSGERÄTE	Schäler, Messer, Brett, Schüssel, Zitronenpresse, Mixer, Rührschüssel, Eisportionierer	
VORBEREITUNG	Früchte waschen, eventuell schälen, entkernen, Zitrone pressen	
6 St.	Früchte	- Früchte klein schneiden, mit Zitronensaft und Zucker vermischen, in Cremeschalen füllen;
1 St.	Zitrone	
20 g	Zucker	
8 Ku.	Vanilleeis	- jeweils zwei Kugeln Eis daraufgeben;
(8 Ku.	Fruchteis)	- Schlagobers schlagen und Eisbecher damit verzieren.
1/8 l	Schlagobers	

318 Bananensplit

ARBEITSGERÄTE	Kasserolle, Schneerute, Messer, Brett, Zitronenpresse, Pinsel, Mixer, Rührschüssel, Eisportionierer	
VORBEREITUNG	Zitrone pressen, Schokoladesauce nach Nr. 306 zubereiten, auskühlen lassen	
4 St.	Bananen	- Bananen schälen, längs halbieren, auf Teller legen und mit Zitronensaft bepinseln;
1 EL	Zitronensaft	
8 Ku.	Vanilleeis	- Schlagobers schlagen;
50 g	Schokolade	- Vanilleeis in Kugeln oder Würfeln zwischen die Bananenhälften legen, mit Schokoladesauce übergießen;
50 g	Zucker	
10 g	Maizena	
10 g	Butter	- Speise mit Schlagobers verzieren.
1/8 l	Wasser	
1/8 l	Schlagobers	

319 | Eiskaffee

ARBEITSGERÄTE	Mixer, Rührschüssel, Eisportionierer
VORBEREITUNG	Schwarzen Kaffee herstellen, auskühlen lassen

1/2 l	Schwarzer Kaffee	- Schlagobers schlagen;
4 KL	Zucker	- Kaffee in Gläser füllen, eventuell zuckern;
8 Ku.	Vanilleeis	- Eiskugeln in den Kaffee geben;
1/8 l	Schlagobers	- Eiskaffee mit Schlagobers verzieren, mit Schokospänen bestreuen.
1 EL	Schokospäne	

▶ Getränke

320 | Kakao

ARBEITSGERÄTE	Kasserolle, Schneerute

2 EL	Kakao	- Großteil der Milch erhitzen;
1 l	Milch	- Kakao mit restlicher Milch und Zucker anrühren,
2-3 EL	Zucker	in die heiße Milch einrühren.

321 | Honigmilch

ARBEITSGERÄTE	Kasserolle, Schneerute

1/2 l	Milch	- Milch auf Trinktemperatur erwärmen;
4 EL	Honig	- Honig einrühren.

322 | Punsch

ARBEITSGERÄTE	Topf, Zitronenpresse, Teesieb
VORBEREITUNG	Orangen und Zitrone auspressen, Schwarztee zubereiten

1/2 l	Schwarztee	- Schwarztee mit den anderen Zutaten vermischen;
1/4 l	Rotwein	- Punsch darf nicht kochen, soll aber sehr heiß
(1/4 l	Apfelsaft)	serviert werden.
2 St.	Orangen	
1 St.	Zitrone	
3 EL	Rum	
100 g	Zucker	

Rezepte | Getränke

323 | Kinderpunsch

ARBEITSGERÄTE	Topf, Zitronenpresse	
VORBEREITUNG	Zitronen und Orangen auspressen, Früchtetee zubereiten	
1 l	Apfelsaft	- Alle Zutaten in einen Kochtopf geben und erhitzen,
1/2 l	Früchtetee	aber nicht kochen;
2 EL	Honig	- Punsch heiß servieren.
2 St.	Orangen	
2 St.	Zitronen	
	Zimtrinde	
	Nelken	

324 | Glühwein, Glühmost

ARBEITSGERÄTE	Topf, Sieb	
1 l	Rotwein	Für den Glühmost wird anstelle von Rotwein Most
1/2 l	Wasser	verwendet.
2 EL	Zucker	- Alle Zutaten in einen Topf geben, aufkochen,
2 St.	Zimtrinde	abseihen und heiß servieren.
2 St.	Nelken	

325 | Zitronen-, Orangenlimonade

ARBEITSGERÄTE	Wasserkrug, Zitronenpresse	
VORBEREITUNG	Zitronen oder Orangen auspressen	
1/2 l	Wasser	- Wasser mit Orangen- und Zitronensaft vermischen;
4 St.	Orangen	- Honig oder Zucker nach Bedarf zugeben.
2 St.	Zitronen	
2 EL	Honig	

326 | Frisch gepresste Gemüse- und Obstsäfte

ARBEITSGERÄTE	Messer, Brett, Saftpresse
VORBEREITUNG	Gemüse oder Obst waschen

Aus jeder Gemüse- oder Obstart kann Saft gepresst werden. Beliebt sind auch Mischungen von Gemüse und Obst (z.B. Karotten und Äpfel), die mit Zitronensaft abgeschmeckt werden. Sie sollen sofort serviert werden.

327 | Milchmixgetränke

ARBEITSGERÄTE	Mixer oder Pürierstab, Messer, Brett
VORBEREITUNG	verwendetes Obst waschen, entkernen, pürieren

- Erdbeermilch: pürierte Erdbeeren mit Milch (Buttermilch, Jogurt), Vanillezucker und etwas Honig mixen.
- Bananenmilch: pürierte Bananen mit Milch (Buttermilch, Jogurt), Vanillezucker und etwas Honig mixen.
- Mandelmilch: geriebene Mandeln mit Milch, Vanillezucker, etwas Schlagobers mixen.

▶ Konservieren von Obst

329 | Fruchtsaftbereitung

ARBEITSGERÄTE	Kasserolle, Tuch, Topf, Schöpfer
VORBEREITUNG	Früchte waschen

1 kg	Beeren (safthaltige Früchte)	- Beeren(Früchte) mit Wasser kochen, ziehen lassen bis sie zusammenfallen;
1/4 l	Wasser	- vorsichtig durch ein Tuch seihen;
750 g	Zucker	- Saft mit Zucker vermischen und kochen (Schaum abschöpfen); in Flaschen füllen.

330 | Marmelade

- Weites Gefäß verwenden, nicht zuviel auf einmal einkochen.
- Eingekochtes sofort in Gläser füllen, mit Alkohol beträufeln und verschließen (Cellophan oder Deckel).
- Die Gläser beim Einfüllen auf feuchtes Tuch stellen.

ARBEITSGERÄTE	Pürierstab, Kasserolle, Kochlöffel, Gläser
VORBEREITUNG	Früchte waschen

1 kg	Früchte	*Früchte: Johannis-, Erd-, Himbeeren, Zwetschken, Marillen ...*
600 g	Gelierzucker	- Früchte pürieren oder passieren, mit Zucker vermischen und unter ständigem Rühren 10 bis 15 min. kochen;
1 Pk.	Einsiedehilfe	- Einsiedehilfe nach Gebrauchsanweisung zugeben; Marmelade heiß in Gläser füllen.

331 | Einwecken von Obst

- Obst waschen, abtropfen lassen (Kernobst schälen und schneiden),
- Obst in Einweckgläser bis 2 cm unter dem Rand einfüllen,
- 1 Liter Wasser und 300 g Zucker zum Kochen bringen, auskühlen lassen,
- Obst mit ausgekühlter Zuckerlösung bis 2 cm unter dem Glasrand übergießen,
- Glasdeckel daraufgeben und verschließen (Einweckklammern),
- Einweckgläser vorsichtig in einen Kochtopf stellen, kaltes Wasser bis 3/4 der Gläserhöhe einfüllen und zum Kochen bringen; ab jetzt Zeitkontrolle;
- Zeitempfehlung: Kernobst (90 °C – 25 bis 30 min.); Steinobst (80 °C – 20 bis 25 min.), Beerenobst (75 °C – 10 bis 15 min.);
- Klammern erst nach dem Erkalten lösen!

Nährwert- und Energietabelle

Rezeptregister

Sachregister

Literatur

▶ Nährwert- und Energietabelle

Aus der folgenden Tabelle ist zu ersehen, wieviel Nährstoffe bzw. Energie im verzehrbaren Teil von 100 g (= 10 dag) des Nahrungsmittels enthalten sind. Du findest sowohl die Angabe der Kikokalorien (kcal) und der Kilojoule (kJ).

Merke: 1 kcal = 4,186 kJ   1 kJ = 0,24 kcal

Hinweis: Findest du ein Lebensmittel nicht in der Tabelle, nimm dafür die Werte eines ähnlichen Lebensmittels; z.B. anstelle von Endivie die Werte von Kopfsalat.

100 g Lebensmittel enthalten	Eiweiß g	Fett g	Kohlen-hydrate g	Energie kcal	Energie kJ
Lebensmittel tierischer Herkunft:					
• Dauerwurst	17,3	47,2	0,0	525	2.195
• Ei (100 g = 2 Stück)	12,5	10,6	0,7	160	670
• Eidotter	15,6	30,3	0,3	359	1.504
• Eiklar	10,8	0,2	0,7	53	222
• Ente	17,6	16,3	0,9	232	973
• Faschiertes, gemischt	21,9	18,5	0,0	273	1.141
• Fischfilet (Dorsch, Kabeljau)	17,2	0,38	0,0	79	331
• Forelle, Felche	18,9	2,6	0,0	108	451
• Frankfurter Würstl	12,0	23,2	0,0	273	1.143
• Gelatine	81,7	0,1	0,0	329	1.378
• Hartkäse (45 % F.i.T.)	27,8	28,2	0,5	385	1.612
• Hirsch	20,0	3,2	0,0	118	494
• Huhn (Brathuhn)	20,0	5,3	0,0	138	579
• Jogurt (3,6 %)	3,8	3,6	5,4	71	298
• Kalbfleisch	20,7	0,8	0,0	98	411
• Lachs	19,3	12,9	0,0	208	869
• Lamm	20,2	3,5	0,0	122	511
• Leber (Rind)	19,1	2,9	1,7	119	496
• Leberkäs (Fleischkäs)	11,2	28,9	0,0	323	1.353
• Magerkäse (10 % F.i.T.)	12,3	2,3	0,9	79	331
• Magertopfen (10 % F.i.T.)	13,1	0,2	4,0	76	317
• Mascarpone (65 % F.i.T.)	11,0	29,9	3,0	335	1.404
• Pute	21,7	6,5	0,0	157	656
• Rindfleisch, mager	21,3	1,8	0,0	411	465
• Schinken, gekocht	20,8	12,2	0,0	207	865
• Sauerrahm	2,7	15,0	4,2	168	702
• Schlagobers (Schlagrahm)	3,0	35	3,3	348	1.457
• Schmelzkäse (45 % F.i.T.)	14,0	22,4	0,0	269	1.125
• Schweinefleisch, mager	21,3	1,8	0,0	111	463

Rezepte | Nährwert- und Energietabelle

100 g Lebensmittel enthalten	Eiweiß g	Fett g	Kohlen-hydrate g	Energie kcal	kJ
• Speck	4,0	78,4	0,0	762	3.188
• Suppenwürfel	15,3	20,7	0,0	264	1.105
• Thunfisch, Sardinen in Öl	23,1	19,9	0,0	290	1.214
• Topfen (20 % F.i.T.)	12,1	4,8	3,4	112	468
Öle und Fette:					
• Butter	0,6	79,0	0,0	734	3.071
• Margarine	0,2	76,0	0,4	709	2.968
• Öl (Sonnenblumen-, Olivenöl)	0,0	94,8	0,0	882	3.689
Lebensmittel pflanzlicher Herkunft:					
• Ananas in der Dose	0,3	0,2	20,2	84	351
• Äpfel	0,3	0,4	12,4	54	226
• Banane	1,0	0,2	21,4	91	380
• Birne	0,4	0,2	12,7	55	229
• Biskuit (Biskotten)	8,5	5,0	82,0	407	1.701
• Brokkoli	2,1	0,2	2,8	21	88
• Bohnen, getrocknet	13,5	1,3	47,4	252	1.054
• Bohnen, grün (Fisolen)	1,9	0,2	5,3	31	132
• Champignon	2,7	0,2	0,7	15	63
• Dinkel	9,1	2,4	63,3	317	1.327
• Eierteigware	10,6	2,5	69,9	351	1.469
• Erbsen, grün	5,1	0,4	12,6	77	322
• Erdbeeren	0,7	0,4	6,5	32	133
• Fenchel	1,6	0,3	2,8	20	82
• Gurke	0,4	0,2	2,1	11	48
• Haferflocken	9,5	6,3	63,3	355	1.486
• Haselnüsse	9,3	55,4	11,4	603	2.521
• Himbeeren	1,1	0,3	6,9	35	145
• Hirse	8,4	3,5	68,8	346	1.447
• Honig	0,3	0,0	75,1	302	1.262
• Kakaopulver	8,3	22,1	10,8	285	1.191
• Karfiol	1,6	0,3	2,5	18	77
• Karotte	0,7	0,2	4,9	24	101
• Kartoffel	1,5	0,1	15,4	68	285
• Kohl, Kraut	1,6	0,3	2,5	18	77
• Kohlrabi	1,3	0,1	3,9	21	88
• Kopfsalat	0,8	0,2	1,1	9	39
• Lauch	1,5	0,3	3,2	21	88
• Mandeln	19,0	54,0	9,3	599	2.507
• Mohn	15,8	38,0	4,2	440	1.841

100 g Lebensmittel enthalten	Eiweiß g	Fett g	Kohlen- hydrate g	Energie kcal	Energie kJ
• Marillen	0,7	0,1	9,9	44	184
• Marmelade	0,6	0,0	66,0	266	1.119
• Orange	0,9	0,2	9,2	42	175
• Petersilie	2,9	0,3	1,3	19	80
• Pfirsich	0,6	0,1	9,44	41	173
• Pfirsich in Dosen	0,4	0,1	16,5	68	284
• Pommes frites	3,1	13,1	35,7	276	1.154
• Puddingpulver	4,5	2,5	70,0	320	1.344
• Reis, poliert	5,7	0,6	77,7	342	1.432
• Reis, Vollkorn	5,4	2,0	73,4	337	1.409
• Rosinen	2,1	0,5	66,2	278	1.162
• Rote Rüben	1,1	0,1	8,6	40	165
• Schnittlauch	2,3	0,7	1,6	21	89
• Schokolade	7,2	28,4	54,1	511	2.140
• Sellerie	1,1	0,3	2,3	16	67
• Semmel (Weißbrot)	7,4	1,7	49,6	248	1.039
• Sojabohne	26,3	16,3	6,1	293	1.226
• Spinat	1,6	0,3	0,6	11	46
• Stärke (Maizena)	0,2	0,1	85,9	345	1.445
• Tomate	0,6	0,2	3,5	18	75
• Vollkornbrot (Weizen)	5,5	0,8	41,4	198	828
• Vollkornnudeln (Weizen)	15,0	3,0	64,0	343	1.435
• Weintrauben	0,6	0,3	16,1	69	289
• Weizengrieß	8,5	0,7	69,0	321	1.344
• Weizenmehl (Auszugsmehl)	8,8	0,9	70,9	332	1.388
• Weizenvollkornmehl	9,3	1,8	61,0	303	1.267
• Zwetschke	0,5	0,2	11,4	49	205
• Zwiebel	0,9	0,2	5,8	29	120
• Zucker	0,0	0,0	99,8	399	1.670
• Zuckermais	2,0	1,1	15,8	82	344

Rezeptregister

Acht Schätze 188
After-Sport-Drink 254
Anislaibchen 329
Apfel-Karotten-Rohkost 255
Apfelaufstrich 247
Apfelkompott 348
Apfelkren 303
Apfelkuchen 332
Apfelküchle 324
Apfelmus 348
Apfelrollen 192
Apfelschmarren 320
Apfelschnitten 331
Apfelstrudel 325
Apfelstrudel, mürb 337
Apfel im Schlafrock 337

Backpulverteig, geknetet (GT) 245
Backpulverteig, gerührt (GT) 244
Backteig (GT) 240
Bananen-Erdbeer-Shake 254
Bananenkuchen 334
Bananensplit 353
Berner Würstl 281
Birnenkompott 348
Birnenkuchen 330
Biskuitrolle 336
Biskuitschöberlsuppe 262
Biskuitteig (GT) 246
Biskuittorte mit Schokoladencreme 343
Blattspinat 307
Blaukraut 305
Blaukraut-Früchte-Rohkost 257
Bohnen mit Speckmantel 306
Brandteig (GT) 247
Brandteigkrapferlsuppe 262
Bratapfeligel 253
Brathuhn 277
Brokkoli, gratiniert 306
Brokkolicremesuppe 265
Brokkolisauce 301

Brotgugelhupf 319
Brotteig (GT) 243
Buchteln 325
Buchweizenschnitten 333
Buttermilch-Orangen-Drink 254

Cevapcici 268
Champignonschnitzel 275
Chinakohlsalat 310
Cornflakeskonfekt 328
Cupavac, jugoslawisch 190

Debreziner Gulasch 270
Dinkelvollkornbrötchen 318

Ei im Nest, 273
Eier, gefüllt 314
Eintropfsuppe 259
Eisbecher mit Früchten 353
Eiskaffee 354
Erdbeer-Topfen-Wandl 346
Erdbeer-Windbeutel 335
Erfrischungs-Himbeermix 254
Essig-Öl-Dressing 309

Falsche Spiegeleier 334
Faschierte Laibchen 267
Faschierter Braten 267
Fächerkartoffeln 299
Fiaker Gulasch 270
Fisch, gratiniert 297
Fischcocktail 315
Fischfilet, gebacken 295
Fischfilet, gebraten 295
Fischfilet, gedünstet 294
Fischgröstel 295
Fischgulasch 296
Fisolensalat 313
Fitness-Drink 254
Fleischfülle 282
Fleischkäse, gebacken 281
Fleischlaibchen 267
Fleischstrudel 285

Fleischtascherl 284
Flocken-Früchte-Müsle 248
Frittatensuppe 262
Frittatenteig (GT) 239
Fruchteis 353
Fruchtsaftbereitung 356
Fruchtsauce 350
Frühlingsaufstrich 249

Gebackene Mäuse 325
Gemüse mit Dips 256
Gemüse, gratiniert 288
Gemüse-Cocktail 257
Gemüseauflauf mit Nudeln 288
Gemüsebrühe 258
Gemüsepizza 292
Gemüseplatte 308
Gemüsesalat, bunt 313
Gemüsesäfte, frisch 355
Gemüsespieße 252
Gemüsesuppe 265
Germknödel 325
Germteig (GT) 343
Germteigzopf 340
Gerstenschnitten 292
Getreidesalat 256
Glühmost 355
Glühwein 355
Griechischer Salat 355
Grießauflauf 321
Grießeintropfsuppe 259
Grießknödel 300
Grießknödelsuppe 261
Grießnockerlsuppe 261
Grießschnitten 321
Grünkernaufstrich 249
Grünkernbraten 291
Grünkernnockerlsuppe 261
Gugelhupf 340
Gulaschsuppe 266
Gurkensalat 311
Gurkenstücke, gefüllt 251

Hackbraten 267
Hackbraten, gefüllt 268
Hackerknödel 282
Haferflockenkeks 327
Haferfrischkornmüsli 248
Hamburger 268
Hascheeknödel 282
Heidelbeercreme 252
Himbeer-Topfen-Torte
(Diabetiker) 347
Hirschragout 280
Hirschschnitzel 279
Hirse 298
Hirseauflauf 322
Hirsepizza 293
Hirtensalat 191
Honigmilch 354
Huhn, gefüllt 277
Husarenkrapferl 326
Hühnerfleischspießchen 191
Hühnerkeulen 278
Hühnerschnitzel 279
Hühnersuppe, chinesisch 188

Irish Stew 280
Ischler Bäckerei 326

Jogurt-Erdbeer-Becher 351
Jogurt-Kräuter-Dressing 273

Kaiserschmarren 329
Kakao 354
Kalbsbraten 272
Kalbsgeschnetzeltes 274
Kalbsgulasch 273
Kalbsröllchen 272
Karfiol, gebacken 307
Karfiol, gratiniert 306
Karfiol, Polnische Art 306
Karfiolsalat 312
Karfiolsuppe 262
Karotten, Schweizer Art 304
Karottencroutonsuppe 263
Karottensalat, gegart 312
Karottensalat, roh 310
Karottentorte 343
Kartoffelauflauf 290

Kartoffelgulasch 290
Kartoffelknödel 299
Kartoffelpüree 299
Kartoffelsalat 312
Kartoffelsuppe 266
Kartoffelteig (GT) 242
Käse, gebacken 293
Käseauflauf 289
Käsekugeln 250
Käselaibchen 294
Käseröstschnittensuppe 263
Käsesemmel 318
Käsespätzle 289
Kinderbowle 254
Kinderpunsch 355
Kirschenkompott 348
Kirschenkuchen (Diabetiker)
346
Kirschenkuchen 332
Klausenburger Gulasch 270
Knoblauch-Dinkel-Suppe 263
Kohlrabi 304
Kohlrabisalat 311
Kohlrouladen 286
Kokosbusserl 329
Kopfsalat 310
Kraut, gedünstet 305
Krautrouladen 286
Krautrouladen, jugoslawisch,
189
Krautsalat, kalt, 311
Krautsalat, warm 313

Lammkoteletts 280
Lauch, gedünstet 305
Lauch-Käse-Kuchen 288
Lauchsuppe 265
Leberkäse, gebraten 281
Leberknödelsuppe 260
Leberspätzlesuppe 260
Lebkuchenherzen 329
Linsensuppe, grün 190
Linzerschnitten 331
Linzertorte 341

Maissalat 313
Mandelaufstrich 249

Marillenknödel 322
Marillenkompott 348
Marillenkuchen 332
Marmelade 356
Marmeladetascherl 337
Marmorkuchen 330
Marzipan-Birnen-Gugelhupf
334
Mayonnaise-Dressing 310
Milchmix-Getränke 355
Milchreis 320
Milzschnittensuppe 262
Mischgemüse 304
Mohnkuchen 335
Mohnstrudel 339
Mosaikbrot 314
Mousse au chocolat 352
Mürbteig (GT) 245

Nockerl 297
Nockerlteig (GT) 240
Nudelauflauf 284
Nudeln 297
Nudelsalat 315
Nudelsuppe 260
Nudelsuppe, Tiroler 260
Nudelteig (GT) 241
Nussherzen 327
Nusskipferl 339
Nussrolle 336
Nusstorte 344

Obst, eingeweckt 356
Obstfleck (Diabetiker) 347
Obstsalat, gemischt 349
Obstsäfte, frisch 355
Obstspießchen 353
Obstorte 342
Omeletten 320
Omelettenteig (GT) 240
Orangen-Apfel-Salat 348
Orangenlimonade 355

Palatschinken 320
Palatschinkenteig (GT) 239
Paprika, gefüllt 287
Paprikasauce 303

Rezeptregister

Pariser Schnitzel 273
Pasta asciutta 285
Petersilienkartoffeln 298
Pilze, paniert 308
Pilzgulasch 308
Pilzsauce 302
Pizza 286
Polenta 298
Polentanockerl 291
Polentaschnitten 292
Preiselbeertorte 345
Prinzesskartoffeln 299
Profiteroles 335
Punsch 354
Punschtorte 344
Puten-Currygeschnetzeltes 278
Putenröllchen 277

Rahmsauce 302
Rahmschnitzel 275
Ravioli 284
Rehragout 280
Reis 297
Reis, türkisch 195
Reisauflauf 321
Reissalat 316
Rettichsalat 311
Rhabarberkuchen 332
Rhabarberstrudel 323
Ribiselkuchen 333
Rindfleisch, gekocht 269
Rindfleischsalat 316
Rindsbraten 269
Rindsgulasch 270
Rindsrouladen 270
Rindsschnitzel 271
Rindssuppe 259
Risipisi 298
Rohkostbrötchen 251
Rote Rüben Rohkost 256
Roter Rübensalat 312
Röstkartoffeln 299

Sacherschnitten 332
Sachertorte 341
Salzkartoffeln 298

Salzstangerl 318
Sauce tartar 312
Sauerkraut 305
Sauerrahm-Dressing 309
Scheiterhaufen 321
Schinkenrollen 314
Schlemmerbrot 250
Schmarrenteig (GT) 240
Schnittlauchsauce, kalt, warm 301, 302
Schokoladebirnen 350
Schokoladekugeln 328
Schokoladenfondue 253
Schokoladenrolle 336
Schokoladesauce 349
Scholle 296
Schwarzwälderkirschtorte 342
Schweinsbraten 274
Schweinsgulasch 275
Schweinskoteletts 274
Schweinsmedaillons 276
Schweizer Salat 316
Semmelknödel 300
Serviettenschnitten 300
Sesambrötchen 318
Sonnenblumenweckerl 318
Spaghetti mit Käsesauce 288
Spätzle 297
Spätzleteig (GT) 241
Spieß, gemischt 281
Spinat 307
Spinatfrittaten 287
Spinatsuppe 264
Spitzbuben 326
Streuselkuchen 339
Strudelteig (GT) 242
Szegediner Gulasch 276

Teekuchen 330
Thunfischsalat 315
Tiroler Gröstel 286
Tiroler Knödel 283
Tomaten, gefüllt 251
Tomaten, gegrillt 306
Tomatensalat 311
Tomatensauce 301
Tomatensuppe 189, 264

Topfen-Torte 345
Topfenaufstrich 250
Topfencreme 351
Topfenfondue 252
Topfenknödel 324
Topfenkolatschen 338
Topfenmürbteig (GT) 245
Topfenpalatschinken 320
Topfenschnitten 331
Topfenstrudel 323
Topfenstollen 340
Tutti frutti Creme 351

Vanilleäpfel 350
Vanillecreme 349
Vanilleeis 352
Vanillekipferl 327
Vanillesauce 349
Vogerlsalat 310
Vollkornkeks 326
Vollkornlebkuchen 328
Vollkornschnecken 338

Waldorfsalat 254
Wiener Schnitzel 272
Wurst-Käse-Salat 316
Wurstfülle 282
Wurstnudeln 283
Wurstomelett 283
Würstl im Schlafrock 281

Zimteis 353
Zitronenlimonade 355
Znaimer Gulasch 270
Zucchini, gebraten 308
Zucchini, paniert 307
Zucchinisauce 301
Zucchinisuppe 264
Zwetschkenfleck 338
Zwetschkenknödel 322
Zwetschkenpofesen 324
Zwetschkenstrudel 323
Zwiebelrostbraten 271
Zwiebelsuppe 264

Sachregister

Abfall-Vermeidungstabelle 126
Abservieren 180
Alkohol 158
Alkoholfreie Getränke 51
Altenpflege 155
Aminosäuren 36ff.
Anorexia nervosa 77
Arbeitsplanung 92
Arbeitsplatzgestaltung 197ff.
Arbeitsteilung 89
Armut 163
Auszugsmehl 24

Baby 146
Ballaststoffe 13
Basisdiät 73
Baustoffe 13
Bedürfnisse 87
Begleitstoffe 13
Beri-Beri 53
Berufsfeld:
- Ernährung 83
- Tourismus 193
- Umwelt, Lebensmittelproduktion 137
- Wirtschaft 115
Besteck 174
Biologische Wertigkeit 36
Brennstoffe 13
Brot 26
Buffet 183
Bulimie 77
Butter 34
Bügelgeräte, -behelfe 212

Carotin 33
Cholesterin 33
Cholesterinspiegel 79
Convenience-Produkte 65

Dampfdruckkochtopf 217
Depotfett 32
Diabetes mellitus 80
Diätkost 73

Ecatasy 160
Ei 41ff.
Einkauf, bewusst 134
Einkauf, Lebensmittel 64, 103
Einkaufsplanung 102
Eiweiß 36ff.
Energie 121ff.
Energiebedarf, Mensch 15
Energieberechnung 17
Energietabelle 358
Energiewaage 16
Ergonomie 197
Ernährung, Kindesalter 68
Ernährung, Säugling 148
Ernährung, Schul- und
Jugendalter 69
Ernährungserziehung 65
Ernährungsgewohnheiten 186
Ernährungskreis 10
Ernährungssituation, global 162
Erste Hilfe im Haushalt 203
Ess-Brechsucht 77
Ess-Störungen 77
Essraum 171
Essverhalten 11, 185

Fachausdrücke 234
Fertigprodukte 65
Feste, Jahreskreis 181
Festtagsmenüs 231
Fett 31ff.
Fettgewinnung 34, 114
Finanzplanung 96ff.
Fisch 46ff.
Fleisch, 43ff.
Freizeitgestaltung, 131
Frühstück, 17f.
Frühstück, Gedeck 176

Garmachungsarten 228ff.
Gastsein 186
Geburt 145

Gefriergeräte 214
Gemeinschaftsverpflegung 67
Gemüse 56ff.
Genusswert 136
Geschenke, Einkauf 104
Geschirrspüler 213
Gesundheitswert 136
Getränkeauswahl 180
Getränkeservice 179
Getreide 23ff.
Glaswaren 221
Gläser 173
Greifraum 200
Grundumsatz 15

Halbfertigprodukte 65
Handrührgerät 218
Haschisch 159
Hausapotheke 205
Haushalt 87ff.
Haushaltsbevorratung 107
Haushaltseinkommen, -ausgaben 96
Haushaltsführung 94
Haushaltsgerätekreislauf 125
Hausmüll 128
Herd 215
Heroin 159
Holzwaren 222
Honig 30
Hunger, Kreislauf 81
Hülsenfrüchte 48
Hygiene, Lebensmittel 224
Hygienevorschriften 62

Industrielle Herstellungsmethoden 113ff.
Inhaltsstoffe, Nahrung 12

Kaffee, -jause 178
Kalbfleisch, Qualität 45
Kartoffel 27ff.
Kassabuch 99

Sachregister

Käse 40
Keramische Erzeugnisse 220
Kinder, Leben mit 142
Kindererziehung 154
Kleidung, Einkauf 104
Kochgeschirr 217
Kohlenhydrate 19ff.
Kokain 159
Kompostieranlage 129
Konservierungsmethoden 109
Konsumentenschutz 105
Körpergewicht, Berechnung 74
Körperhaltungen 198
Krankenpflege 155
Küchenkräuter 60ff.
Kunststoffwaren 223
Küche, chinesisch 188
Küche, jugoslawisch 189
Küche, türkisch 190
Küchenarten 207ff.
Küchengeräte 217
Küchenmaschine 219
Küchenwirtschaft 235
Kühlgeräte 214

Lammfleisch, Qualität 45
Lebensmitteleinkauf 64, 103
Lebensmittelgesetz 62
Lebensmittelkontrolle 63
Lebensmittelproduktion 133ff.
Lebensmittelqualität 135
Lebensmittel-
verarbeitung 235
Lebensqualität 161
Leistungskurve 70
Leistungsumsatz 15
Lezithin 33

Magersucht 77
Magarine 35
Materialeinsatzberechnung 99
Medikamente 158
Metallwaren 222
Mikrowellengerät 216
Milch 38ff.
Mineralstoffe 54ff.
Mutter-Kind-Pass 144

Mutterschutz 144
Mülltrennung 127
Müllvermeidung 127

Nachbarschaftshilfe 155
Nährstoffbedarf 14
Nährwerttabelle 358
Nikotin 158

Obst 58
Ökoputzschrank 124
Öl 34
Ölgewinnung 114

Partnerschaft 141
Pflege, Säugling 150ff.
Photosynthese 19
Pilze 59

Qualitätsklassengesetz 62

Rachitis 53ff.
Reduktionskost 75ff.
Reinigungsmittel, Einkauf 123
Rindfleisch, Qualität 45

Salz 60
Säuglingsernährung 148
Säuglingspflege 150
Schnüffelstoffe 159
Schuldenprophylaxe 100
Schwangerschaft 143
Schweinefleisch, Qualität 45
Service, Getränke, Speisen 179
Servietten, Formen 172
Sondermüll 130
Sozialberufe 165
Speisefette 34ff.
Speisenzusammen-
stellung 230
Spurenelemente, toxisch 55
Stärke 25
Stillen 148
Strichcode 103
Suchtproblem 157

Tagesarbeitsplan 93
Teejause, -gedeck 178
Textilien 220
Textilkennzeichnungs-
verordnung 105
Tiefkühlen 110ff.
Tischdecken 176
Tischinventar 171
Tischschmuck 175
Trinkmilchaufbereitung 113
Typenzahl 24

Umwelt 119ff.
Umwelterziehung 66
Unfallverhütung 201ff.
Urlaub 131
Übergewicht 74ff.

Vegetarier 71
Verhalten bei Tisch 169
Verschuldung, Haushalt 101
Verstopfung 78
Vitamine 52ff.
Vollkornmehl 24
Vollwertkost 72
Vorbereitungsarbeiten 225
Vorlegen 179
Vorräte 107ff.

Waschmaschine 209
Waschmittel 210
Wasser 49ff.
Wasser, sparen 119
Welternährungsprobleme 81
Werbung 106
Wiegen 232
Wirkstoffe 13
Wochenarbeitsplan 93
Würzmittel 60

Zerkleinerungstechniken 226
Zucker 29
Zuckerkrankheit 80
Zusatzstoffe 62

Literaturverzeichnis

AID: Kennwort Lebensmittel. Auswertungs- und Informationsdienst für Ernährung. Bonn 1980
Arbeiterkammer Wien: Lebensmittelkennzeichnung. Wien 1995
Baumgärtner, Britt, u.a.: Das große GU Vollwertkochbuch, Nr. 2. Gräfe und Unzer GmbH., München 1995
Cording, J.: Benehmen bei Tisch. Falken Verlag, 1998
Elmadfa, J.: Ernährung des Menschen. Verlag Eugen Ulmer, Stuttgart 1990
Hanssen, M.: E = Essbar? Geldmann Verlag, München 1984
Hinterwirth, B.: Servierkunde. Bundesverlag, Wien 1986
Kapfelsberger, E.; Pollmer, U.: Iss und stirb. Deutscher Taschenbuchverlag, München 1986
Kasper, H.: Ernährungsmedizin und Diätetik. Urban & Schwarzenberg, Berlin-München-Wien 1987
Koerber, K.; Männle, Th.; Leitzmann, C.: Vollwert-Ernährung. Haug Verlag, Heidelberg 1993
Leitzmann, C.; Million, H.: Vollwertküche für Genießer. Falken Verlag, 1988
Loderbauer, J.; Gessler, J.: Bäckerei-, Konditoren-Fachverkäuferinnen. Verlag Dr. Felix Büchner - Verlag Handwerk und Technik GmbH., Hamburg 1995
Müller, A.; Walser, O.: Mein erstes Kochbuch. Vorarlberger Verlagsanstalt.
Nesso, M.: Rationelle Nahrungszubereitung. Verlag Dr. Felix Büchner - Verlag Handwerk und Technik GmbH., Hamburg 1983
Schlieper, C.: Arbeitsbuch Ernährung. Verlag Dr. Felix Büchner - Verlag Handwerk und Technik GmbH., Hamburg 1994
Schlieper, C.: Ernährung heute. Verlag Dr. Felix Büchner - Verlag Handwerk und Technik GmbH., Hamburg 1994
Schlieper, C.:Grundfragen der Ernährung. Verlag Dr. Felix Büchner - Verlag Handwerk und Technik GmbH., Hamburg 1992
Schlieper, C.: Richtige Ernährung. Bohmann Verlag, Wien 1988
Siegl, S.; Gallaun, W.: Servier- und Getränkekunde. Trauner Verlag, Linz 1985
Souci, Fachmann, Kraut: Die Zusammensetzung der Lebensmittel, Nährwert-Tabellen 1989/90. Wissenschaftliche Verlagsanstalt, Stuttgart 1989
Steinmetz, K.; u.a.: Hauswirtschaftliche Betriebsorganisation. Trauner Verlag, Linz 1985
Wöllauer, P.: Carrageen - Was ist denn das eigentlich? Eigenverlag, Neustadt an der Donau 1995
Zabert, A.: Backen „Die neue große Schule". Verlag Zabert-Sandmann GmbH., Hamburg 1985
Zabert, A.: Kochen „Die neue große Schule". Verlag Zabert-Sandmann GmbH., Hamburg 1985

Bildnachweis

Misereror, Aachen – Seite 164 links oben und unten
ÖED-Bilderdienst, Wien – Seite 164 rechts oben und unten